LA COURONNE D'IRÈNE

François Cavanna est né en 1923 à Nogent-sur-Marne, de père italien et de mère nivernaise. Son enfance, c'est la banlieue des bords de Marne, la chaleur de la communauté italienne, la liberté – il l'évoque dans *Les Ritals* (1978).
A seize ans : premier emploi, trieur de lettres aux P.T.T. La guerre, l'exode, le retour à Paris où il devient vendeur de légumes et de poissons sur les marchés, puis apprenti maçon. La suite, il la raconte dans *Les Russkoffs* (Prix Interallié 1979), le S.T.O., l'apocalypse de la fin de la guerre à Berlin, etc. *Bête et méchant* est le troisième volet de son autobiographie. Le quatrième est *Les Yeux plus grands que le ventre,* le cinquième *Maria;* le sixième (qui fait retour sur son enfance à Nogent) *L'Œil du lapin.*
A partir de 1945, début de sa carrière de journaliste. En 1949, il devient dessinateur humoristique. En 1960, il crée avec des camarades *Hara-Kiri,* « journal bête et méchant ». En 1968, c'est l'hebdo qui connaît le succès que l'on sait et qui devient en 1970 *Charlie-Hebdo,* disparu en janvier 1982.
Depuis 1985, Cavanna a presque entièrement renoncé au journalisme pour se consacrer à l'écriture.

Paru dans Le Livre de Poche :

LES RITALS.
LES RUSSKOFFS.
BÊTE ET MÉCHANT.
LES ÉCRITURES.
LES YEUX PLUS GRANDS QUE LE VENTRE.
... ET LE SINGE DEVINT CON.
MARIA.
LE CON SE SURPASSE.
LES FOSSES CAROLINES.
L'ŒIL DU LAPIN.

CAVANNA

La Couronne d'Irène

PIERRE BELFOND

Ce n'est pas de la chair pourrie de chiens et de brebis,
C'est de la chair chrétienne qu'il nous faut!

Vieux chant viking

L'EUROPE EN 796
ROYAUME DES FRANCS
SAXONS
SLAVES
BULGARS
BULGARS DE LA VOLGA
EMPIRE KHAZAR
PETCHENEGUES
EMPIRE ROMAIN D'ORIENT
ESLAVES
BULGARS
SARRAZINS
SARRAZINS
SARRAZINS
TURCS
Londres
Aachen
Paris
Regensburg
Milan
Venise
Rome
Cordoue
Roncevaux
Carthage
Byzance
Constantinople
Jerusalem
Alexandrie
Bagdad
Batoum
Itil
Tmutorokan
Bérézan
Kaupang
Caucase
Alpes
Route de la soie
Seine
Loire
Garonne
Rhin
Rhône
Danube
Oder
Vistule
Dniepr
Don
Volga
Dvina
Tage
Tigre
Euphrate
Nil

OÙ? QUAND? QUI?

ENTRE 796 et 802, le monde chrétien est divisé en deux.

A l'Occident, le dynamique royaume barbare des Francs rassemble sous la poigne de fer de Charlemagne la Gaule, l'Italie, la Catalogne, la Germanie jusqu'à l'Elbe et, depuis la récente expédition d'extermination contre les restes de l'Empire avar, l'Europe centrale jusqu'aux confins de l'Empire romain d'Orient.

A l'Orient, l'Empire romain de langue grecque connaît une période de déclin. La formidable poussée de l'Islam l'a privé de toutes ses possessions d'Afrique et de la plus grande partie de ses territoires asiatiques, tandis que les barbares bulgares et slaves occupaient ses provinces balkaniques dans leur presque totalité. L'Impératrice Irène, veuve de Léon III et mère de Constantin VI, s'est enfin emparée de la plénitude du pouvoir et règne en Empereur autocrate.

A Rome, l'habileté politique du pape s'emploie à recréer un Empire romain d'Occident pour en offrir la couronne à la force montante de Charlemagne.

Le royaume – bientôt l'« Empire » – de Charlemagne est alors au plus haut de son étendue et de sa puissance. Les Saxons, les Lombards et les Avars sont définitivement matés, les Sarrazins d'Espagne se tiennent à peu près tranquilles, le Khalife de l'Islam, Haroun al Rachid, entretient depuis Bagdad des relations courtoises avec Charlemagne...

Pourtant apparaît dejà un nouvel élément, venu du Nord, cette fois : le formidable essor maritime scandinave, qui se fera selon deux grandes directions, vers l'Ouest par les Vikings, pirates et ravageurs du Danemark et de Norvège, vers l'Est par les Varègues de Suède, aventuriers commerçants des routes de l'eau, fondateurs de l'embryon de ce qui sera la Russie.

L'Europe est couverte d'une épaisse forêt, pratiquement d'un seul tenant. Ours, loups, lynx et cerfs y abondent, et aussi les dernières hardes d'aurochs. Les vastes étendues mises en culture sous la domination romaine sont, pour la plupart, retournées à la nature sauvage. Les quelques terres cultivées forment des clairières patiemment reconquises sur la forêt, principalement autour des monastères et de quelques grandes « villas » gallo-romaines échues à la nouvelle aristocratie militaire des conquérants germaniques. Le magnifique réseau des voies romaines, soigneusement entretenu dans ce qui reste de l'Empire d'Orient, subsiste tant bien que mal dans l'Europe carolingienne. Mais les grandes voies d'échanges commerciaux sont les fleuves, surtout dans l'Europe sauvage du Nord et de l'Est (la future Russie), et aussi les pistes des caravanes qui sillonnent en permanence la Route de la Soie et la Route des Épices vers la Chine et l'Inde.

Voilà. Le décor est planté.

C'est dans ce décor que vont se débattre Renaud, Raymond et Tamara, réchappés de la terrible aventure des Fosses Carolines.

PREMIER CHAPITRE

En ce temps-là, Karl, roi des Francs – celui-là même que les romanisés appellent Charlemagne, ce qui veut dire Karl le Grand, bien qu'il n'ait pas encore été oint et sacré Empereur d'Occident par le seigneur pape, mais cela ne saurait tarder –, Karl, donc, le roi Karl, s'en revenant d'une tournée d'inspection chez ses leudes des Marches d'Armorique, fait route vers Aachen, sa capitale bien-aimée. Il a décidé de s'arrêter pour la nuit en un château d'entre ses châteaux innombrables. Ce château-là se dresse sur une verte colline qui domine la rive gauche de l'estuaire de la noble rivière de Seine, là où les eaux paresseuses vont s'épanouissant entre les blanches falaises avant de se perdre dans les houles grises de la mer Britannique.

Le roi Karl est au rempart, son œil erre sur l'étendue marine, les doigts de sa main gauche jouent avec les crins de sa terrible moustache, sa dextre puissante pèse affectueusement sur l'épaule du petit Éginhardt, son secrétaire fidèle, son confident, son ami, son presque fils.

– Est-ce que je me trompe, Nanar, dit le roi Karl, ou bien vois-tu comme moi cette ribambelle de petits machins tout noirs, là-bas sur l'horizon?

Éginhardt, la main en visière, plisse les yeux et scrute l'étendue sans couleur dans la direction vers où pointe l'index du roi. Il dit enfin :

– Tu ne te trompes pas, Seigneur roi. Ta vue est toujours la plus perçante. Il y a des points noirs, là-bas, entre ciel et eau. Beaucoup de points noirs tout petits.

Éginhardt fouille dans l'aumônière de cuir ouvragé qui pend à son flanc, en tire un roide parchemin qu'il roule en un tube d'à peu près deux pouces de diamètre et, appliquant son œil à une extrémité de ce tube, il dirige l'autre vers le point de l'horizon où grouillent maintenant des myriades de ces minuscules objets qui tant intriguent le roi Karl. Ainsi peut-il isoler l'un d'eux et l'examiner bien à son aise au beau milieu du rond de lumière délimité par le tube. Cette méthode lui fut enseignée par son maître, le très sage et très érudit Alkwin d'Angleterre, qui, parmi d'autres savants travaux, s'adonne à l'astrologie et se sert du tube sidéral pour examiner telle planète sans être gêné par l'éclat des astres voisins.

Le roi Karl est impatient de savoir.

– Eh bien, Nanar, toi qui as tes yeux de vingt ans, dis-moi ! Qu'est-ce que c'est ? Des dauphins qui batifolent ? On dit que les voir porte bonheur. Des baleines comme celle qui dévora je ne sais quel prophète mal lavé et puis le recracha plus loin tant il était puant ? Ou peut-être des monstres marins encore jamais vus ?

– Seigneur roi, j'y vois mieux, maintenant. Ce sont nefs. Elles ont abattu la voile et accourent à toutes rames droit sur nous. Mais on pourrait en effet les prendre pour des monstres marins car l'étrave de leur proue s'élève haut dans le ciel et est taillée en figure de gueule de bête très arrogante et très féroce.

– Ce sera quelque convoi de nefs marchandes,

dit le roi Karl. Elles viennent ici débarquer et vendre leurs cargaisons de fourrures, d'ambre, d'étain et de je ne sais quoi d'autre qu'on ne trouve que dans les neiges de l'Hyperborée, puis s'en retournent chargées à ras bord de blé, de vin, d'étoffes, ... enfin de tout ce que nous savons produire et qu'eux ne savent pas. Eh bien, mais c'est une bonne chose, une très bonne chose pour le port de ma bonne ville de Honfleur, pour ses débardeurs et pour ses négociants, et une encore meilleure chose pour moi, qui prélève mes impôts sur tout cela!

Le roi Karl rit de son rire de tonnerre. Éginhardt ne rit pas. Il a l'air soucieux.

– Seigneur roi, dit Éginhardt, il se passe quelque chose. Vois : les barques des pêcheurs du pays font force voiles vers la côte, comme si...

Éginhardt scrute à s'en péter le globe de l'œil.

– ... Comme si elles fuyaient devant les grandes nefs à têtes de bêtes!

Le roi Karl alors se fait attentif. Il écoute quelque chose à travers les rafales du vent. Sa main presse le bras d'Éginhardt.

– Écoute, Nanar, écoute! Tu entends ce que j'entends?

– Tu veux dire la cloche, Seigneur roi?

– La cloche, oui. La cloche du pays. Ce n'est pas une heure à sonner les cloches...

– Le tocsin! Seigneur roi, elle sonne le tocsin!

– C'est bien ce qu'il me semblait... Or, nulle fumée alentour. Rien ne brûle. Ce serait donc pour ces nefs? Qui peuvent bien être ces gens? Tout de même pas des pirates sarrazins, on n'en a jamais vu monter si haut...

– Ce ne sont pas là nefs sarrazinoises, Seigneur roi. Elles sont tout près, maintenant. Vois toi-même.

– Alors ce seront de ces brigands d'Hyperborée.

On m'en a parlé. Ça vit là-bas, dans les glaces qui ne fondent jamais, là où le soleil reste six mois sans se coucher et six mois sans se lever, à ce que prétend Alkwin. Ça n'est même pas chrétien. Ça mange de l'homme...

– Ce sont les fils des Ancêtres, dit Éginhardt (et dans sa voix se font entendre le respect et la peur). Ils sont restés tels que les Vieux Germains, ceux d'avant les Grandes Ruées. Ils vénèrent Odin, Thor et Freya, ils égorgent pour eux de belles captives et des fils de rois. Leur parler est le pur parler des Premiers Temps.

– Oui, oui... Je sais surtout que ces affreux-là ou leurs cousins ravagent les côtes de la Bretagne[1] et s'y taillent des fiefs et des royaumes. Ils ont même eu le culot d'aborder sur les côtes de Frise, sur MES côtes de Frise, et, avant que l'armée n'ait eu le temps d'arriver, ils avaient, eux, eu le temps de me tuer deux ou trois cents croquants, de brûler deux villages et une abbaye, et d'emporter tout ce qui pouvait se revendre... Voilà maintenant qu'ils osent venir piller jusqu'ici? Et moi présent! Sous mon nez!

Un cavalier de la garde franque surgit, saute à terre, s'incline devant le roi.

– Eh bien, Gottlieb? dit le roi Karl.

– Seigneur roi, c'est les gens de cette bourgade, là, en bas...

– Honfleur?

– Ça doit être ça, Seigneur roi. Alors, bon, voilà, les gens d'ici ont la grand'peur. Ils gémissent le grand gémissement, ils entassent n'importe comment leurs quatre guenilles sur le dos de leurs ânes et de leurs bœufs, et les voilà qui s'en vont droit devant eux, en poussant leurs moutons et leurs cochons, droit vers les bois, qu'ils disent. Il y en a

1. La Grande-Bretagne, bien sûr.

même qui laissent tout pour courir plus vite, surtout les bonnes femmes avec des gosses à la mamelle.

Le roi Karl fronce le sourcil.

– Ah ça, gronde-t-il, sommes-nous en terre franque ? Y sommes-nous, oui ou non ? En terre franque, on ne doit craindre que moi, Karl, votre roi... Après Dieu, naturellement (le roi Karl se signe). Mon cheval !

L'écuyer qui, à quelque distance, tient par la bride le cheval du roi, s'avance et présente l'étrier. Le roi Karl saute en selle. De même est avancé le cheval d'Éginhardt. L'écuyer, redevenu porte-gonfanon, vient se placer en tête, tenant haut et droit la flamme aux couleurs du roi Karl. L'escorte, douze terribles gaillards de la garde franque, tous des preux, ferme la marche.

Au grand galop, le roi Karl et sa suite traversent la bourgade désertée. Ils débouchent sur la grève immense. La houle lèche les sabots des chevaux.

Les pêcheurs ont échoué leurs barques sur les galets et se sont enfuis, laissant sur place poissons et filets... Pas tous. Des traînards ont été rejoints. Les gens des nefs à têtes de méchantes bêtes ont agrippé à la gaffe les esquifs pleins à ras bord de poisson frais pêché, deux ou trois de ces terribles ont sauté dans chaque barque, la hache au poing, ont tranquillement fendu la tête aux pêcheurs, et puis les ont jetés à l'eau, et puis ont amarré la barque et ses poissons à l'arrière de leur propre nef, ça leur fait un garde-manger pour le cas où ils ne trouveraient pas mieux en route.

Cependant les nefs arrogantes sont maintenant tout près, les rameurs souquent à culer pour casser l'erre et laissent venir bien doucement jusqu'à la grève en pente légère afin d'y échouer le nez de leur nef, à peine à peine, de telle façon qu'à la marée prochaine il suffira d'un coup de jarret pour la dégager.

Mais déjà un ordre bref a retenti, tous les rameurs se sont dressés, ont passé leur bras gauche dans la sangle du bouclier rond accroché au flanc de la nef, ont empoigné la hache d'armes sous le banc de nage et ont, d'un seul mouvement, sauté à terre. Une épée lourde et longue, plus lourde et plus longue même que la terrible scramassaxe des guerriers francs, leur pend au côté. Tous sont hauts comme des portails de grange et beaucoup plus larges, tous sont blancs de cheveux tellement ils sont blonds, tous ont la peau tannée en rouge brique des gens du Nord, tous ont l'air compétent et la conscience paisible du boucher qui tue ses cent bœufs par jour à l'abattoir pour nourrir sa famille. Le roi Karl regarde cela.

Mais voici qu'apparaît, là-haut, couronnant la falaise, l'armée des Francs. Ils sont là, le dos au ciel, les cavaliers lance en arrêt, les fantassins un genou à terre, l'arc bandé, la flèche pointée sur le torse d'un colosse blond, chacun le sien. Ils attendent l'ordre du roi.

Le roi Karl cependant regarde ces gens venus de la mer. Il met dans sa tête cette chose nouvelle parmi toutes les choses qui déjà y sont et qui sont les Choses de l'Empire, et il cherche quelle y sera la place de ces gens que voilà maintenant là et qui tout à l'heure n'y étaient pas... Il regarde leur peau, si blanche que le puissant soleil marin la brûle sans la hâler... Leurs placides yeux bleus qui ne cillent pas... Leurs ondoyantes crinières pâles – quelques-unes cependant rousses comme la flamme – couvrant comme un manteau leurs épaules et leur dos, ou bien nouées en queue de cheval, ou bien tressées en deux nattes épaisses, telles celles des antiques ravageurs teutons des premières Ruées, ses aïeux, à lui, Karl, fils de Pépin dit le

Bref, petit-fils de l'autre Karl, celui qu'après Poitiers on surnomma Martel.

Il attend que toutes les nefs se soient échouées et que le chef de ces gens, les ayant rassemblés sur la grève en ordre de bataille, vienne à lui, seul, à pied, car bien sûr on ne saurait embarquer des chevaux sur des nefs aussi légères. Alors seulement, du haut de son destrier massif, le roi Karl parle :

– Qui êtes-vous? D'où venez-vous? Qu'êtes-vous venus chercher?

Sans y prendre garde, il a parlé en tudesque de Franconie, qui est la langue de ses enfances, et voici que cet homme l'a compris! Cet étranger... Ils se regardent l'un l'autre, bien étonnés en vérité.

L'étranger répond :

– Je suis Thorfinn Côte-de-Fer, fils d'Oleg Qui-Voit-dans-la-Nuit, fils de Rurik Fortes-Cuisses. Les hommes que tu vois là, et moi aussi, tous nous venons du village d'Odda, au fond du Snorrfjord, qui est un fjord d'entre les fjords du pays des fjords. Nous sommes tous nés là, et nos pères avant nous sont nés là, et les pères de nos pères avant eux. Nous avons fait un long voyage. Nous sommes venus chercher du butin, car c'est là notre métier.

Cet homme parle d'une curieuse façon, pourtant le roi Karl comprend ce qu'il dit[1].

– Métier? Métier de larrons et d'assassins, dit le roi Karl. Métier à mourir de male mort.

– Métier d'hommes braves à qui les dieux ont donné en partage un sol trop aride et des femmes trop fécondes. Nous crevons de faim dans nos

1. Les différents idiomes germaniques étaient alors encore très proches les uns des autres.

glaces. Si nous ne venions chez toi prendre ce qui nous manque, nous l'apporterais-tu?

– J'ai à veiller sur les miens.

– Et moi sur les miens. Les tiens ont trop, les miens n'ont rien. Je les mène là où il y a de quoi prendre.

– Et où il n'y a pas de quoi se défendre!

– Seul le fou court à la mort.

– Il arrive au plus prudent de trouver, au lieu de menu peuple et de moines désarmés, des gens d'armes bien nombreux et bien pourvus. Comme à toi aujourd'hui, par exemple.

– C'est le destin. Quelque chose a marché de travers.

– Ah, oui? Une erreur dans le renseignement, peut-être?

– Disons.

– Un espion qui se sera trompé?

– Une expédition, ça se prépare. Rien ne peut se faire sans espions.

– Eh bien, pour cette fois, ton espion s'est foutu dedans, on dirait.

– C'est vrai. Cette armée n'aurait pas dû se trouver là.

– Et pourtant, tu vois, elle y est! A cause d'un petit retard d'une semaine, cadeau, je le vois bien maintenant, de la divine Providence, qui m'aime.

– La quoi?

– Peu importe, païen. Tu ne peux pas comprendre. Ça, par contre, tu peux le comprendre : tu reprends la mer sur-le-champ, sans rien emporter, et tu rentres chez toi, en Hyperborée ou au diable sait où. Et fais savoir là-bas à tous tes pareils que quiconque d'entre vous se hasardera à poser le pied en terre franque, moi vivant, sera brûlé vif après avoir été tenaillé à tenailles rouges, ou bien tout bonnement livré au menu peuple par lui spolié afin qu'il en fasse ce que bon lui semblera.

– Et qui es-tu, toi qui parles si haut?

Le roi Karl se tourne vers le comte Dietrich, son porte-gonfanon. Dietrich fait un pas en avant, le gonfanon claque et se tord en l'air. Dietrich annonce à voix haute et claire :

– Celui-ci est mon seigneur et mon roi, le puissant Seigneur Karl, roi des Francs!

L'homme qui a nom Thorfinn hoche la tête.

– Tu es donc ce Karl... Le « grand » Karl... C'est bien. Toi vivant, je respecterai tes rivages, et ainsi fera tout Viking d'entre les Vikings. Mais écoute bien ce que je te dis : tu ne vivras pas toujours, roi Karl!

Il fait un large signe du bras.

– On s'en va, les enfants! La marée est encore haute, profitons-en.

Il se dirige vers son drakkar[1].

– Un mot encore, dit le roi Karl.

Le chef viking se retourne.

– Oui?

– Le nom de l'espion.

L'autre rit sans bruit dans sa barbe blonde.

– Je savais que tu allais me demander ça!

– Son nom?

– Je ne te le dirai pas. Si je te le disais, plus personne, nulle part, n'aurait confiance en la parole des hommes de la mer. Nous ne trouverions plus d'espions.

– Je le trouverai moi-même, dit le roi Karl.

– Ça, c'est autre chose, ça. Du moment que je n'y suis pour rien... Et rappelle-toi : ton empire est grand, très très grand, vraiment, et tu as trois fils. Il peut arriver qu'un homme seul ait les bras assez longs pour contenir un empire aussi grand et assez forts pour le défendre et le maintenir. Mais trois ne

1. Autant appeler les choses par leur nom!

peuvent que s'entre-dévorer... Et alors, nous serons là !

*

Le roi Karl, tout songeur, baisse le chef sur l'encolure. Il chevauche quelque temps ainsi. Et puis il dit :

– Voilà ceux-là, maintenant ! Jamais tranquille... Les Lombards sont matés, les Saxons sont matés, les Avars sont matés... Non, pas encore, les Avars, pas tout à fait, mais c'est tout comme. Ils se tiennent cois comme lapins au terrier, ils rentrent la tête dans les épaules, ils attendent la main qui va venir les cueillir par les oreilles, et elle va venir, la main, elle va venir, cette main-là, tu vois, elle arrive, l'affaire d'une couple de mois et je te liquide la racaille jaunâtre... Bon. Les Sarrazins se tiennent à peu près tranquilles au fin fond de leurs Espagnes, ils ont enfin compris que les Pyrénées sont le mur du bout du jardin, halte-là, pas plus loin, alors ils s'installent, ils tondent tranquillement les bons croquants espagnols et se construisent dans tous les coins des Alhambras, des Alcazars, de ces machins tout tortillés pleins de fanfreluches comme ils aiment, de l'architecture en dentelles, des trucs de gonzesses, si tu veux mon avis, mais bon, si c'est leur goût, hein..., en tout cas, pendant ce temps-là, ils n'emmerdent pas le monde. Chacun sur son petit tas de sable fait joujou avec sa petite pelle, c'est bien ça, c'est tout à fait très bien, ça s'appelle la paix... La paix, Nanar, la paix !... Jamais connu ça, moi ! Vingt-six ans de règne, jamais connu la paix. Fais le compte, Nanar, tu verras, c'est vrai.

Éginhardt compte sur ses doigts.

– Seigneur roi, en 775, s'il me souvient bien...

– Oui. Pratiquement jamais. Chipote pas. Eh

bien, voilà, elle est là, la paix, je l'ai gagnée, il a fallu en étriper, du croquant, avant de la trouver! Elle se cachait bien. Mais bon, elle est là, et pour un bout de temps, cette fois. A part le petit coup de balai chez les Avars, mais ça ne compte pas, ça, bagatelle, fignolage, mon fils Pépin va te régler ça en un clin d'œil avec son armée d'Italie... Alors, voilà, on pourrait enfin s'y atteler sérieusement, faire du bon travail, me remettre en labour toutes ces terres en friche, me redresser ces murs brûlés, me repeupler tout ça avec des manants de bonne grosse race gauloise durs à la peine et pas feignants de la braguette qui te vous feraient gicler de l'impôt de toute cette grasse terre-là et la nuit planteraient à grands coups de cul la bonne graine de fantassin pour nos futures conquêtes, car la paix est une bonne chose mais il ne faut pas en abuser, rappelle-toi bien ça, Nanar, tant qu'il y aura du païen à convertir au Seigneur Christ et du paysage à faire entrer dans nos frontières, un soldat de Dieu ne saurait connaître le repos...

Et alors, quoi? Et alors voilà ces voyous qui viennent me gâcher ma paix, foutre le feu aux quatre coins du royaume et décourager le croquant de labourer son champ! Car tu sais bien, Nanar, puisque c'est toi-même qui m'en as fait rapport, que ces butors d'Hyperborée ou d'où qu'ils viennent sont en train d'y prendre goût. Nous autres, Francs, sommes gens de cheval, pas de bateau. Ces gaillards-là arrivent, tuent, pillent, brûlent tout et puis s'ensauvent, leurs nefs chargées à ras l'eau de ciboires d'or, de cochon salé, de pucelles et d'enfantelets qui se retrouveront, va savoir par quel chemin, putains dans les bordels de Byzance chez ma commère l'impératrice Irène ou esclaves châtrés comme chapons dans les harems de Bagdad chez mon cousin le khalife Haroun.

– C'est que ces gens font métier régulier et

commerce de pillerie, Seigneur roi. C'est là leur industrie. Les riches hommes d'Hyperborée se mettent ensemble à plusieurs et unissent leurs fortunes pour faire construire et armer ces nefs, les hommes pauvres s'embarquent dessus pour aller au pillage et rapporter du butin. Les pauvres y gagnent la mort ou de quoi nourrir leur famille jusqu'à la prochaine fois, les riches armateurs y gagnent de beaux bénéfices. Mais il n'y a pas là de quoi t'inquiéter, Seigneur roi, tu as vu comme ils ont vite tourné le dos, te voyant là présent ? Ils ont à piller en suffisance dans la verte Bretagne, là mûrissent les moissons qu'ils ont coutume de faucher. Ceux-là étaient un parti isolé, quelque bande errant à l'aventure au gré de la fortune du flot...

– Je voudrais bien te croire, Nanar, mais je sais reconnaître les signes. La Bretagne ne suffit déjà plus à leurs appétits. Ils rôdent le long de mes côtes, humant la proie. Ils ont à maintes reprises débarqué le long des côtes de Frise et de Saxe, ils ont même remonté le cours de certaines rivières de par là-bas et m'ont tué bien du monde. Mais tu sais tout cela, tu as lu les rapports de mes préfets...

– Seigneur roi, dit Éginhardt, peut-être qu'une expédition, soudaine et vivement menée, au pays de ces gens...

Le roi Karl sursaute.

– Par-delà l'eau ? Sur la mer salée ?

– Non, Seigneur roi, pas si loin, seulement là où les terres hyperborées touchent à celles du royaume, je veux dire en Danemark, qui est ce qu'en bon latin on nomme « peninsula » et donc tient solidement par un bout à la terre ferme, d'où tes preux n'auraient qu'un pas à faire pour tomber sur cette race de charognards et leur donner solide leçon.

– Eh oui : la guerre, toujours la guerre... Alors que je voudrais tant reposer mon cul tout meurtri par la selle et rafraîchir mon cœur en regardant sortir de terre mon blanc palais d'Aachen[1]...

Le roi Karl abat son poing sur le col du cheval, qui plie les genoux. Et puis il joint les mains, lève les yeux au ciel :

– Seigneur Dieu, donne-moi seulement deux ans de paix, deux petites années, que je puisse au moins terminer la belle chapelle que je construis pour Toi en Aachen. Deux ans, deux ans seulement. Après, à Ta volonté.

– Amen, dit Éginhardt.

1. Pour ceux qui n'auraient pas lu *Les Fosses Carolines*, ou les auraient oubliées, je répète : Aachen, c'est Aix-la-Chapelle.

DEUXIÈME CHAPITRE

DEPUIS bien longtemps déjà Paris est Paris. Qui se souvient encore de Lutèce la Gauloise ? Peut-être, au fond d'une cave du palais des Thermes, quelque moine aux joues d'endive usant ses yeux rouges à déchiffrer les papyrus moisis et les peaux de mouton rongées aux rats qui sont les archives du royaume... Paris est désormais Paris, bien à plein, il pète de santé dans son île au milieu de l'eau, il fait craquer sa ceinture et déborde sur la rive d'en face, les blanches maisons grimpent à l'assaut des vignes du Mons Lucotitius, que tout le monde désormais appelle la Montagne Sainte-Geneviève, et du Mont Cétard[1] qui s'arrondit juste à côté.

Une de ces blanches maisons est celle du tonnelier Fortunatus, c'est là le nom de son saint patron, celui qui lui fut donné par baptême bel et bon, mais personne ici ne pourrait prononcer jusqu'au bout un mot aussi long. Les gosiers gaulois répugnent à l'inutile. Ils n'ont pas non plus le sens de la pompe romaine. Ils ont depuis lurette laissé choir les « us » et les « um » latins, toutes ces finales étirées comme des toges de cérémonie, voilà com-

1. *Mons Cetardus.* Vous avez, bien sûr, reconnu le futur « Mouffetard ».

ment Jacobus est devenu Jacques et Fortunatus Fortunat. Voilà comment « tabula » s'est raccourci en « table » et « Sequana » en « Seine ». L'essentiel est qu'on se comprenne entre soi, n'est-ce pas? Apparemment, on se comprend très bien.

On se comprend très bien mais on ne comprend plus du tout le latin officiel si cher au roi Karl, on ânonne les prières sans savoir ce qu'elles racontent, c'est pourquoi les clercs tonsurés, qui seuls le parlent encore, mal, mais le parlent – certains même le lisent, et même l'écrivent! –, méprisent du haut de leur morgue le menu peuple malcausant. Les seigneurs comtes et barons eux-mêmes, tous gens de guerre de haute race teutonne, s'ils veulent se faire obéir – et donc d'abord comprendre – de ces noirs croquants acharnés à labourer la terre qu'ont glorieusement conquise leurs grands-pères, eh bien, ils doivent, bon gré, mal gré, les barons et baronneaux, forcer à travers leurs gosiers de silex le jargon bâtard et pépiant des Gallo-Romains insoucieux. Bientôt ils oublieront les parlers tudesques de leurs Germanies, et comme ceux d'ici sont des Teutons de la variété franque, cette langue des humbles, ce baragouin issu de l'argot des légionnaires et des pouffiasses des bordels militaires de l'armée romaine, ce résidu de latin celtisé fera son chemin dans le monde comme la glorieuse langue des Francs : le français.

Une de ces blanches maisons dans les vignes est celle, donc, de Fortunatus le tonnelier, qu'on appelle ici Fortunat, et même Tunat, et même Fortu, et même Tutune. Fortunat est devenu tonnelier quand il a marié l'Odile, la fille à l'Eustache, qui était le tonnelier d'avant Fortunat et n'avait pas de garçon. Fortunat voulait l'Odile, l'Odile n'allait pas sans les futailles et le maillet, Fortunat a pris le tout. Il a appris le métier, et voilà, maintenant il tape sur les douves.

L'ouvrage ne manque pas. Les vignes des coteaux de la rive gauche donnent généreusement, et si, faute d'un rien de soleil en plus, leur vin manque un peu de corps et agace les dents, les Parisiens, dans leur île au fond de leur trou, l'estiment bien assez bon pour eux puisqu'ils en boivent jusqu'à plus soif, et ce qu'ils ne boivent pas la Seine l'emporte, dans le ventre des lourds chalands, jusqu'aux rivages brumeux où la grappe ne mûrit pas.

Ainsi Paris, dédaignée comme capitale par les rois barbares, croît et prospère au carrefour des deux grands chemins, celui du Sud, celui de l'Orient, assise comme une reine sur son île au beau milieu de la Seine opulente. Un empereur y fut couronné, aux temps où Rome était Rome. Le plus jeune, le plus beau des empereurs, Julien, qui renia le Christ et aima Lutèce. Julien l'Apostat para sa ville comme une fiancée. Il la prit par la main, lui fit passer l'eau et escalader les vertes collines de la rive gauche. Il l'orna de temples, de forums et d'arènes, il la couronna de ces Thermes fabuleux qu'alimentent par un colossal aqueduc les eaux bondissantes captées aux sources lointaines d'Arcueil et de Rungis.

Les Romains passent, les Thermes demeurent. Les premiers rois chevelus, les Mérovée, les Chilpéric, les Clovis, les Dagobert, avaient la bougeotte. Lutèce, devenue Paris, ne fut qu'une ville parmi leurs villes, les Thermes un palais d'entre leurs palais. Le roi Karl n'y séjourne guère, lui c'est Aachen qui a son cœur, Aachen la blanche, entre Rhin et Meuse, au cœur des noires forêts teutonnes, berceau de la race. Il veut en faire la Rome nouvelle. Ses ingénieurs assemblent pièce à pièce les fûts de marbre et les chapiteaux des colonnes des temples de Jupiter ou de Diane que ses soudards jetèrent à bas et puis transportèrent depuis la lumineuse Italie. Mais sauront-ils domestiquer l'eau vive, la chauffer, la vaporiser, la forcer dans de subtils labyrinthes de plomb ainsi que le firent les astucieux Romains ?

A la vérité, Eustache le tonnelier, père d'Odile aux belles hanches et, donc, beau-père de Fortunat, avait eu un fils. Mais c'était comme s'il n'en avait pas eu du tout puisque ce fils, mauvais fils, n'avait pas voulu être tonnelier, rien à faire, pas non plus labourer la terre ni tailler la vigne, oh non, ce qu'il voulait, ce mauvais fils, ce qui lui tenait à la tripe et lui faisait danser les pieds, c'était courir le vaste monde, rien de moins, et bon, un jour il s'était sauvé de chez son père et s'était fait goujat de gens de pied, c'est-à-dire valet de soldats fantassins, et comme, entre deux torgnoles et trois coups de savate au cul, il s'exerçait à manier la pique et à tendre l'arc, il devint homme d'armes à son tour, et même archer d'élite dans les armées du roi Karl. Il manqua périr à Roncevaux avec les preux de l'arrière-garde, connut de grandes et terribles aventures, et voilà qu'il est soudain revenu, après tant et tant d'années, il arrive présentement d'Orient, va savoir où ça se trouve, toi, un pays pareil, il a avec lui un seigneur chevalier au bras coupé, une grande femme sauvage de ce pays d'Orient, et une escarcelle aimablement dodue. Il a pour nom Raymond, le chevalier au bras coupé Renaud, et la femme sauvage Tamara, si on peut appeler ça un nom[1] !

Raymond, l'enfant prodigue, est donc rentré au bercail. On n'a pas tué le veau gras, ce sont les

1. Il vaudrait quand même mieux que vous ayez lu *Les Fosses Carolines* avant ce livre-ci, mais si ce n'est pas le cas n'ayez crainte, les choses s'éclaircissent au fur et à mesure.

vieux pères qui tuent les veaux gras. Or, de vieux père, point : l'Eustache est mort voici deux années de ça, ayant une fois pour toutes fait deuil de ce fils volage. On fit, n'empêche, honnête accueil à Raymond, ainsi qu'à ses compagnons. Odile a le cœur aussi tendre que le nichon, et quant au Fortunat, rien de tel qu'une bourse de cuir aux bonnes joues rondes pour attendrir un beau-frère.

Le chevalier Renaud s'est véhémentement opposé à ce que Fortunat, Odile et les enfants s'en aillent dormir dehors, sous l'auvent, afin de laisser la pièce commune de la maison – commune et unique ! – au noble seigneur et à sa suite. Et donc le chevalier Renaud, l'écuyer Raymond ainsi que l'esclave Tamara se sont accommodés dans le cellier, qui est un appentis couvert en chaume de froment où l'on n'a pas, comme dans la maison, la chaude présence de l'âne, des deux bœufs, de la chèvre, de la truie et de ses six petits gorets pour vous protéger et réchauffer de leurs flancs, la nuit, quand monte la frissonnante brume de Seine, et vous souffler dans le cou leur bonne grosse haleine. Mais des gens de guerre et de grands chemins ont-ils besoin de telles aises ? Renaud craindrait de s'amollir. Raymond ne dédaignerait pas un peu de bien-être, mais pourvu qu'il puisse besogner sa Tamara bien à son gré, qui est puissant, pressant, fréquent et fort bruyant, pourvu qu'il puisse, quand il dort, la serrer tout au long de soi, ventre à cul, cuisse à cuisse et la ronronnante motte velue blottie au creux de sa main, pourvu que, rêvant qu'elle est là, il puisse, s'éveillant soudain, constater qu'elle y est, le constater de la main, du nez, du ventre et puis, rassuré, se replonger dans son rêve, alors Raymond est comblé, Raymond ne changerait pas son sort pour une place en paradis... Quant à Tamara, ses yeux sont sur Renaud. Lui arrive-t-il de dormir ? Va savoir...

A quelque moment qu'on la surprenne, ses yeux sont sur Renaud.

Ils partagent la soupe et le lard de la famille assis en rond sur la terre battue autour de l'âtre de pierres plates où flambe un feu de sarments dont la fumée monte droit comme flèche et file par le trou au milieu du toit, et puis Raymond raconte quelqu'une de leurs aventures en pays lointain. Alors les yeux des enfants s'agrandissent, Odile se signe et dit « C'est-y pas Dieu possible! », Fortunat fronce le sourcil et hoche la tête. Et puis ils s'en vont coucher dans leur cellier, la narine agacée par l'odeur aigrelette des pommes.

Ce soir-là, Renaud dit à Raymond :

– Ça ne peut pas continuer comme ça.

– Quoi donc?

– Toi et cette bonne femme.

– Tamara?

– Celle-là, oui.

– Ça t'écorcherait la gueule, chevalier, de l'appeler par son nom?

– Je l'appellerai par son nom quand elle aura un nom.

– Et alors? Elle a pas un nom, peut-être? Quand j'appelle « Tamara », elle accourt. Même pas le temps de le dire tout au long. A « Ta... » elle dresse l'oreille, « ... ma... », elle est déjà là, « ... ra... » est de trop. Je le prononce quand même, pour la bonne bouche, pour le plaisir. Et alors, un nom pareil, c'est pas un nom?

– Un nom chrétien.

– Ah, nous y voilà!

– Nous y revoilà, oui. Tu forniques à couilles sonnantes, tu prends ton plaisir, tu oublies ton âme. Et la sienne.

– La sienne n'est pas en danger : elle ne connaît pas le vrai Dieu, ni même aucun dieu du tout, elle est dans la sainte innocence des ignorants et des petits enfants, elle ne saurait donc pécher.

– Mais toi, cochon, toi tu es chrétien baptisé, tu es instruit et conscient, tu pèches pour deux, mon salaud!... Écoute. On jase. On clabaude.

– On clabaude? Eh, dis, c'est mon esclave. Elle est à moi. Je l'ai gagnée, honnêtement gagnée. J'en fais ce que je veux. Non, mais, des fois!...

– D'abord, nous ne sommes plus en terre païenne, ici. Ni même à Byzance. Les bonnes gens de ce pays ont leur façon de voir les choses. Jouir d'une esclave qui t'appartient est tout à fait légitime, certes, mais, vois-tu, la coutume s'en est perdue dans le menu peuple mâche-raves. Ces croquants n'ont pas les moyens d'acheter et de nourrir des esclaves, ils préfèrent remplir leurs femmes d'enfants, et leurs femmes pondent, et pondent, et les enfants crèvent, pauvres vermines, mais c'est bien le diable si un ou deux ne se cramponnent pas à la vie pour atteindre l'âge de travailler à leur tour... Il n'y a plus guère que les seigneurs barons et les marchands juifs qui nourrissent des esclaves. Encore les Juifs ne peuvent-ils posséder d'esclaves baptisés.

– Le Seigneur Christ n'interdit pas d'avoir des esclaves. Même il commande à l'esclave d'être fidèle et obéissant à son maître. C'est pas vrai, peut-être?

– C'est vrai, mais aussi le Seigneur Christ dit que chacun est responsable de l'âme immortelle de quiconque habite sous son toit, esclave ou non. Le maître doit veiller au salut de l'esclave, et avant tout le faire baptiser.

– Eh, baptisons-la!

– Il faut d'abord l'instruire des divines vérités.

– Menons-la au catéchisme!

– Hm...

– C'est pas encore ça? Qu'est-ce qui ne va pas?
– Le Seigneur Christ ne permet pas la fornication hors mariage entre deux créatures chrétiennes et baptisées.
– Épousons-la! Je veux dire : je l'épouse.
– A la bonne heure! C'était bien la peine de tant traîner... Maintenant, il faut faire vite. Je veux vous voir mariés avant mon départ.
Raymond sursaute.
– Ton départ? Déjà? Mais... Mais tu n'es pas en état!
– Au contraire, ami, au contraire! Je ne me suis jamais senti mieux. C'est bien la première fois de ma vie que je me serai reposé aussi longtemps.
– Mais, bon Dieu, ton bras...
– Ne jure pas. Mon bras va très bien. L'inflammation est tout à fait passée, la cicatrice est belle comme une fleur des champs, je n'ai pour ainsi dire plus mal du tout et ce crochet que tu m'as fait forger, eh bien, c'est maintenant comme si j'avais une vraie main, une toute neuve. Oh, mais, c'est que je me suis exercé!
Renaud, de la main droite, saisit le crochet de fer qui pend à un anneau de sa ceinture, enfonce dans la gaine de cuir épais prévue pour ça le moignon qui termine en cul-de-sac son avant-bras gauche et, en trois mouvements prestes, boucle le jeu de courroies qui assujettit solidement la main de fer au bras mutilé. Il triomphe, tout faraud :
– Qu'est-ce que tu en dis, écuyer?
– J'en dis que j'ai rien vu! Pas eu le temps...
– Ton forgeron est un magicien. Et tu sais, à cheval, pas du tout gêné. Je me sers un peu plus des genoux, peut-être...
Tout en parlant, Renaud fait effort sur le crochet, qui cède, tourne sur lui-même et se détache du socle qui termine la gaine. Il le remplace

aussitôt par une lame de dague courte et trapue qu'il fixe sur ce socle en la faisant tourner en sens inverse.

– Celle-là, on ne me la fera pas sauter de la main !

– Tu sais comment ça s'appelle, ce système ? questionne Raymond.

– Non. Ça a un nom ?

– Ça s'appelle une vis. Un vieux paillard de païen a inventé ça, il paraît, au temps des Romains, ou peut-être bien des Grecs, un nom comme Archevêque, Architecte... Enfin, bon, Archi quelque chose.

– Archimède, non ?

– Ah, tu savais ? Moi, c'est un de ces moines de Sainte-Geneviève qui me l'a dit. Il m'a vu chez le forgeron, il faisait sa tournée, c'est des moines mendiants, il a admiré le travail, et alors, voilà, il m'a parlé de cet Archi... comme tu dis. Ça devait en être un fameux, de forgeron, celui-là. Mais, dis donc...

– Oui ?

– Tu as dit « ton » départ.

– Et alors ?

– C'est « notre » départ, qu'il fallait dire, non ?

– Ecuyer, on ne va pas revenir là-dessus.

– Chevalier, c'est tout revenu. Où va le chevalier, là va l'écuyer, et même il passe le premier pour tâter l'eau du gué. Tu retournes à Byzance, j'y vais aussi.

Ils sont allongés sur leurs paillasses de roseaux, la nuit tombe doucement, on entend au-dehors les pieds nus de Tamara qui giflent le sol trop sec, qui s'approchent, qui s'éloignent tandis qu'elle va et vient, mettant à sécher çà et là sur les haies le linge qu'elle vient de laver. Une à une, les petites chauves-souris se décrochent des solives et partent chasser sur leurs ailes de silence.

– Pour la dernière fois, dit Renaud, ceci est mon affaire, mon affaire à moi seul. Affaire d'honneur. J'ai manqué à mon devoir, j'ai manqué à ma Dame, j'ai échoué là où j'avais juré de réussir, je dois maintenant aller lui rendre compte et déposer ma vie à ses pieds. Cela ne te concerne en rien.

– Cela me concerne en ce que je suis ton écuyer, et merde !

Un silence.

– Elle te fera tuer, dit Raymond.

– Elle fera ce qu'elle jugera bon de faire.

– Mais pas tuer-tuer ! Pas tuer tout net ! Je les connais, ces Byzantins ! Je la connais, l'Irène ! La plus byzantine de tous ! Elle te fera empaler, elle te fera crever les yeux, dérouler les intestins, manger tes couilles, remplir le trou du cul de fourmis rouges... Elle va faire durer le plaisir, la salope !

– A elle de choisir... La prochaine fois que tu parles mal de ma Dame, je te coupe le nez.

– Bon, bon... On ne dira plus rien. C'est la plus sûre façon : n'en rien dire. Car on ne peut, derrière son nom, à celle-là, aligner que des horreurs. Autant tenir sa langue...

– Tu l'as agitée une fois de trop, ta langue de vipère, salopard !

La grande épée Fringante a sifflé haut dans l'air en s'abattant, et puis a tinté comme cristal quand elle heurta le silex dans un bouquet d'étincelles. Mais Raymond avait sauté en arrière, vif comme un lapin, et il porte la main à son nez, qui est toujours en place, Dieu merci.

– Hé bé... dit Raymond.

– Qu'est-ce à dire, maître calomniateur ? dit le chevalier. Tu refuses ton nez à mon épée ? Tu te dérobes au juste châtiment ? Serais-tu lâche ?

– Ma foi, je t'avoue que je suis lâche quand, tout bien pesé, je trouve plus avantageux de l'être que de faire le brave. Disons que je suis brave à bon escient. Je ne gaspille pas ma bravoure à tout vent... Eh bien, ai-je sauvé mon nez, chevalier, ou bien dois-je me tenir prêt pour un nouveau saut de carpe ?

Renaud sourit. C'est assez rare pour que ça se remarque. Sourit d'un seul côté, et pas longtemps, plutôt clignement que sourire, mais, bon, sourit.

– Si j'avais vraiment voulu te couper le nez, crois-tu que ton cul aurait été plus vif à sauter que mon bras à s'abattre ?

– Oh oui, oh oui, on dit ça, après coup...

Mais Raymond sait bien que son chevalier n'est pas aussi féroce qu'il s'en donne l'air. Cependant, il n'a pas perdu le fil, Raymond.

– Bon, tu pars. C'est-à-dire, nous partons. Eh bien, tu le vois pour quand, ce départ ?

– Le temps d'acheter un cheval, de me rééquiper de neuf, et en route. C'est-à-dire, voilà comment je voyais les choses. Maintenant, s'il faut absolument que tu en sois...

– Oh, absolument.

– Alors, je suppose qu'il me faudra attendre que tu aies épousé ta luronne devant le Seigneur Christ, car si elle venait à avoir un petit enfant pendant que tu seras au loin, il ne faudrait pas que ce soit un petit bâtard.

Voilà Raymond tout songeur, soudain.

– Eh oui, dit-il... Bien sûr... On ne chevauche pas avec une femelle au cul de ses chausses... Il faut donc la laisser ici... Je n'avais pas pensé à ça.

– L'écuyer n'a pas à penser. Penser est affaire de chevalier. Épouse donc ta garce bien vite et viens-t'en, puisque c'est ce que tu veux.

Raymond pense. Ce n'est pas son affaire de penser, mais il est plus difficile encore d'empêcher un cerveau de trotter en rond dans sa boîte qu'un matou de courir la gueuse quand la putasserie le mord là où ça les mord. Il dit enfin, le nez baissé, l'œil coulissé vers son chevalier :

– Elle nous a bien rendu service, ma garce, dans ces déserts à païens où nous chevauchions. Comme souillon à touiller le fricot et comme cogneuse à tour de bras sur la truandaille... Oh, les sacrés beaux coups d'épée! Sais-tu bien que, sans elle, ni toi ni moi ne serions là, aujourd'hui, à causer de tout ça, chevalier?

– Toi, je te vois venir. Elle nous est tombée du ciel, bon. Et encore, il y aurait beaucoup à dire là-dessus... Mais bon, c'étaient les circonstances, chacun a fait sa part. Aujourd'hui, je n'ai nulle mission, je vais droit devant moi, tête basse et gonfanon en berne, comme un perdu d'honneur qui marche au châtiment. Tu veux me suivre, je me laisse faire, c'est déjà trop. Faut-il encore que je traîne à la queue de mon cheval ta femelle et sa batterie de cuisine, et puis toute ta tribu si elle fait des petits en chemin...? Pourquoi pas ta sœur, aussi, et ton beau-frère, leurs mioches, la grand'mère, le chat, le chien, les poules, les vaches et les cochons?

– Eh eh, j'aimerais assez, dit Raymond. C'est ainsi, souviens-toi, que chevauchaient et guerroyaient nos amis les Huns, de gentils compagnons, ma foi, et de sacrés cavaliers, bien qu'ils eussent plutôt l'air de ouistitis accroppetonnés sur le cou de leurs bêtes.

– Les Avars, Raymond. Pas des Huns. Des Avars.

– Avars, Bulgars, Tatars, Khazars, Magyars... Bâtards, oui! Tous Huns, bâtards de Huns, crottin de Huns! Fils de putes et compagnie...

– Païens, Raymond. Avant tout : païens.

– Et païens, mais oui, les gueux! Plus païens que les Sarrazins qui, eux, du moins, croient en un dieu, même si ce n'est pas le bon!... N'empêche, ça sait goûter la vie, ces engeances...

L'œil de Raymond se voile de rêve :

– Je me serais peut-être bien fait Hun...

– Tu te serais fait païen, pourceau? gronde Renaud.

– ... n'était la dévotion bien grande que je porte au Seigneur Christ Jésus et à sa Très Sainte Mère, ajoute Raymond bien vite.

Et puis il pousse un soupir :

– D'ailleurs, te serais-tu fait Hun, toi, chevalier? Ou Avar, ou appelle ça comme tu voudras?

– Moi? Tu blasphèmes, vermine! Plutôt crever, la face dans la fosse aux excréments!

– Alors, tu vois bien. Où tu es, je suis. Ce que tu es, je le suis. Tu ne te veux point païen? Moi non plus, donc.

– A cela seul tient donc ta foi?

– Ma foi s'appelle fidélité.

– Fidélité ne se doit qu'au Seigneur Christ. A travers moi, ton maître terrestre, c'est à lui que tu es fidèle.

– Ça tombe bien! Je n'aurais pas pu lui être fidèle à travers quelqu'un d'autre.

– Même pas ta garce aux yeux de loup-cervier?

– C'est autre chose... S'il faut mourir pour ton service, d'accord, mourons. Pour elle, je veux vivre. Je ne sais pas si je me fais bien comprendre.

– Tout à fait. Ce sont là amours d'écuyer. Nous autres, chevaliers, sentons autrement. Mourir pour ma Dame dans un beau gros combat, déposer à ses pieds un monceau de têtes d'infidèles et puis m'abattre, tout couvert de sang impur, et rendre l'âme en soupirant son nom béni, voilà le plus haut désir de mon cœur... Mais je lui reviens vaincu, la tête basse et les mains vides, je ne puis déposer à ses pieds que l'échec, la honte et l'infamie...

Renaud se frappe du poing le visage. Raymond saisit ce poing. C'est qu'il pourrait se faire du mal, dans ses désespoirs, ce grand frénétique! D'autant que ce n'est pas un poing de chair et d'os, mais bien l'ingénieux crochet de fer forgé.

– Là... là..., dit Raymond. Amours écuyères, amours chevalières, torchons et serviettes... D'accord, ne mélangeons pas. Parlons plutôt voyage.

– Allons-y.

Raymond prend un air compétent.

– Sais-tu combien coûte un cheval, chevalier?

– Aucune idée. Assez cher, je pense, car je le veux bon. Non par vain goût de parade, mais parce qu'il devra me porter jusqu'à Constantinople, qui est, mes fesses le savent et les tiennes aussi, une ville fort lointaine.

– « Assez » cher n'est pas le mot. Il faut dire « très » cher, chevalier. Les gens du roi Karl sont passés par ici. Ils ont tout raflé pour l'armée, les prix ont monté, c'est normal. Par là-dessus, il te faut un équipement complet. Équipement de guerre, bien sûr, si tu veux arriver entier là-bas.

– Je me dois de livrer à ma Dame mon corps indigne mais intact, car elle seule peut lui infliger telles meurtrissures qu'elle estimera convenir à l'énormité de ma faute, et même la mort si elle en décide ainsi.

– D'accord, d'accord... Donc, équipement de guerre, aciers fins de Damas, cuirs et buffletteries de Cordoue, faut ce qu'il faut...

– Et autant pour toi, puisque tu tiens à me suivre.

– Et autant pour moi, la qualité en dessous, cela va de soi. Plus quelque linge de corps, un tant soit peu de provisions de bouche et d'ustensiles culinaires... Et, j'imagine, un solide cheval de somme pour porter tout ça, à tout le moins un gros mulet à pompons.

– Cela me semble tout à fait raisonnable. Tu trousses un inventaire aussi bien que le frère économe du monastère de Sainte-Geneviève. Eh bien, dès demain tu te mets en quête de tout ça.

Là, Raymond marque un temps. Renaud finit par noter qu'il y a de l'embarras dans l'air. Il s'impatiente :

– Et alors ? Qu'est-ce qui ne va pas ?

– Chevalier...

– J'écoute.

Raymond a un geste qu'en n'importe quelle langue humaine on traduirait par « Oh, et puis, hein, quand faut y aller, faut y aller ! » Il se lance :

– Chevalier, pendant trois mois, on n'a pas su si tu survivrais. Chaque jour de ces trois mois, le médecin est venu, le barbier est venu – celui qui a coupé ton bras, oui, et qui t'a fort joliment cousu le moignon –, l'apothicaire t'a préparé onguents et élixirs. Or ces gens-là se paient plus cher qu'un laboureur. L'émeraude de la Basilissa y est passée...

– L'émeraude de ma Dame ! Tu as vendu l'émeraude pour payer ces gougnafiers !

– Et avec quoi d'autre, s'il te plaît ? Le roi Karl nous donna de belles paroles, et puis il s'en est allé, et tous ses gens avec lui, et nous sommes restés seuls dans cette chaumine perdue, seuls comme des chiens galeux, au fin fond des faubourgs de Regensburg, qui est une bourgade fort triste quand le roi Karl n'y séjourne pas, et fort sale par tous les temps. Bien heureux encore que le frère médicastre ne nous ait point abandonnés. Vois-tu, ton cas l'intéressait, il voulait écrire un livre là-dessus, un livre qui confirmerait tout ce que dans les anciens temps l'immortel Hippocrate a dit sur ton cas sans avoir jamais vu de bras gangrené ni même, peut-être, de bras d'homme autre que les siens propres. Naturellement, son barbier[1] et son droguiste demeuraient aussi, puisqu'il demeurait. Tu as eu la vie sauve, Christ soit loué, mais, dame, cela se paie. Encore ai-je dû nourrir et chauffer tout ce monde-là, sans compter leurs aides, goujats, apprentis, marmitons et moucheurs de chandelles, mais il n'en a guère coûté, le gibier et le bois mort des forêts du roi Karl y ont pourvu... Enfin, bon, de l'émeraude il n'est pas resté grand'chose.

– Les chevaux ?

– Nos chevaux, tu veux dire ?

– Eh oui, nos chevaux ! Ces chevaux qui nous portèrent jusqu'ici et que j'entends en ce moment même hennir au pré ?

Raymond n'est vraiment pas à l'aise.

– Ces chevaux, chevalier... Ils sont bien fatigués, ces chevaux. Je les ai achetés au rabais avant de quitter Regensburg, ils étaient plutôt vieux, déjà. Ajoute une civière, pour toi, qui ne pouvais chevaucher. Le reste de l'émeraude y est passé... Les pauvres vieilles carcasses ne nous mèneraient même pas jusqu'à Melun. Et puis...

– Et puis... ?

– Ils sont déjà vendus, voilà. Vendus, et l'argent mangé.

– Mais tu es un gouffre !

– Chevalier, voilà quatre mois que nous vivons chez ces bonnes gens, mes parents. Ils s'échinent de l'aube à la nuit pour tout juste gagner de quoi ne pas crever... Oh, ils ne m'auraient rien demandé ! Mais aurais-tu bien eu le cœur de dévorer leur soupe et leur lard sans payer ton écot ?

– Mouais... Tu as encore raison ! Encore que

1. Rappelons que les barbiers étaient aussi chirurgiens.

nous aurions pu nous passer de lard et nous contenter de soupe.

– Bouts de chandelle et miettes pour le chat ! Il y a pire.

– Quoi donc ?

– Hé, ce beau crochet à vis si gentiment forgé, avec tout son harnais, ces cuirs, ces boucles, ces rivets, cette vis d'Archi... chose, là, crois-tu qu'il n'en a rien coûté ? Le gars qui a battu ce fer-là sur l'enclume est un habile homme, crois-moi, et, dame, le tour de main, ça se paie.

– Donc... ?

– Donc, nous sommes fauchés, et plus que fauchés, chevalier.

– Donc, pas de chevaux ?

– Hélas.

– Eh bien, j'irai à pied.

– A pied ? Il y faudra trois ans !

– Il y faudra ce qu'il faudra.

– Tu es cavalier, pas fantassin. Tes pieds cloqueront et pisseront le sang avant le premier soir.

– Ils s'endurciront.

– Qui portera tes armes, ta vêture de guerre ?

– Mon épée suffira.

– Elle te battra le flanc et s'emmêlera dans tes jambes.

– Je la porterai sur l'épaule, comme la trique du vagabond. Mon balluchon pendra au bout.

– Ton épée... N'est-ce point déchoir, chevalier ?

– Rien n'est déchoir, hors forfaire à l'honneur.

– Et monter dans une charrette !

– C'est exact. Monter en charrette est déchoir. Car charrette est monture de vilain. Je ne voyagerai donc pas en charrette.

– Nous ne voyagerons donc pas en charrette.

– Parce que tu persistes ?

– J'ai le choix ? Me revoilà donc fantassin. Un arc et un carquois ne pèsent guère à l'épaule, moins qu'une bourse pleine à la ceinture, en tout cas, et eux ne s'épuisent pas : un bon archer ne rate pas sa cible et récupère sa flèche. Je te nourrirai une fois de plus de lièvres, lapins, canards, faisans et perdrix, tout cela à la broche et sans légumes, ne compte pas sur moi pour trimbaler une marmite sur mon dos. Tu vois bien qu'il faut que je vienne. Sans moi, tu es comme un nourrisson sans sa nourrice... Tu ne pourras même pas occire un dragon par-ci par-là pour te faire un peu d'argent de poche, tu seras gueux comme un va-nu-pieds...

– Comme un pèlerin, Raymond, comme un pèlerin. Pauvre comme un pèlerin qui a fait vœu de pauvreté pour expier quelque péché bien lourd et s'en va s'humilier sur le Sépulcre Saint du Seigneur Christ. Et c'est bien ce que je serai, non? Byzance est sur le chemin de Terre Sainte. Si ma Dame m'épargne la vie et m'impose telle pénitence, je passerai l'eau et m'en irai jusqu'à Jérusalem, à genoux s'il le faut, sur le ventre si tel est ton désir.

– Tu vois bien qu'il faut que je vienne! Ne serait-ce que pour te poser l'écuelle sous le nez et puis te torcher le museau, à plat ventre on mange salement, comme bestiaux dans l'auge, sauf que toi tu n'as pas la langue assez longue pour t'en débarbouiller proprement moustaches et badigoinces. Car sans ses mains l'homme ne peut rien, c'est même ce qui fait sa grandeur par-dessus toutes les créatures, puisque le Seigneur Dieu l'a fait et voulu à Sa propre image, c'est dit tout au long dans le Livre, ici ou là, vers le début si je souviens bien, or imagines-tu Dieu se torchant le nez d'un coup de langue comme ferait un veau, un chien ou un matou repu?

– Bon, bon! C'est d'accord. Tu viens. Mais cesse de me casser les oreilles avec tes discours et surtout, surtout, ne tripote pas les Saintes Écritures au gré de tes démonstrations d'ivrogne ! Je ne sais pas comment tu t'y prends, mais dans ta bouche les choses les plus sacrées ont l'air de blasphèmes. Je ne suis pas certain du tout de ne pas courir tout droit à la perte de mon âme en te permettant de m'accompagner.

– Holà, chevalier ! Je ne suis pas un diable cornu ! Rien que ton vieux Raymond, ton écuyer tellement fidèle que tu n'arriveras pas à t'en débarrasser.

– Parfois, je me demande... On a déjà vu des diables entrer par maléfice dans la peau des gens et les faire perfidement servir, par les méchants propos qu'ils leur font dire, à la damnation de qui les écoute...

– S'il est un diable en moi, fais le signe de la croix du Christ, il s'envolera dans un gros pet, c'est tout simple.

– Encore !...

– C'était le dernier... Maintenant, on parle sérieusement. Dis-moi. Naviguer sur l'eau est-il contraire à l'honneur de chevalerie comme l'est voyager en charrette ?

– En noblesse de monture, nef vaut destrier. L'homme de mer n'est point vilain, car il vogue au péril des flots, et naviguer vaut guerroyer.

– Très bien. Donc, tu ne verrais nul obstacle à voyager sur l'eau ?

– Et la nef ? Comment payer le passage ?

– Écoute. Déjà, au temps jadis, quand Paris s'appelait Lutèce, les gros chalands ventrus descendaient et remontaient la rivière de Seine pour porter au diable vauvert les marchands et leurs marchandises. Si tu n'étais perdu dans tes hautes pensées, tu aurais remarqué le port qui est ici, sur la grève, au pied de la colline, et le trafic qui s'y fait. Trafic de vin, de grains, de laine et de bêtes sur pied... Bon, tout un va-et-vient. Pour haler les chalands quand le courant tire dans le mauvais sens et le vent aussi, il y faut des compères aux bras pas feignants, tu vois où je veux en venir?

– Il me semble...

– Travailler de ses mains et de ses épaules est-il déchoir, chevalier?

– Non, si c'est pour une œuvre louable en chevalerie.

– Alors, tout va bien. Car quoi de plus louable en chevalerie qu'aller se faire donner la fessée par sa Dame?

– Raymond!

– Je le ferai plus! Juré craché. Alors, voilà. Mon beau-frère, le Fortunat, oui, parle pour nous à un de ces patrons nautoniers qui déchargent chez lui du bois de chêne et repartent avec des tonneaux pleins, ainsi nous laisserons-nous descendre bien gentiment sur l'eau jusqu'à la mer salée, nous coltinant par-ci par-là quelque fardeau ou tirant sur un cordage pour passer le temps, il ne nous en coûtera rien, nous serons nourris, et peut-être même aurons-nous en poche un peu de menue monnaie à notre débarquement. Et qu'est-ce que tu dis de mon idée?

– Mais... Je n'ai guère le sens géographique, cependant il me semble que ce serait aller à reculons! Byzance n'est-elle pas à l'Orient, alors que la Seine coule vers le couchant? Reprends-moi si je me trompe.

– Ptolémée, chevalier, qui fut un grand savant bien que païen comme trente-six pourceaux, Ptolémée nous enseigne que la Terre qui nous porte est ronde comme un melon, que toute la matière solide où l'on peut poser le pied y est rassemblée en un seul endroit, et que tout autour de cette galette de matière sèche gronde et mugit circulairement le vaste fleuve salé Okéanos – que nous appelons, nous autres ignares, Océan –, que toutes les diverses mers que nous connaissons ne sont que des languettes d'eau salée que pousse l'Océan vers l'intérieur des terres, comme les doigts d'une même main, et que donc, si tu m'as bien suivi, l'Océan mène partout où l'on veut, à partir du moment où l'on est dessus. La Seine nous mène à la mer, la mer nous mène à l'Océan, l'Océan nous mène à une autre mer et, si nous choisissons bien, cette autre mer-là sera celle qui nous mènera à Constantinople, que nous autres petites gens appelons Byzance.

– Il y faudra une vie entière.

– Mais non! Nous irons de port en port, de bateau en bateau, nous ne quitterons pas la côte de l'œil, nous tournerons autour du monde... Ça ira bien aussi vite qu'à pied. Et nous n'userons pas nos souliers!

– Eh bien, bon. Parles-en à Fortunat. Mais vite.

– C'est déjà fait.

– Ah, oui?

– Je savais que tu serais d'accord. Il y a une taverne, sur la grève, tu connais? Non, tu ne connais pas, tu ne descends jamais jusqu'à la grève... Enfin, bon, le patron nautonier nous y attend.

– Allons-y.

– Hé là! Pas comme ça. Pas avec ces fringues. Nous sommes des débardeurs, des gens de peine, du petit monde, il faut nous habiller en débardeurs. Viens, j'ai ce qu'il faut, Tamara s'est débrouillée.

TROISIÈME CHAPITRE

Le vêtement du débardeur est sommaire : des braies[1] à la gauloise, mais roulées au-dessus du genou, un haillon de chemise sans manches en toile de chanvre avec capuchon pour la pluie, c'est tout. Les débardeurs sont pauvres hères.

Renaud a quelque peine à passer la chemise. Il n'est pas encore accoutumé à sa main de fer, le crochet se prend dans le tissu. Tamara veut l'aider. Elle avance la main. Renaud saisit cette main et la repousse en grande violence. Ses yeux sont terribles. Tamara comprend. Elle n'aurait pas dû. Sa main a été plus rapide que sa tête.

Raymond demande :

– Ça ira comme ça?

Tamara regarde. Il manque quelque chose. Voilà, elle sait : elle se baisse, ramasse par terre plein ses deux mains de poussière et en frotte les joues de Raymond, ses bras, ses loques.

– Bien sûr! s'exclame Raymond. Nos minois n'étaient pas trognes de débardeurs ayant sué sous les couffins et les ballots toute la sainte journée. C'est bien, ma beauté, tu as l'œil!

1. Braies : espèce de pantalon bouffant que les Celtes serraient aux chevilles.

Tamara ramasse une autre poignée de poussière. Elle se tient devant Renaud, bien droite, les deux mains arrondies en coupe, yeux baissés. Son humilité altière dit muettement : « Je peux? »

Renaud voit cela. Il dit :

– Tu peux.

Tamara élève ses mains jusqu'au menton du chevalier, les ouvre juste à la mesure de l'ovale du visage, les joues s'y appliquent parfaitement, ces mains-là sont faites pour contenir ces joues-là, et elle remontent, ces mains, elles caressent, elle devraient frotter, elles caressent, si doucement que la poussière n'adhère pas, retombe, et glisse entre les doigts de Tamara.

– Plus fort, femme, dit Renaud. Frotte donc!

Elle frotte, radieuse. Il lui a parlé!

*

Les voilà prêts, le chevalier hautain, l'écuyer trapu, faits comme deux de ces gagne-petit dont chaque bouchée de pain se paie d'un litre de sueur.

Tamara, cette fois, semble satisfaite, bien qu'elle ne parle pas. Elle sait qu'elle ne sera pas du voyage. Elle ne les reverra plus, ou dans tellement longtemps... Ce benêt de chevalier, qui court au-devant d'elle ne sait quel châtiment épouvantable pour une faute qu'elle ne comprend pas!... Parce qu'il a décidé qu'il appartenait corps et âme à cette Irène, à cette Basilissa toute-puissante, drôle d'idée, et voilà, il va se prosterner entre ses mains griffues, il va se laisser déchiqueter par cette panthère avec un sourire d'extase... Cela, tout de même, elle peut comprendre. Qu'on se voue et s'abîme dans une adoration sans espoir. N'est-elle pas, elle-même, vouée à Renaud comme une fleur l'est au soleil? Elle aime Raymond, son seigneur, comme un chien aime son maître, une mère son enfant, une amante son bien-aimé. Mais Renaud est son dieu. Elle n'a aucune idée de ce qu'est un dieu, elle a poussé comme une herbe folle, dans la crainte obscure des choses mauvaises et des Puissances qui rôdent, nul ne lui enseigna l'amour courtois ni l'asservissement librement consenti, elle n'obéit à aucune règle, à aucun code, cela s'est fait tout seul, tout naturellement.

Elle s'est donnée à Renaud, qui n'en a jamais rien su et n'en saura jamais rien, elle n'attend rien de cet amour, rien de plus que l'émoi d'aimer, elle s'y abandonne, elle s'y fond... Raymond sait cela, Raymond lit dans les regards. Il ne lui est rien dérobé, pourtant cette part secrète de Tamara qui lui échappe lui manque, et Raymond souffre. Mais Raymond lui aussi s'est voué à Renaud à la vie à la mort, et bon, c'est compliqué, tout ça, et pas très confortable... Ce sont choses d'Amour.

Or voilà que s'en font les deux, et que Tamara reste là. Renaud a dit non. Demain, tout à l'heure peut-être, ils seront partis. Tamara qui jamais ne s'assied ni ne se repose, Tamara s'accroupit dans une encoignure, loin de tous, elle enfouit sa tête entre ses bras et ses genoux, s'enveloppe de ses loques comme une chauve-souris de ses membranes, supprime le monde et plonge dans l'abîme sans fond du mal de l'absence.

*

– Oui, bien sûr, on a toujours besoin d'une ou deux paires de bras en plus, par les temps qui courent, dit le patron nautonier. Les recruteurs du roi Karl prennent tous les hommes un peu solides pour l'armée, il paraît que quelque chose se prépare encore un coup, cette fois on dirait bien qu'il veut en finir pour de bon avec ces foutus païens d'Avars tout jaunes[1], et dame, les gars aiment mieux manger la soupe et le lard du roi Karl et courir les chemins sous la broigne de fer que se peler les poignes à tirer sur les cordages, la paie est meilleure, et puis il y a le butin. Ça les quittera avant que ça me reprenne, moi je vous le dis. Ils en reviendront plus souvent avec une jambe de moins, s'ils en reviennent, qu'avec un plein sac de pièces d'or! Sans compter la lèpre, la peste et toutes les foutues maladies qui traînent dans ces pays de mécréants et dans le sale cul tout noir de leurs bonnes femmes, prêtes à sauter sur le poil du chrétien perdu par là et à lui barbouiller la gueule de toutes les couleurs du diable... Enfin, y a rien à leur-z-y-dire, c'est jeune, quoi, c'est jeune et c'est con, et, entre nous, ça a bien raison, on n'a que le bon temps qu'on se donne, pas vrai?

Le patron nautonier fait descendre un grand coup de vin blanc, parler donne soif, se torche la moustache d'un revers de poignet et, changeant de ton, dit :

– Mais faudrait pas croire, mes petits gars, que parce que le personnel est rare on est prêt à embaucher n'importe quoi. Toi, là, le râblé, je dis pas non, tu m'as l'air planté sur tes reins, mais toi, mon grand, rien à faire. Me faut des gaillards avec deux jambes et deux bras, un pied au bout de chaque jambe, une main au bout de chaque bras, et des doigts au bout de tout ça, vingt en tout, si possible, mais enfin je serai pas trop regardant sur le tas de doigts pourvu qu'ils sachent agripper, serrer, empoigner, tordre, tirer... Enfin, tout ce qu'on peut avoir à demander à des doigts sur un bateau marchand qui doit gagner sa croûte, celle de son patron et celle de l'armateur. Désolé, mon gars, mais je veux point de toi. Et je vais te dire :

1. Voir *Les Fosses Carolines.*

même s'il t'était pas arrivé ce malheur d'avoir perdu ta main, je te prendrais quand même pas, parce que t'es pas fait pour. T'es tout en longueur, tu te plierais en quatre sous le premier fardeau. T'es plutôt fait pour les métiers doux, quoi.

Le patron s'enfile un autre coup de blanc de blancs, sans prendre garde aux sourcils de Renaud, qui indiqueraient à n'importe qui d'un peu attentif que le chevalier sent lui monter une grosse envie de faire voir à ce jean-foutre à quelle hauteur un crochet de fer au bout d'un bras nerveux peut soulever deux cents livres de connerie. Heureusement, Raymond est là, qui veille au grain. Il pose une main apaisante sur l'avant-bras de Renaud tandis que le patron nautonier conclut rondement :

– Toi, mon gars râblé, c'est d'accord. L'autre, là, j'en veux point.

Il se lève, frappe du plat de la paume l'épaule de Raymond et ajoute :

– Amène-toi demain à la pointe de l'aube, on finit de charger et on fout le camp.

Raymond secoue la tête.

– On est ensemble. Tu prends tout le lot ou rien du tout.

– Alors, c'est tout vu. Ça sera rien du tout. Dommage, dommage... Bon, ben, salut. Sans rancune.

*

– A pied, donc, dit Renaud.

– Eh oui, à pied...

Ils sont toujours assis sous la treille, plutôt abattus. Quelque chose fait ombre devant Raymond. Il lève les yeux. C'est Tamara. Elle dit :

– Moi parle à toi.

– Eh bien, parle.

Elle fait un signe qui veut dire « A toi seul ». Raymond, de la tête, fait le signe qui veut dire « D'accord ». Renaud n'a rien vu. Renaud ne voit jamais ces choses. Raymond lui dit « Je reviens », et puis se lève et rejoint Tamara. Il n'a pas le temps de demander « Qu'est-ce que tu veux? », déjà Tamara parle :

– Toi demandes à homme du bateau combien de deniers d'argent pour emmener chevalier sur bateau sans lui travaille.

– Oh, comme passager, tu veux dire?

– Va.

Raymond va. Il revient bientôt. Tamara demande.

– Combien?

– Deux deniers d'argent. Sans la nourriture.

Tamara trousse sa cotte, tire de dessous un chiffon roulé en boule qu'un lacet maintient serré. Elle dénoue le lacet, dit « Tiens! », secoue le bout de chiffon. Une poignée de piécettes de cuivre tombe dans les paumes tendues de Raymond. Tamara dit :

– Combien de deniers, là? Deux?

Raymond, effaré, regarde Tamara. Elle insiste :

– Compte.

Raymond aligne les pièces et compte sur ses doigts.

– Presque trois deniers!

Elle dresse trois doigts en l'air.

– Trois? Comme ça? Un, deux, trois? Comme ça?

– Comme ça. Pas tout à fait. Presque.

– Plus que deux? Un, deux. Trois presque, c'est plus que deux?

– Oui, Tamara, c'est plus que deux.

– Alors, il y a pour chevalier sur bateau, il y a? Assez?

– Bien sûr! Mais, dis-moi un peu...

– Après. Va. Paie bateau pour chevalier.

Raymond va. Il revient, encore plus vite que tout à l'heure.

– Et maintenant, raconte.

– Toi payé bateau pour chevalier? Tout bien?

– Mais oui, mais oui. Tout est en ordre.

– Alors, bon. Tamara raconte. Voilà. Ici, je suis dans la maison, aider Odile, sœur, aider Fortunat, homme de sœur, porter choses lourdes, lourdes, jamais fatiguée...

– Je sais, tu es forte comme un cheval. Que veux-tu, il faut bien leur donner un coup de main, ils sont si braves. Moi aussi, je les aide autant que je peux.

– Je pleure pas. Ici, moins dur comme chez Bulgars. Là-bas, dur, dur, mourir vite. Ici, pffui, léger. Papa de Fortunat, vieux, tout seul, la femme au ciel il y a longtemps. (C'est Odile qui a demandé à Tamara de dire « au ciel » plutôt que « morte ». Il y a des mots qui portent malheur.) Vieux papa suit Tamara, vient dans cellier quand Tamara toute seule, touche Tamara, flaire Tamara, met la joue sur poitrine de Tamara et pleure comme petit enfant, pauvre vieux papa! J'embrasse lui, je montre lui embrasser dans la bouche comme tu m'apprends, lui sait pas, connaît pas ça, crache tfoui par terre et puis recommence et suce la langue, suce suce très fort beaucoup longtemps, il aime, alors je prends la main de vieux papa, je la mets entre cuisses de moi, tout en haut, il aime, alors je défais corsage, je sors nichons, il frotte vieille joue, il lèche, il tète, il tète, il aime, il crie comme petit-enfant, alors je défais lui, je prends bite à lui dans mes mains, grosse bite, pas trop vieille bite[1],

1. Tamara, en toute innocence, parle de ces choses avec la simplicité et les mots qu'elle tient de Raymond et de Renaud, hommes de guerre à la rude verdeur.

très courageuse bite, je mets elle dans mon ventre, il aime, et voilà, vieux papa très content très heureux, crie fort comme taureau heureux, plus pleure, plus triste, et moi aussi contente heureuse, pas contente quand gens malheureux, et vieux papa fait ça très gentil, pas méchant brutal puant comme guerriers bulgars.

On a beau avoir l'esprit large, il y a des choses qui passent mal. Mais Raymond a l'esprit vraiment large, alors, le plus dur avalé, il demande :

– C'est très gentil de ta part, très charitable, mais je ne tenais pas spécialement à entendre ça... Et ça ne me dit pas où tu as trouvé toute cette monnaie

– Attends. Voilà. Vieux papa très content très heureux...

– On le saura !

– Vieux papa fait cadeau à moi. Petite pièce. Je garde. Cadeau, sacré. Ami. Autre jour, vieux papa encore suit moi, touche moi, renifle moi. Je mets encore bite à lui dans mon ventre. Je montre si lui veut aussi dans trou du caca. Lui veut pas. Toi non plus veux pas. Bulgars aimer très beaucoup trou du caca...

– Oui. Tu feras des comparaisons une autre fois. Bref, ce vieux dégueulasse t'a filé une pièce chaque fois... ? Dis donc, il y a beaucoup de pièces, là ! Il est monté comme un âne, ce vieux bouc !

– Attends, attends. Voilà. Un jour je porte charge de bois de chêne sur la tête. Charge très lourde. J'ai chaud, j'ai la sueur, beaucoup la sueur, j'ai odeur comme jument. Fortunat vient aider mettre bois par terre. J'ai les bras en l'air. Fortunat met son nez sous mes bras et frotte son nez dans les poil, il frotte, il frotte, et puis il attrape mes nichons et il dit « Oh, la saprée garce ! Oh, la saprée fumelle de fi' de garce ! » Je vois bien que Fortunat aussi malheureux comme vieux papa,

Odile aime pas beaucoup recevoir bite de Fortunat dans son ventre, Odile fatiguée, dormir, alors Fortunat malheureux.

– D'accord, d'accord! Tu as pris sa main, tu as pris sa langue, tu as ouvert ton corsage, tu as ouvert les cuisses..., je sais, je sais!

– Ah, oui. Juste comme ça. Et lui très heureux...

– Et lui donner toi petite pièce!

– Ah, tu sais?

– Dis-moi. Tu en as rendu heureux beaucoup comme ça?

– Attends, attends. Tamara pense dans sa tête. Une petite pièce et une petite pièce et une petite pièce et une petite pièce, ça fait beaucoup de petites pièces. Beaucoup de petites pièces, ça fait un denier. Beaucoup de deniers, ça fait un cheval, et encore beaucoup de deniers un autre cheval, et des armes, et des vêtements, et des bagages, et vous pouvez partir pour Byzance comme nobles hommes et vaillants guerriers. Voilà, Tamara pense ça dans sa tête.

– Oh, bon Dieu...

– Je vois, il y a des femmes, ici, la nuit, sur la grève, dans les tavernes, dans les bains, très blanches, bien peignées, belles robes, avec du rouge sur la bouche et de l'odeur comme les fleurs, elles disent « Tu viens, beau marinier? » même quand il est tout vieux tout pas beau, j'ai suivi derrière, elles prennent des pièces, elles mettent la bite dans leur ventre, ou des fois dans la bouche, elles font vite vite, et puis un autre. Beaucoup de pièces. Alors je pense dans ma tête je fais ça aussi moi pareil. Je descends sur la grève, je cache derrière tas de planches, je dis « Beau marinier », je fais très bien. Très très bien. Je prends beaucoup les pièces. Beaucoup, beaucoup. Je vais aussi sur les bateaux. Patrons riches. Donner beaucoup pièces.

– Mais... Mais, si ça se trouve, tu l'as fait avec ce salaud de patron qui a refusé le chevalier?

– Oui, bien sûr.

Elle compte sur ses doigts.

– Une, deux, trois, quatre, cinq fois. Cinq pièces.

– Si bien que c'est son propre fric que ce cochon-là vient d'empocher pour trimbaler Renaud!

– Oui. Chevalier partir trop tôt. Si partir plus tard, Tamara beaucoup deniers, Tamara achète cheval, autre cheval et toutes les affaires. Mais partir trop tôt, deniers même pas assez pour acheter selle.

Tamara est tellement désolée que Raymond la prend dans ses bras et la berce. Il ne sait plus où il en est, Raymond. Il n'aurait jamais cru qu'une femme pourrait le rendre jaloux à en avoir envie de tuer, il n'aurait jamais cru non plus pouvoir maîtriser cette envie de tuer et ravaler sa jalousie. C'est pourtant ce qu'il est en train de faire. Tamara est l'innocence même, elle a grandi en esclave des brutes bulgares, dès la petite enfance les fesses au vent, le cul offert à qui s'en sentait l'envie, elle ne met pas autour de l'acte de chair ces tabous et ces exclusives, ces jalousies, ces avidités, ces férocités, ces sournoiseries, ces délectations, ces macérations, ces odeurs de mal, de sale, de péché... Pour elle, le cul n'est pas l'enfer, le cul n'est pas l'amour. Elle le donne, bien sûr, son cul, à qui elle aime d'amour, mais comme elle donne tout ce qui peut faire plaisir, sans y attacher autrement d'importance. « Son cul, elle en fait pas un tabernacle! » pense Raymond. Et bientôt il ne voit plus que l'intention profonde, l'opiniâtre ferveur avec laquelle, piécette à piécette, denier à denier, la grande fille œuvrait en secret pour qu'ils puissent prendre la route, les deux qu'elle aime, ses seules attaches au monde, et s'en aillent loin d'elle, sans doute à tout jamais.

– Tu voulais nous faire une surprise, c'est ça?

– Cassée, surprise. Trop tôt.

Tamara baisse la tête, navrée. Et puis la relève :

– Bateau aussi beaucoup très bon. Pas fatigue.

– Et les sacs à se coltiner? Et le chaland à haler? Jamais de ma vie je ne me serai autant fatigué, oui.

– Chevalier pas fatigue.

– Tu as raison, dit Raymond. Chevalier pas fatigue, et c'est le principal.

QUATRIÈME CHAPITRE

En cette fin du huitième siècle après la venue du Christ, Haithaby au Danemark, Birka et Uppsala en Suède et Kaupang en Norvège sont des ports de mer en plein essor. Pourtant les régions inhospitalières qui les environnent ne produisent rien qui puisse nourrir un commerce vraiment intéressant sur une grande échelle. Des peaux, dont certaines précieuses, de l'ambre, du miel, quelques minerais assez rares comme l'étain. Bricoles... Et aussi du bois en quantité, mais du bois il y en a partout, qui irait payer pour faire venir du bois de pays lointains alors que l'Europe est couverte d'épaisses et antiques forêts et que ce sont plutôt les clairières labourables, conquises à gros labeur sur la futaie exubérante, qui sont rares ? Et aussi du poisson salé, mais que se soucie de poisson salé alors que les mers qui partout pénètrent profondément dans les terres grouillent de poissons tout frais qui, pour ainsi dire, vous sautent dans la bouche, et que non moins grouillants sont les lacs, les rivières et les étangs qui ruissellent ou stagnent sur cette Europe bénie des dieux ?

Quelle est donc cette industrie qui soudain a fait des infimes bourgades qu'étaient Haithaby, Birka, Uppsala et Kaupang des cités prospères ?

Cette industrie est la mise à sac organisée, combinée avec l'extermination méthodique.

Jusqu'à ces temps, les peuples nordiques s'étaient tenus à l'écart de tout. Ils n'avaient pas pris part aux Grandes Ruées qui, pendant quatre siècles, avaient lancé les autres peuples germaniques à l'assaut des riches territoires de l'Empire romain. Ils ne savaient même pas qu'il eût existé quelque chose qui s'appelât l'Empire romain. Tout juste s'ils connaissaient l'usage du fer. Ils grattaient leur maigre sol avec une charrue de bois, récoltaient un peu de seigle, trois choux et quatre oignons pendant leur court et pâle été, chassaient le renne, l'ours et le lapin, pêchaient le saumon, disputaient le miel sauvage aux abeilles dans les arbres creux et cueillaient quelques baies acides pour leur dessert. Ah, aussi cela : c'étaient de merveilleux marins, qui naviguaient sur de merveilleux bateaux.

Ils naviguaient pour pêcher et aussi pour se rendre de fjord en fjord. Qu'est-ce qu'un fjord? Une étroite fissure dans le roc qui entaille profondément le littoral et où la mer s'engouffre en écumant. Faire à pied le tour d'un fjord peut prendre plusieurs journées de marche. Le traverser en bateau, quelques heures. Un tel pays forge des marins.

Un marin en a vite assez de faire du cabotage le long d'une côte en dentelle. Il rêve d'affronter la mer libre et de chevaucher la vague. D'autant qu'un charpentier excellemment doué lui façonne des nefs comme on n'en a jamais vu nulle part auparavant. Un galbe! Une ligne! Une souplesse! Une tenue à la vague...

Les Scandinaves, donc, les gens d'Hyperborée, comme les ont appelés les géographes grecs et romains, ignoraient encore jusqu'à ces dernières années du huitième siècle qu'il y eût au monde autre chose que la Scandinavie, ou l'Hyperborée, si l'on préfère. Il fallut que les Saxons révoltés, fuyant devant les armées de Charlemagne, pénétrassent en Danemark, et que Charlemagne les y poursuivît, pour qu'ils eussent enfin contact avec l'immense monde extérieur. Ils virent les armes de bel acier avec leurs ornements, ils virent les ciboires d'or, les bijoux, les soieries. Ils en conclurent que, de l'autre côté de l'eau, coulait l'abondance et flambait le luxe. Il leur vint alors une idée.

Cette idée consistait en l'association de deux notions : d'abord la notion que la richesse appartien à qui la prend et se sauve bien vite, ensuite celle que nul peuple au monde ne sait construire et conduire des bateaux aussi rapides et aussi fiables à la mer que les marins d'Hyperborée. Accessoirement cette troisième notion que lorsqu'on est pauvre à l'extrême limite de la pauvreté on n'a plus rien à perdre.

Construire et armer un vaisseau de haute mer coûte cher. Une troupe d'aventuriers ne pourrait payer pour cela. Il y faut un armateur. De riches hommes mirent leurs capitaux en commun pour fonder des associations d'armateurs capables de financer le lancement de flottes pirates qui, partant droit devant elles, auraient pour mission d'aborder en certains points bien choisis d'un littoral étranger, par exemple à l'embouchure des fleuves, et puis très vite, si possible sans que rien auparavant n'ait donné l'alarme, de s'abattre sur le premier village venu, le premier monastère, de tout tuer sans explication et vite vite rafler tout ce qui présente une valeur marchande et peut s'embarquer sur une nef légère, puis de détruire le reste et d'y mettre le feu, de réembarquer avant que les garnisons proches n'aient pu intervenir et de recommencer un peu plus loin. Quand les bateaux sont pleins à ras bord de butin on rentre au port, les armateurs vendent le tout au mieux de leurs intérêts à des marchands qui disperseront ces trésors au loin, par les routes commerciales des Varègues[1], chez les peuples de la Volga, du Don, de l'Oural, dans les steppes de l'Asie profonde, à Constantinople, à Damas, à Bagdad, dans l'Inde secrète et jusqu'en Chine... Ainsi les géants blonds profitent-ils eux aussi du travail des laboureurs et des artisans qui, du sol fertile des Gaules et des Allemagnes, font, avec bien de la peine et de l'invention, jaillir les blés d'or et les bœufs gras ou tirent du métal brut mille objets utiles ou fascinants. Seulement, eux ne produisent pas. Ils viennent, ils tuent, ils prennent. Cours après! Très vite se constitue une caste de riches profiteurs qui lancent à la curée sur les mers des flottilles de plus en plus nombreuses, de plus en plus hardies, avec comme équipages des pères de famille harcelés par le besoin mais aussi toute une tourbe de bons à rien qu'exalte la promesse de butin facile et de tueries grandioses. Tous aussi placidement féroces, d'ailleurs.

Cela s'appelle « partir sur la route des cygnes ».

Aujourd'hui, sur la maigre grève de galets et sur les estacades de bois du port de Kaupank en Norvège grouille une foule bruyante. Dans les eaux bien abritées du port, des nefs ont jeté l'ancre. Ce sont des drakkars, les drakkars que Thorfinn Côte-de-Fer, fils d'Oleg-qui-voit-dans-la-Nuit, emmena sur la route des cygnes, et qui maintenant reviennent, chargés à couler, mais qui reviennent sans Thorfinn, sans le drakkar de Thorfinn et sans les trente vaillants Vikings qui le montaient.

1. Varègues : nom donné en pays slave aux Scandinaves, principalement suédois, qui, à partir du VIIIe siècle, abordèrent au nord de l'actuelle Russie et, par le fer et par le feu, établirent les grandes routes commerciales entre la Baltique et la mer du Nord, d'une part, Constantinople, les pays musulmans et la Route de la Soie, d'autre part.

Si bien que s'élèvent dans l'air glacé les cris de joie des épouses retrouvant l'époux et les hurlements de celles dont l'homme a disparu, dévoré par la mer. Les armateurs, eux, sont plutôt satisfaits. C'était une expédition d'essai, jusqu'ici seuls les voisins du Danemark avaient monté des associations de riches hommes pour envoyer des drakkars sur la route des cygnes, on n'était pas très rassurés quant au résultat, il aurait fort bien pu se faire qu'aucun équipage ne revînt, et voilà : une seule nef manque, les autres rapportent un butin magnifique, les bénéfices seront énormes, même compte tenu du drakkar perdu et de la part de butin à verser aux veuves. L'expérience se révèle concluante. On va organiser la chose en grand. En attendant, le déchargement commence.

*

Ragnar Large-Face parle. C'est lui qui poussa à la formation de la société d'armateurs. Il se sent responsable. Il veut savoir le pourquoi et le comment des choses. Il interroge Knut Main-d'Ours, celui qui venait après Thorfinn Côte-de-Fer et qui prit le commandement de la flottille après que Thorfinn eut disparu.

– Voilà, dit Knut Main-d'Ours. L'ouragan est arrivé. Nous avions déjà fait bonne récolte mais les ventres des drakkars n'étaient encore qu'à demi pleins. Ce n'était pas assez. Nous avons poussé jusqu'au pays des blanches falaises de l'autre côté de la mer qui baigne le pays des Brittons. Là, nous avons trouvé l'armée du grand roi Karl qui nous attendait, et le roi Karl était là en personne à la tête de l'armée. Thorfinn a dit « Rembarquons ». Nous avons rembarqué. Nous avons navigué en longeant la côte jusqu'au plat pays des Frisons, là nous avons trouvé un monastère que les gens de Haithaby[1] n'avaient pas encore visité ni personne d'autre avant nous. Les moines ne se méfiaient pas, nous avons tout tué et rempli les drakkars jusqu'à ce que l'eau affleure le bordage. Nous avons alors fait route pour rentrer. C'est là que l'ouragan est arrivé. La mer est devenue terrible, le marteau de Thor[2] frappait à tour de bras, nous avons été dispersés aux quatre vents, et voilà, quand le bras de Thor en a eu assez de frapper et que le calme est revenu, nous nous sommes rassemblés, mais le drakkar de Thorfinn ne s'est pas retrouvé. Nous avons attendu, et puis nous avons égorgé six esclaves femmes et six esclaves hommes pour servir les âmes de Thorfinn et des autres compagnons dans leur voyage vers le Whallala, nous les avons jetés à la mer pendant que je disais les Mots, et bon, nous sommes revenus ici.

– Dommage, dit Ragnar Large-Face. Thorfinn était un navigateur habile et un chef qui savait commander.

– Je ne suis pas mauvais non plus, dit Knut Main-d'Ours.

– Huhmm, dit Ragnar... Eh bien, si les autres sont d'accord, tu mèneras la prochaine opération. Viens. On va fêter ça.

*

La coque a tenu bon. Les charpentiers de Kaupang connaissent leur boulot. La coque a tenu bon, mais c'est à peu près tout. Le mât, il n'y en a plus. Cassée au ras de sa poutre traversière, comme une brindille sur le genou, bien que Thorfinn ait fait

1. Les Danois.
2. Le tonnerre.

abattre la voile aux premières bourrasques. Les boucliers rangés le long du bordage sont partis sur la vague, avec les avirons. Ne jamais lutter à la rame contre la tempête. Thorfinn sait cela, mais les gars avaient besoin de faire quelque chose, d'avoir l'illusion de faire quelque chose. Et bon, les avirons leur ont été arrachés des mains, et bien souvent le bonhomme avec, aussi fortement amarré au banc de nage ait-il pu être. Thorfinn s'était fait ligoter au gouvernail, le gouvernail a tenu bon, va savoir pourquoi. Sur les trente Vikings qu'ils étaient encore hier, tous du village d'Odda, dans le Snorrfjord, douze sont manquants. Le butin, ils ont dû pièce à pièce l'envoyer par-dessus bord, en s'arrachant l'âme. Heureusement encore qu'ils ne transportaient, eux, que des choses petites et lourdes, de ces machins en or avec des cailloux brillants de toutes les couleurs qui servent aux moines à bricoler leurs salamalecs à ces dieux bizarres qu'ils ont par là, des dieux pleurnichards cloués sur des croix d'or massif avec de ces cailloux brillants aux quatre bouts, lourd comme t'as pas idée, tout ça... Envoyer ces trésors par le fond, quel crève-cœur! Tout ce mal qu'on s'est donné, tous ces enfroqués qui gueulaient comme gorets sous le couteau... Enfin, ç'avait été quand même moins coton à faire passer par-dessus bord que ces saloperies d'esclaves comme il y en avait dans certains des autres drakkars. J'ai toujours dit que les types et les bonnes femmes, c'est de la merde à trimbaler, pense Thorfinn. Chierie et compagnie. D'abord, faut embarquer de quoi les nourrir. Et ça geint, ça pleure, ça gueule, ça tombe malade, et au bout de tout ça, ça te crève entre les doigts. Bien sûr, ça se vend cher, surtout les instruits qui savent lire l'écrit et les petites filles pucelles. Quand on n'a pas pu remplir le drakkar de choses précieuses et mortes, on complète avec de la viande vivante...

Disons aussi que le matelot aime la rigolade et que, dame, après un mois-six semaines de mer, on n'est pas fâché d'avoir sous la main de quoi s'amuser le bas-ventre, même si ça déprécie un peu la marchandise... Les Arabes veulent du pucelage intact, ils paient cher et comptant... Les Avars s'en foutent mais ils n'achètent pas... Heureusement qu'il y a les Grecs ! Tout leur est bon, à ceux-là.

Thorfinn pense ainsi des pensées décousues. Il était parti pour un bilan des dégâts, le voilà chez les Grecs ! C'est la fièvre. Il a deux ou trois côtes de cassées, Thorfinn Côte-de-Fer, deux ou trois de ses côtes en fer. Ça fait mal quand on respire, et ça fait divaguer. Thorfinn se secoue. Il gueule :

– Assez fainéanté ! Nous sommes tout seuls, c'est sûr, maintenant. Tous les autres sont allés par le fond. Même pas une épave qui flotte. Debout, ceux qui peuvent se lever ! Ramassez-moi les huit avirons qui restent entiers, je les ai comptés, et collez-vous aux bancs de nage, ceux qui peuvent souquer. Allons, remuez-vous ! Quatre à tribord, quatre à bâbord[1] ! Toi, Snorri Tête-de-Cheval, toi, Olaf la Teigne, toi, Rolf Dort-en-Chiant et toi, Ivar Pet-de-Lapin, à tribord ! Toi, Bjarni Fil-de-Fer, toi, Tryggva Nez-dans-le-Sable, toi, Leif Sans-Oreilles, et toi, Thorstein Gobe-la-Lune, à bâbord ! Et que ça saute ! Voilà... C'est ça... Vous êtes de bons petits. Et maintenant, on rentre à la maison. Souquez ferme, mes agneaux ! Attention, on y va... C'est parti ! Une... Deux !... Une... Deux !... Et toi, Sygtrygg, ouvre l'œil, qu'on n'aille pas se planter dans un putain de récif...

– Voile par tribord devant ! hurle Sygtrygg Œil-de-Lynx.

1. Parfaitement, les Vikings avaient le notion de « tribord » et de « bâbord », laissant « droite » et « gauche » aux cloportes du plancher des vaches.

CINQUIÈME CHAPITRE

POUSSÉ par le gentil courant de la Seine et par la brise favorable qui gonfle sa voile, le chaland glisse sur l'eau transparente entre les berges aux épaisses frondaisons. De loin en loin une clairière fraîchement défrichée fait un trou dans la vieille forêt gauloise. On voit alors des vilains à demi nus, ou bien des moines, froc haut troussé, s'activer sur la glèbe aux noirs sillons. Dans les prés d'un vert si vert qu'on en mangerait, les grands bœufs aux cornes évasées lèvent la tête au passage du chaland qu'ils accompagnent longuement d'un regard plein de choses indicibles.

– En somme, dit Renaud, ton voyage ne te coûte guère. Quelques heures de portefaix à l'étape, à peine si tes épaules ont le temps de s'en apercevoir, et le reste du temps tu es vautré là sur le pont à bricoler de vagues cordages en bavardant de la pluie et du beau temps.

– Eh, riposte Raymond, ça te gêne, on dirait? J'en fais encore plus que toi, qui ne fais rien du tout. Il est vrai quc tu es chevalier et passager de haut rang. Mais figure-toi un instant qu'au lieu de descendre la rivière on la remonte à rebrousse-poil, et qu'au lieu de nous pousser gentiment dans le dos ce petit vent nous retrousse les naseaux. Alors qui serait en ce moment sur le chemin de halage en train de tirer sur la corde, hein, tu peux me dire? Ce serait Raymond, eh oui, et, n'empêche, à l'étape, ce serait encore le dos de Raymond qui se coltinerait les caisses et les ballots... Et note bien que je ne reste pas à rien faire. Je rends service à ce marinier de mes deux en dépatouillant ses cordages que ce cochon-là est bien trop feignant pour entretenir en bon état. Heureusement, j'ai été marin, moi, les nœuds ça me connaît, et comme je n'ai pas de heaume à fourbir ni d'épée à affûter, et que mes doigts ne peuvent pas se tenir tranquilles, alors hein, ça ou autre chose...

– Ce n'est pas une raison pour me répondre sur ce ton.

– Quel ton? Quoi, mon ton? Tu me cherches, chevalier, ou quoi?

– Tout doux, écuyer, tout doux! Je dis que tu me réponds comme si tu espérais en retour une volée de coups de trique.

– Je réponds comme je peux.

– C'est ce travail de gueux qui te rend morose?

– Le travail ne m'a jamais fait peur! Et écoute bien ça : il n'y a pas de travail de gueux, il n'y a que le travail. Est gueux qui s'estime gueux. Et je vais te dire, heureusement que j'ai les fardeaux pour passer ma grand'peine et ma grand'rage dessus, et je voudrais qu'il y en eût dix fois autant, car ma peine est une bien grande peine et ma rage une sacrée terrible rage. Ah, nom de Dieu!

Là-dessus, Raymond envoie un maître coup de poing dans le plancher du pont, dont une lame se soulève par un bout et envoie quelques clous rouillés faire la galipette par les espaces.

– Je te vois bien malheureux, mon ami, dit Renaud.

– Bof! dit Raymond.

– Ta garce, n'est-ce pas?

– Eh oui, ma garce, là! Non, non, je sais ce que tu vas me dire « Une de perdue, dix de retrouvées », « Tu n'avais qu'à ne pas me suivre, je ne t'ai pas forcé, retourne donc auprès d'elle »... Non, non, je t'en prie, tes baratins je les connais, rien ne m'empêchera d'aller où tu iras, de te suivre et de t'assister, de crever pour toi s'il le faut, mais, merde, lâche-moi les éperons, veux-tu? Je fais piteuse mine, c'est vrai, je ne suis pas le gentil compagnon d'antan, c'est vrai, j'y peux rien, ça va revenir, laisse passer le contrecoup du premier choc, je me connais, t'en fais pas, tu le retrouveras, ton Raymond! Tiens, on fait une partie d'échecs?

Ainsi passent-ils le temps.

*

Le chaland avait déhalé de bon matin, la famille était venue accompagner les voyageurs, tous étaient là, Fortunat avait lâché son maillet pour un instant, Odile pleurait son frère à peine retrouvé et déjà reperdu, elle sanglotait « O Raymond, Raymond... » mais son œil glissait vers le chevalier, ce dont Raymond s'apercevait fort bien. « Toutes, se disait-il, il les ensorcelle toutes! Il ne fait rien pour, il n'a qu'à paraître, elles tombent aussitôt amoureuses, et lui, le grand dadais, il ne s'en aperçoit même pas, il plane, il n'est pas là, tout à sa Dame, comme il dit – Je t'en foutrais, oui! – , il n'existe plus pour les autres, pour aucune autre, il est déjà là-bas, à Byzance, à ses pieds, attendant son bon plaisir... Ah, malheur!... Si seulement il l'aimait, cette dévorante, s'il l'aimait d'amour de cœur, d'amour de ventre, d'amour de tête, d'amour de foutre, de sang, de bave, de cuisses mêlées, de poils collés, de rage et de douceur... Même pas! Il a décidé qu'elle est sa Dame, et merde, il n'en démordra pas, dût-elle se faire défoncer devant lui par trente douzaine de bourriques bien montées... C'est beau, l'amour courtois!... Et ces pauvres femelles qui lui font des yeux de génisses en mal de taureau, qui pleurent en secret et lui ravaudent ses chausses comme si c'était le linceul du Seigneur Christ!... Ma bonne femme qui me laisse maître de son cul mais lui donne tout le reste, ma sœur Odile, maintenant, que le gros père Fortunat doit labourer comme on défonce un champ, et même la petite Gilberte, qui n'a pas encore de tétons et se pâme devant mon grand nigaud... A propos, où est donc passée ma Tamara? Je ne frotterai donc pas une dernière fois mon museau au sien avant de la laisser, pour toujours peut-être, pour longtemps en tout cas.

Tamara ne s'était pas montrée. Le dernier fût de vin blanc descendu, sur les épaules de Raymond, dans la soute, il avait bien fallu larguer les amarres et, à force de perches, gagner le lit du fleuve, là où le courant prend toute sa force.

Tamara s'était cachée. Tamara ruminait sa peine, seule, en bête blessée à mort. Le chagrin de Tamara ne concerne que Tamara. Nul autre ne doit le voir.

*

– Je vais te prendre ton fou, fais donc un peu attention!

– Hé, qu'est-ce que tu crois? Je fais attention tant que je peux, mais rien à faire, ça ne rentre pas là-dedans (Renaud se frappe le front)... Oh, et puis, ça ne m'amuse pas, j'en ai assez! C'est un jeu compliqué et idiot, si tu veux savoir. Un jeu pour les moines et les bonnes femmes. Qu'est-ce que c'est que cette reine qui se mêle de combattre, qui prend des rois et caracole partout, plus féroce que les guerriers ? Et ce roi impotent, qui se tient coi dans son coin, juste bon à se faire prendre ? Et ces tours qui marchent ? Ces cavaliers qui sautent de côté, comme des crabes ?... Non, ce n'est pas un jeu pour hommes faits, mais pour enfants à la mamelle ! Ôte-moi ça de là !

Renaud, d'un coup de pied, envoie promener l'échiquier. Raymond ramasse les pièces et n'insiste pas.

– Bon, bon... Les premiers temps, à moi aussi ça me faisait ça. Tu verras, tu y viendras. En attendant, qu'est-ce que tu dirais d'une petite partie de dés ? Ça fait pas mal à la tête, ça, eh ?

Renaud grogne. Raymond secoue les dés dans ses paumes jointes en marmonnant on ne sait quelle prière à on ne sait quelle divinité qui veille au sort des dés dans va savoir quel pays de païens. Les dés roulent sur les planches du pont.

– Sept ! A toi.

Au bruit des petits cubes d'os roulant sur les planches sonores, le patron vient pousser sa trogne par-dessus l'épaule de Raymond. Bientôt, un des deux matelots-débardeurs en fait autant, par-dessus l'autre épaule. Le deuxième matelot voudrait bien venir aussi, mais, outre que Raymond n'a que deux épaules, celui-là est de quart au gouvernail, et dame, ce sera pour plus tard...

Le sort est capricieux. Les dernières piécettes du fonds commun – vaillamment gagnées par Tamara à la sueur de ses fesses – vont et viennent de l'un à l'autre. Il finit par arriver, quand même, qu'elles se trouvent toutes réunies devant le même joueur, et ce joueur est – qui l'eût cru ? – Raymond.

– Rien ne me va ! dit Renaud. Tous jeux me sont néfastes. Mieux vaut laisser tomber...

Il se lève, dépité, donne au passage un coup de pied dans les dés, et se dégourdit les jambes, sinon l'âme, en arpentant le pont encombré du chaland.

– Et va donc, marmonne Raymond... C'est moi qui ai le cœur en miettes, c'est lui qui fait des caprices! Grand bébé, va!

Il ramasse les dés et les lance, machinalement, l'esprit ailleurs. Et voilà qu'une main longue et noire s'avance sur le pont, se dandinant sur ses doigts maigres comme une araignée sur ses pattes à ressort. Et cette main, timidement, pousse une piécette de cuivre. Raymond lève les yeux. Devant lui, le patron nautonier, accroupi sur ses talons nus, l'interroge d'un regard gourmand. Raymond ne sait pas résister à ce genre de regard. Et pourquoi résisterait-il?

Il pousse une piécette à côté de la piécette du patron et, courtoisement, lui tend les dés. Une nouvelle partie commence, vite acharnée. Le patron gagne, le patron perd, le patron gagne, le patron perd, le patron perd, perd, perd...

– Pas de chance, dit Raymond.

– Je suis à sec, dit le patron.

– Joue ta cargaison, dit Raymond.

– Elle n'est pas à moi, dit le patron.

– Joue ton bateau.

– Il n'est pas encore payé, soupire le patron.

– Tu as la tête d'un joueur. Quand on a la tête d'un joueur, il faut aussi avoir celle d'un gagneur. Ou alors, on passe au large quand on voit gambader les petits chevaux tachetés.

– Tes conseils, tu sais où tu peux te les mettre? Tu as gagné, bon, sois modeste, camarade. La chance, ça va ça vient.

Le patron s'éloigne tout grommelant et s'en va houspiller l'homme de barre. Une nouvelle paire de pieds nus vient se planter devant les yeux de Raymond, une main pousse timidement une pièce de monnaie, une main grande et forte, cette fois, large comme une épaule de mouton et poilue comme la tête d'un ours. C'est le garçon marinier. Ses gros yeux bleus n'implorent pas, ils exigent. Et bon, Raymond lui tend les dés.

Le gros garçon gagne, perd, gagne, perd, perd, perd et perd. Dans sa fougue, il ne se rend pas compte qu'il n'a plus rien, ramasse les dés dans son vaste battoir et va pour les lancer.

– Tû, tût, dit Raymond. Nib d'artiche, nib de flambe[1].

Les gros yeux bleus du gros garçon s'emplissent d'un douloureux étonnement, d'abord, puis de colère, puis de larmes. Raymond ramasse les dés.

A ce moment se présente le deuxième aide-marinier, dont c'est le tour de prendre un peu de repos et aussi, bien sûr, de se faire plumer. Il s'accroupit tout flambard en face du complaisant Raymond et se lance avec enthousiasme dans l'entreprise de sa propre ruine, laquelle est rondement menée, avec quelques épisodes furtifs de gain qui n'en rendent que plus amère la déroute finale. Voilà le fougueux garçon dépouillé de son argent de poche, c'est-à-dire de tout son bien, cette engeance essentiellement nomade ayant coutume de porter sur soi son avoir dans ses poches.

Raymond se relève, histoire de se désenfourmiller les jointures, l'escarcelle notoirement plus lourde qu'avant de s'accroupir. Il fait tinter les liards guillerets, il sifflote. Il ne devrait pas.

– Tu ne devrais pas, dit Renaud, qui revient de son petit tour de pont.

– Je ne devrais pas quoi faire?

– Jouer, d'abord. Siffler, ensuite.

– Explique.

1. Qu'on ne me reproche pas un anachronisme. Je traduis scrupuleusement l'argot du huitième siècle en argot d'aujourd'hui, ce qui est mon devoir strict.

– Jouer pour de l'argent est diabolique. Siffloter au nez et à la barbe de gens qu'on vient de dépouiller est dangereux.

– Celui qui fera la nique à Raymond, aux dés ou aux torgnoles, n'est pas en ce moment sur ce rafiot.

– Tiens donc! Veux-tu dire que tu corriges la chance? Autrement dit, que tu triches, canaille?

– Tout de suite les grands mots...

– Arrange-toi avec ta conscience. Moi, je descends faire un somme dans la soute, sur les ballots. Je me sens comme une petite fatigue. A tout à l'heure.

*

Le crépuscule empourpre la rivière. Entre les frondaisons maintenant tout à fait noires, le chaland trace son double sillage, suspendu à la voile latine qui, gonflée de bonne brise d'est, le pousse doucement vers les horizons marins. Raymond, l'alène au poing, assis bien à fond sur un rouleau de cordages, fait des épissures. Tandis que ses doigts s'activent, il calcule, Raymond. Il calcule qu'avec ce qu'il a raflé à l'équipage il peut envisager la suite du voyage avec plus de sérénité. Il calcule et il ne voit pas que l'ombre autour de lui s'est faite peu à peu opaque, ce qui, il est vrai, n'a rien de remarquable, mais qu'aussi elle s'est mise à bouger, et ça, ça devrait lui donner des sujets de réflexion d'un intérêt plus immédiat. Enfin, bon, il calcule, il calcule, et lorsque le filet de pêche lui tombe dessus et tout autour, et lorsque les trois mauvais joueurs l'assomment à coups de gaffe, l'entortillent dans le filet et, à la une, à la deux, à la trois, balancent tout le paquet à l'eau, il a juste eu le temps de dire « Hé là! », Raymond.

Cela fait un gros plouf et beaucoup d'eau qui

saute en l'air, et voilà, on ne parle plus de Raymond. Comme s'il n'y avait jamais eu de Raymond. Les trois enfants du fleuve se partagent le contenu de l'escarcelle qu'ils ont tout de même pris le temps de récupérer, ce qui ne va pas sans injures ni bourrades car l'homme a la malhonnêteté chevillée à l'âme et même en retrouvant son bien on essaie de gruger le copain, et puis le maître nautonier remarque :

– L'autre.

Ses deux aides le regardent, l'air nettement interrogateur. Ils ne comprennent pas très vite, pas aussi vite que le maître. C'est normal. S'ils comprenaient les choses aussi vite que le maître, ils seraient maîtres, or ils ne sont qu'aides sous-payés, tout est en ordre. Le maître, donc, développe :

– L'autre, le passager. Ils sont copains. On en a eu un, il faut avoir l'autre. Sans ça, c'est des histoires.

Les deux gars comprennent. Deux larges sourires éclosent. C'est bon de comprendre. Comme si on vous caressait le dedans de la tête. Et bon, quoi, en avant ! Ils ramassent leurs triques, le patron, lui, c'est une barre de fer pointue au bout, et ils descendent dans la soute.

Sans laisser personne au gouvernail ? sans laisser personne, eh non. C'est idiot, hein ? Le gouvernail, ils l'ont fixé avec des cordages, ce n'est pas là le problème, mais, se trouvant tous trois dans la soute, ils ne peuvent pas voir ce qui se passe à l'air libre, et vraiment c'est dommage.

Le chemin de halage s'étire, blanc ruban, entre le noir de l'eau et lenoir du taillis. Au « Floc ! » du corps jeté à l'eau une ombre a jailli de l'ombre, a traversé le chemin et s'est plantée au bord même de l'eau. Une haute silhouette se penche, scrute l'étendue liquide où des cercles s'élargissent. Et se glisse dans la rivière. Et nage, sans bruit, de cette nage de chien qui ne ressemble à rien, les mains en cuillères barbotent, collées à la poitrine, les jambes repoussent l'eau derrière elles tour à tour et ça avance terriblement vite. Ce n'est pas une nage de par ici, ça. Au beau milieu des cercles, un paquet flotte entre deux eaux. Ces idiots n'ont pas pensé à lester le filet de quelques grosses pierres. N'ont pas eu le temps ? Le nageur silencieux agrippe le filet, lève la tête pour souffler, voit que le chaland est tout près, là devant. La brise est tombée, seul le courant tranquille pousse mollement la coque qui, n'étant pas gouvernée, tend à se mettre par le travers. La petite barque de secours, amarrée à la poupe du chaland, cogne et rebondit contre la coque. Trois coups de reins et on y est.

Le nageur prend entre ses dents un bout de corde qui dépasse du filet, se hisse dans l'esquif, hisse ensuite le filet et ce qu'il contient, et puis s'affale, hors d'haleine, au fond de la barque. Mais bien vite il se redresse, tire un couteau et taille à grande rage dans les mailles assassines.

Maintenant, Raymond est sur le ventre et vomit de l'eau. Son sauveteur, à genoux sur son dos, fait ce qu'il faut pour cela. Et ce sauveteur parle. Il parle à voix pressante :

– Vite, vite ! Réveiller ! Pas mourir ! Fini, mourir ! Chevalier tout seul là-haut. Tuer lui. Jeter dans l'eau mort ! Venir, vite, vite !

Et justement voilà qu'éclate, dans les entrailles du chaland, un tohu-bohu d'enfer. Et une voix soudain tonne et domine les coups et les cris de douleur.

– Mais... Mais ils voulaient me faire la peau ! Mais parfaitement ! Un peu plus, ça y était ! Sale engeance ! Ouaille, hé ! Ça fait mal. Tiens donc, attrape, saloperie ! C'est ça qui réveille, hein, un coup de crochet de fer par le travers de la gueule ! Tiens ! Et tiens !... Ah, on se met à trois pour dévaliser les voyageurs? Tiens mon salaud! Houlà! D'accord, tu marques ce point-là, mais, dis un peu, qu'est-ce que tu penses de celui-ci? Han! Attrape!... Raymond! Oh, Raymond! Mais qu'est-ce qu'il fout, celui-là? Jamais là quand il y a de l'ouvrage!

Cette voix, d'un coup, ranime Raymond tout à fait. Il se dresse sur les avant-bras, hurle :

– Le chevalier! Nom de Dieu, le chevalier! Tamara, le chevalier!

– Oui, crie Tamara, chevalier! Là-dedans! Tout seul! Tuer lui.

Tellement secoué il est, Raymond, qu'il n'est pas un instant surpris que Tamara soit là, Tamara qu'il a laissée là-bas, à Paris, bien loin d'ici déjà... Au fait, que fait-elle là, Tamara?

Mais déjà la grande fille a empoigné le câble qui relie la barque au chaland, et elle grimpe, elle saute sur le pont, Raymond la suit de près, ils agrippent au passage une gaffe et une hache de charpentier, et sautent dans la soute.

– C'est maintenant que tu t'amènes? Quand le travail est quasi fini? Et qui c'est, celui-là? On y voit moins bien que dans le cul d'un païen de Sarrazinois, là-dedans!

En effet, la séance tire vers sa fin. Le patron nautonier, assis par terre, geint et tâte du bout des doigts sa joue droite qui pend, mettant les dents à nu. Un des mariniers gît sur le dos, apparemment assommé. Reste encore debout le marinier colosse, qui brandit à deux mains un aviron et ne sait trop quoi en faire. Renaud fait « Brrr! ». Le gros garçon pousse un cri de terreur, laisse tomber son aviron et court se cacher au profond de la soute. Renaud jette la barre de fer qu'il a confisquée à son premier agresseur et passe la main sur son front ruisselant. C'est la main au crochet, il n'est pas encore habitué, il manque s'éborgner et pousse un juron. Ce sont de ces petites choses qui font toujours rire et détendent l'atmosphère. Raymond pouffe. Tamara reste de glace. Ces asiates, aucun sens de l'humour.

– Enfin, dit Renaud, mieux vaut tard que jamais, paraît-il. Te voilà, c'est le principal. J'aimerais quand même bien savoir ce qui t'a retenu si longtemps. Ne me dis pas que tu dormais. Tu as un sommeil de chardonneret et nous menions une bacchanale de tous les diables, là-dedans.

– Eh, demande-toi seulement pourquoi je suis trempé comme une soupe à l'oignon! Ces cochons-là m'ont foutu à l'eau et dévalisé avant de s'en prendre à toi.

– C'est donc ça! Il y a eu un gros « Plouf! », c'est même ce qui m'a réveillé, si bien que quand la joyeuse bande s'est apportée pour me jouer le même air, j'étais sur mes gardes... Mais qui donc est avec toi? Et d'où sort-il, celui-là?

Tamara fait un pas en avant et ploie le genou devant le chevalier. Renaud allonge la main, tâte l'épaisse tignasse.

– Eh..., dit-il.

– Oui, dit Tamara.

– Elle m'a repêché, dit Raymond. Ils m'avaient ficelé dans un filet. Sans elle, je serais en ce moment même en Paradis.

– Toi, en Paradis? plaisante Renaud. Mais c'est pour masquer l'émotion.

– Au vrai, ajoute-t-il, ne nous faisons pas plus étonnés que nous ne sommes. Quelque chose me disait que nous ne t'avions pas vraiment perdue. Une idée comme ça... Un pressentiment, comme on disait aux temps païens... Et voilà, tu est sortie de la nuit, et juste au bon moment, j'en conviens. Eh bien, tirons-nous de ce trou puant et montons respirer là-haut, d'autant que depuis un bon bout de temps ce rafiot tourne et vire à la dérive et il se pourrait bien que...

Il se pourrait bien, oh oui, et, justement, cela arrive... Un gros choc, un gros boum, tout le monde se retrouve cul par-dessus tête à tâter dans le noir s'il ne lui manque pas quelque membre. Un joli bruit de cascade se fait entendre quelque part vers l'avant.

– Bon, on a cogné quelque chose de dur, et maintenant on coule, dit Raymond. Tirons au sec ces trois coquins, car nous n'avons pas l'âme païenne et n'aspirons pas à la basse vengeance ! Le Seigneur Christ a dit « Rends le bien pour le mal ». Donc, en avant !

Raymond hisse le nautonier félon les pieds en avant, ce qui fait que la tête rebondit en cadence en heurtant chaque marche, on peut s'interdire la basse vengeance et ne pas se refuser quelques petites compensations amusantes. Renaud plante son crochet dans le sayon de toile du garçon marinier et le balance par l'écoutille comme avec une fronde, histoire de se prouver que ses forces sont pleinement revenues. Tamara va cueillir le gros garçon dans le coin noir où il se musse, il crie derechef à voix de goret et se tasse dans le recoin comme un escargot au fond de sa coquille. Tamara, d'une seule main, l'extirpe de là, de l'autre lui fait claquer sur les joues une maîtresse paire de gifles et puis le pousse devant elle à grands coups de pied dans le derche, enfin le fait jaillir à la lumière de l'aube qui point. Tout cela !

Sur le pont, on fait le point. Les dégâts ne semblent pas trop graves, le chaland a donné du nez dans un rocher à fleur d'eau qui dépasse de la rive, cependant l'eau s'engouffre à gros bouillons, déjà le cul de la nef repose sur le fond de gravillons, c'est l'échouage sans rémission. Sur la berge, dans la lumière grise de l'aube, bougent certaines ombres inquiétantes. Sans doute les riverains, habitants d'un village voisin, accourus au bruit réjouissant de la tendre coque se fracassant contre le dur récif, car qui dit coque dit chaland, qui dit chaland dit cargaison, qui dit cargaison dit quantité de choses bonnes à manger, à vendre, à piller... Les croquants de par ici, pauvres vermines harassées, affamées, exploitées, connaissent ce récif. De loin en loin, un chaland trop lourdement chargé vient s'y briser le nez. C'est alors la curée. Et si l'équipage n'est pas d'accord, il finit au fil de l'eau, une ferraille pointue plantée entre les deux épaules.

Tamara a vu ces ombres. Elle les montre à Raymond.

– Oh, oh, dit Raymond, si la petite affaire de tout à l'heure t'a mis en appétit, voilà de quoi te dégourdir les bras pour de bon, chevalier. La canaille d'alentour a senti l'odeur du butin.

– Et alors? dit Renaud. Ce rafiot n'est pas à nous. Ce n'est pas notre faute si les nautoniers, au lieu de tenir le cap, se sont amusés à vouloir nous assassiner et nous dépouiller. Ce n'est pas à nous à défendre le bien d'autrui si autrui néglige de le défendre...

– Il s'agit bien d'autrui et de son bien! Ces croquants-là vont nous occire tout vivants afin que nous n'allions pas raconter aux gens du seigneur roi Karl ce qu'ils auront fait, ou je ne m'y connais plus en croquants! Si donc tu tiens à rapporter à ta Dame très haute et très lointaine ta carcasse à peu près entière – du moins ce qu'il en reste : il y manque déjà dix doigts et leur emmanchoir –, il importe de se tirer de là le plus vite possible, et plutôt du côté opposé à celui par où ils arrivent.

Le nautonier évanoui commence à émerger de là où l'on va quand on a reçu un coup de barre de fer sur la tête. Le patron nautonier, tout à sa douleur et à son horreur de toucher ses dents avec ses doigts sans avoir à ouvrir la bouche, n'a rien remarqué. Le gros garçon se dandine, bras ballants, d'un pied sur l'autre, attendant que quelqu'un le prenne en charge. Raymond, pas rancunier, estime qu'il faut avertir ces gens.

– Holà, vous trois, il faudrait voir à filer d'ici avant que ces gars-là ne vous attrapent.

Comme ils n'ont pas encore l'air de comprendre, Raymond empoigne le gros garçon par la tignasse et par le fond de ses braies à la gauloise, et il l'envoie par-dessus bord.

– C'est tout juste ce que tu m'as fait, l'ami, seulement, moi, ce n'est pas pour te noyer, mais pour te sauver la peau. Tu saisis la différence?

Le deuxième garçon marinier y passe ensuite, et puis le patron nautonier, qui pousse un hurlement épouvantable quand l'eau froide entre en contact avec sa plaie à vif.

– Eh oui, ça picote, que veux-tu.

Mais voilà que les deux autres hurlent aussi, des hurlements hoquetants, mêlés de gargouillis.

– Bon, dit Raymond. Ces abrutis-là ne savent pas nager! Ah, quand ça s'y met, je vous jure...

Il plonge, Renaud et Tamara plongent, chacun choisit le sien, et ils tirent leur brasse cahin-caha vers la rive opposée. Des pierres font floc dans l'eau tout près de leurs têtes. Quelques flèches sifflent, sans conviction.

Ils prennent enfin pied sur la berge herbue, tirent hors de l'eau leurs colis gigotants. Tandis qu'ils soufflent et s'ébrouent, le patron nautonier, très agité, émet des sons que sa joue manquante ne lui permet plus d'articuler, mais qui, à n'en point douter, tentent d'exprimer un vif mécontentement. Ce qui confirme d'ailleurs son index tendu vers le chaland naufragé.

– Eh oui, dit Renaud, chacun a ses problèmes. Ne te plains pas trop, tu as la vie sauve. Grâce à nous, je ne sais pas si tu as remarqué. Nous ne pourrions pas en dire autant si les choses avaient tourné comme tu voulais. Alors bon, je te dispense de dire merci, mais tu me pardonneras si tes petits ennuis ne m'émeuvent pas outre mesure. Allons, que le Seigneur Christ Jésus t'ait en sa sainte garde, et que la radieuse Vierge Marie intercède pour toi auprès de lui. Sur ce, adieu, maître fourbe.

Tous trois s'éloignent, Renaud, Raymond et Tamara. Sur l'autre rive, de grands rires et des cris de joie annoncent que le débarquement de la cargaison a commencé, et même qu'il a commencé par les fûtailles.

– Nous voilà à pied, dit Renaud. Il était donc écrit que nous cheminerions. Eh bien, cheminons. La mer ne doit plus être très loin, nous naviguions depuis déjà deux jours dans la Neustrie armoricaine[1], et il me semble sentir je ne sais quoi d'humide et de salé dans l'air. Voyons un peu. Nous voilà tout nus et tout trempés. Il faudra que cela sèche en marchant, car notre rechange de linge est resté sur le rafiot. As-tu au moins pensé à récupérer ta bourse, écuyer?

– Tu penses! Elle est là, avec tout ce que j'ai gagné à ces butors.

– Et ce que tu m'as gagné!

– Ce qui est à moi est à toi, ce qui était à eux est à nous, tout est pour le mieux.

– J'ai deniers, dit Tamara.

Elle tire de sous ses braies – elle est vêtue en gars – un chiffon qu'elle déplie. Trois pièces d'argent brillent au soleil levant.

– Tu as encore...? suggère Raymond.

1. Parfaitement! Ce pays devra, pour prendre le nom de « Normandie », attendre que les Normands, c'est-à-dire les Vikings, lui donnent leur nom (à partir de 911).

– Vieux papa donne, dit fièrement Tamara. Lui sait moi pars. Lui pleure. Lui donne deniers et bénédiction.

– A propos, dit Renaud. Explique-moi donc, ma belle, comment il se fait que tu te sois trouvée là, et trouvée là au bon moment. Raconte-nous un peu ça, et tâche que ton histoire soit réchauffante, car je grelotte, moi.

– Voilà, dit Tamara. Toi dis à Tamara « Rester. Pas venir. Adieu ». Tamara ne rien dit. Regarde par terre. Tamara ne pas veut reste. Tamara vient aussi. Tamara ne pas dire chose pas vraie, alors Tamara bouche fermée. Quand chevalier et Raymond partis, Tamara dit adieu vieux papa, Tamara court, Tamara rattrape bateau, Tamara court à côté bateau, derrière arbres, pas personne voit, court, court, bateau va vite, Tamara fatiguée, c'est la nuit, Tamara entend « Plouf ! », très beaucoup gros « Plouf ! », Tamara regarde : Raymond ! Tamara plonge dans l'eau, voilà.

– Voilà, dit Raymond. C'est tout. Elle m'a sauvé la vie, c'est tout ! Ah, Tamara, Tamara, ma grande sauterelle, je peux pas t'aimer plus, c'est pas possible, alors je sais pas quoi faire, je vais étouffer, je vais éclater, qu'est-ce que je peux faire d'autre que t'aimer davantage ?

SIXIÈME CHAPITRE

Le roi Karl vient d'inspecter les travaux de son palais d'Aachen. Tout avance à grande allure, les blanches murailles sortent du sol, et se poussent vers le ciel, plus vite même qu'il ne l'avait rêvé. Le roi Karl devrait être joyeux, or sur son front les rides se plissent dans le sens de la contrariété, ses mains impatientes taquinent les rênes et le mors agace la sensible bouche de son destrier. A son côté chevauche Éginhardt. Après un lourd silence, le roi Karl parle enfin :

– Le seigneur pape se fout de moi, Nanar. Il me lanterne, il me mène en bateau! Pourtant, sans moi, qu'est-ce qu'il serait, hein? L'évêque de l'évêché de Rome, un tout petit bonhomme d'évêque d'un évêché ravagé, pelé, tondu, le plus pauvre évêché de la chrétienté... Sans moi, hein, où en seraient-elles, ses prétentions à être par-dessus tous les autres? Successeur de saint Pierre... Tu parles! Sans un bout de terre pour y poser le pied, sans gens de guerre, sans rien que son église loqueteuse, pouilleuse, ouverte à tous vents, à la merci du premier barbare qui viendrait lui arracher la barbe et se faire un pot-de-chambre dans sa tiare... Qui l'a sauvé des Lombards hérétiques, hein, qui? Le gros Karl, voilà qui! Qui leur a fait rendre gorge et restituer au pape Spolète et Bénévent, qui ne lui avaient d'ailleurs jamais appartenu? Qui lui a garanti la fameuse donation de l'Empereur Constantin et l'a fait, d'un coup de cuillère à pot, seigneur et maître absolu d'un gras royaume au beau milieu de l'Italie? Donation, entre nous, complètement bidon, bricolée par les scribes de mon papa Pépin en échange de l'appui du pape pour renverser le dernier Mérovingien et prendre la couronne à sa place, tu sais tout cela mieux que moi-même, Nanar, puisque tu règnes sur nos archives... Enfin, bon, je n'ai qu'à ouvrir la main, ton seigneur pape tombe par terre! Alors, dis-moi, s'il te plaît, dis-moi un peu pourquoi ce petit curé tortille-t-il à ce point pour ressusciter l'Empire d'Occident et me le donner? Hein, hein? Qu'est-ce que ça lui coûte? Rien. Voilà ce que ça lui coûterait, à lui : rien. Rien du tout. Et moi, je serais Empereur romain, l'égal du Basileus d'Orient, tout ce qui est chrétien de ce côté-ci du Danube me devrait obéissance, et tout ce qui n'est pas chrétien le deviendrait vite fait, tu peux me croire!

Le roi Karl reprend haleine. Éginhardt en profite.

– Seigneur roi, je pense que le seigneur pape veut donner du prix à l'Empire et ne te l'offrir qu'après te l'avoir bien fait désirer. Ainsi le cadeau te paraîtra-t-il plus beau. Tant que tu ne l'as pas et le désires vivement, tu es dans la main du seigneur pape, tu fais ses quatre volontés. Dès que tu l'auras, peut-être n'en feras-tu qu'à ta guise, la nécessité ne te mordra plus. C'est de la politique, cela.

– Je n'entends rien à la politique. C'est un art fourbe, un art de moines et de curés. Ma politique, à moi, la voilà!

Le roi Karl tire à demi du fourreau Joyeuse, sa bonne épée.

– Et si le pape croit pouvoir me lanterner ainsi jusqu'à la Saint-Glinglin, il se trompe. J'ai quelque raison de croire que ma commère Irène n'a pas abandonné ses projets de mariage sur ma personne[1]. Si je le veux, je serai donc Empereur d'Orient. C'est un bel Empire, ça, un vrai de vrai Empire romain, et, ma foi, régnant en même temps sur les terres de Byzance, sur les Gaules et sur les Germanies, je serai Empereur universel, pas seulement d'Occident, pas seulement d'Orient, mais du monde tout entier, comme le fut le grand Julius Caesar[2]. Je me suis laissé dire que ceux d'Orient se passent fort bien de pape et que leur patriarche est tout soumis au pouvoir de l'Empereur. Voilà qui ferait fort bien mon affaire, sais-tu? Ce qui est bon pour l'Orient ne saurait être mauvais pour l'Occident.

Éginhardt ne juge pas opportun de répondre. Ils chevauchent tous deux un long moment en silence. Et puis le roi Karl dit, tout songeur :

– Nanar!

– Oui, Seigneur roi?

– Ce cavalier...

– Quel cavalier?

– Eh, celui-là, tu sais bien, voici deux hivers, à Regensburg, quand nous creusions ce canal de malheur...

– J'y suis, Seigneur roi. Ce messager d'Orient.

– Eh oui, bien sûr! Tu lui as même plus ou moins sauvé la vie, souviens-toi.

– Je me souviens. Son message a été perdu et il a fait ce long voyage, traversé tous ces dangers, pour rien. Tu en étais assez fâché!

– Comment ne pas l'être! Un message d'Irène!

1. Voir *Les Fosses Carolines*.
2. Jules César ne fut jamais empereur, il n'en eut pas le temps, mais Charlemagne est bien excusable : c'est un homme d'épée.

LE message! Celui qui m'apportait son accord ou son refus... De dépit, j'ai prêté l'oreille à l'envoyé du pape, et laissé tomber ce projet de mariage. Et, quand ma Fastrade de calamité est trépassée – Dieu ait son âme! – (Le roi Karl se signe bien dévotement), j'ai épousé Liutrade aux belles hanches, et voilà. Mais le pape fait de belles promesses quand ses affaires ont besoin de mon bras, et il les oublie dès le danger passé... Allons, mon Nanar, voyons les choses en face. Liutrade que j'ai tant désirée commence à ne plus me plaire autant. Ses belles hanches s'empâtent et tremblotent sous la main, ses tétons tirent vers le bas comme si déjà ils aspiraient à la souterraine paix... Que veux-tu, Nanar, ainsi va toute chair...

Le roi Karl pousse un gros soupir.

– Seigneur, dit Éginhardt, la Basilissa Irène aussi a deux ans de plus.

– Deux ans d'Impératrice, Nanar! D'Impératrice d'Orient. Ces Orientaux ont des secrets. Des bains de lait d'ânesse, ou de sang de pucelles, ce genre de chose... Des secrets, quoi. Irène est un roc. Son cul est de marbre, ses tétons de porphyre, tu peux en être sûr. La taille d'une femme qui t'apporte l'Empire en dot sera toujours de guêpe, Nanar, écoute bien ce que je te dis... Donc, cet envoyé d'Irène?

– Quand nous avons quitté Regensburg, avec l'armée et la cour, pour aller passer la Noël à Würzburg, nous l'avons laissé tout dolent aux mains du médicastre et du barbier, Seigneur roi. Il semblait plus décidé à mourir qu'à vivre. Par la suite, je l'ai fait rechercher, je voulais qu'il reçoive de toi la récompense qu'il méritait, mais il n'a pu se retrouver. Le médecin a tout juste su me dire qu'il le croyait parti pour Paris, d'après ce qu'il avait pu entendre. Je n'ai pas eu le loisir de pousser les recherches plus avant.

– Il faut le retrouver, Nanar... Il a la confiance d'Irène. Il connaît les embûches du chemin. Il sait garder un secret. Tu comprends bien qu'il s'agit là d'un secret, Nanar ? D'un secret d'État.

– Seigneur roi, je le fais rechercher sur-le-champ. Ou, tiens, mieux encore : je vais le chercher moi-même. Si tu le permets, bien sûr, et si tu penses pouvoir te passer de mes services pendant quelques jours.

– De tes services, je peux difficilement me passer. De ta compagnie, douloureusement. Mais je crois ton idée bonne : le secret n'en sera que mieux gardé. Ainsi, va, mon fils. Le plus tôt sera le mieux. Et reviens-moi vite.

– Je ne te demande qu'un mois.

*

– Il est resté ici tout ce temps ? s'étonne Éginhardt. Et tu me dis qu'il vient tout juste de vous quitter ?

– Dame, dit Fortunat, c'était la semaine après Pâques fleuries, je le vois comme si j'y étais. C'est pas dur, j'ai qu'à jeter un œil sur mon bâton ousque j'encoche mes livraisons de tonneaux, je te dis ça tout de suite, seigneur cavalier. Tiens, là, c'est dimanche, j'ai point travaillé, c'est que je respecte le repos du Seigneur Dieu, moi, notre curé badine point avec ces choses, ben voilà, ça fait dix jours tout ronds. Tu peux recompter derrière moi voir si je dis des bêtises.

– Savoir si nous parlons bien du même homme, d'abord. Voyons, un garçon entre deux âges, grand, sec, l'air altier, et même hautain...

– C'est lui tout à fait !

– Et tu ne sais pas son nom ?

– Dame, c'est comme s'il n'en avait point. Les autres l'appelaient « le chevalier », c'est tout ce que je peux te dire. Et alors, nous aussi on l'appelait comme ça, puisque quand on l'appelait comme ça il répondait.

Là, Fortunat prend un air finaud :

– Mais t'es là que tu me chipotes sur des détails et des détails... Moi, je veux bien, mais il y en a un, de détail, que moi je sais et qui nous aiderait bien si seulement tu me posais la question sur ce détail-là. C'est un détail tellement important que c'est plus un détail, ça devient le principal. Rien qu'avec ça, on sait tout de suite si c'est bien le même bonhomme, pas moyen de se tromper, dame non !

– Un détail ? Quel détail ?

Le Fortunat se fait encore plus finaud :

– Si je te le dis, évidemment... Mais c'est toi qui dois me le dire.

– Il porte une moustache, longue, tombante, avec quelques poils gris.

– Ça, tu l'as déjà dit. Des nobles hommes portant moustache, c'est pas ce qui manque, surtout depuis que notre roi Karl l'a mise à la mode. Non, non. Quelque chose qui saute aux yeux.

– Eh, quand tu auras fini de me faire jouer aux devinettes... Voyons, qu'est-ce qu'il pouvait donc bien avoir de spécial, ce Renaud... Que je le revoie. Il était allongé sur cette paillasse, il souffrait, il pouvait à peine parler, il s'éveillait péniblement, le barbier lui avait fait prendre du vin à l'opium pour lui couper le bras... Eh, pardi, voilà ! C'est ça, hein ? Il lui manque un bras ?

– Je dirais pas que ça lui manque, vu qu'il s'est mis à la place un beau bras en fer avec un crochet au bout, et il s'en sert, faut voir comme ! Mais bon, cette fois, je crois que c'est bien lui.

– Ouf ! Voilà au moins une certitude. Et tu dis qu'il s'est embarqué sur une nef marchande ?

– Oui-da, intervient Odile, et il a pris mon frère

avec lui. Ils se sont connus dans les Orients, par là-bas, même qu'ils en ont ramené une grande femme sauvage qui ne parle point chrétien, ou si peu que rien.

– Ton frère? Comment s'appelle-t-il, ton frère?

– Raymond, de son nom de baptême, dame.

– Raymond... C'est bien ça. Et lui s'appelle Renaud, voilà que tout me revient, et aussi la femme sauvage... Bon. Ils se sont embarqués. Le bateau, il allait vers où? Il remontait la Seine, ou bien il la descendait?

– Il descendait, vu qu'ils partaient pour le pèlerinage, fallait bien qu'ils descendent.

– Ah? Un pèlerinage? Mais Compostelle[1] n'est pas par là, pas du tout! C'est même carrément de l'autre côté!

– J'ai dit Compostelle? T'as parlé de Compostelle, toi, l'Odile? Il n'y a point de Compostelle. C'est en Terre Sainte qu'ils avaient l'idée d'aller. Ils voulaient y arriver par l'eau salée, c'était leur idée comme ça.

– Bon. Deux pèlerins dont un avec une main de fer, plus une femme sauvage. Ça devrait se retrouver sans trop de peine.

– Ah, non, dit Odile.

– Quoi, non?

– Pas la femme sauvage. Elle est point partie avec eux autres, la femme sauvage.

– Elle est ici? Allez me la chercher!

– Elle est point partie avec eux autres, mais elle est partie tout de même. Un moment, elle était là, le moment d'après elle y était plus. M'est avis qu'elle se serait ensauvée pour leur courir derrière, vu que le chevalier voulait point d'elle avec eux, mais j'ai bien vu les yeux qu'elle lui faisait, la

1. Saint-Jacques-de-Compostelle, en Espagne, le plus grand lieu de pèlerinage après la Terre Sainte.

saprée fumelle. Elle était à mon petit frère Raymond, vu qu'il l'avait gagnée par là-bas à je ne sais quel jeu de païens, elle était à lui comme ma chemise est à moi, mais c'était pas difficile de voir à qui qu'elle aurait voulu être, dame!

– Tais donc ta gueule, saprée pie bavarde! dit le Fortunat. Ça n'intéresse point le seigneur cavalier, tes boniments de femme saoule.

– Sait-on jamais? dit Éginhardt.

Il remonte à cheval et pique des deux. Le vieux papa s'est tenu à l'écart. On ne lui demande jamais rien, au vieux. Alors il écoute, il se tait. Un sourire erre sur son vieux visage. Un sourire, comment dire, facétieux.

*

– Nous ne devons plus être loin, dit Éginhardt. Un chaland comme ceci comme cela, tel qu'on nous l'a décrit à Paris, nous savons qu'il en est passé un, tous les bateaux remontants nous l'ont confirmé. Il doit maintenant être tout près. Ouvrons l'œil.

– J'ouvre, seigneur, j'ouvre, dit le page. A m'en péter la prunelle. Pour l'instant, pas de chaland à l'horizon, ni rien qui ressemble à un chaland.

– Que font donc ces marauds, là, au bord de l'eau? Ils repêchent quelque chose, on dirait.

– C'est un tonneau seigneur. Ils repêchent un tonneau. Un tonneau plein, si j'en juge au poids.

– Voilà qu'on pêche des tonneaux, et pleins, dans la rivière de Seine? Ça vaut le coup d'aller y voir de plus près.

Éginhardt et le page s'approchent. Les chevaux flairent les deux paysans activés à faire remonter la berge à leur tonneau, les reniflent, les reniflent, retroussent les babines et soufflent avec force, l'air profondément dégoûtés.

– Cette vermine pue comme les trente-six diables, constate Éginhardt, reniflant à son tour. Pue la vinasse.

– La vinasse, seigneur. Absolument la vinasse.

– Qu'est-ce que ça fiche là, au lieu d'être aux champs ? Et ça ne tient pas debout ! Regarde-moi ça ! C'est saoul à crever, oui.

Pour illustrer cette constatation, le paysan qui pousse, sentant ses pieds glisser sur l'herbe humide et se dérober sous lui, s'affale tout de son long, si bien que le paysan qui tire, brusquement débordé par cette surcharge, laisse rouler le tonneau, qui, l'entraînant dans son mouvement, lui fait décrire dans l'espace un prodigieux demi-cercle qui s'achève dans l'eau vaseuse par un fantastique geyser cependant que le tonneau lamine bien à plat le dos de celui des deux qui, tout à l'heure, poussait. Voilà tout le monde à l'eau, les deux gaillards et leur tonneau.

– Eh bien, dit Éginhardt, on dit qu'il y a un dieu pour les ivrognes. Ça doit être vrai. Et, aujourd'hui, nous sommes ses envoyés.

Ayant tendu aux deux soiffards une main secourable, Éginhardt les prie de lui expliquer par quel miracle mûrissent dans la Seine des tonneaux de vin clairet. Tous deux baissent le nez et se taisent. Saouls, certes, mais pas au point de raconter n'importe quoi. Le moins abruti finit par faire un geste en direction de quelques toits de chaume qu'on voit pointer par-dessus les buissons.

– C'est votre village ? Bien, allons voir.

Poussant devant eux les deux gourmands qui jettent par-dessus l'épaule des regards navrés vers le tonneau dont on aperçoit entre deux eaux la ronde bedaine s'éloignant en se dandinant là où le courant la pousse, les deux cavaliers se dirigent vers les chaumières.

– Holà ! C'est donc jour de fête, ici ?

Un énorme charivari les accueille. Tout le village a bu, boit, veut boire encore. Les tonneaux mis en perce un peu partout ont apparemment craché leur dernière goutte. On attendait sans patience le retour des deux ravitailleurs. Ils reviennent les mains vides, c'est tout ce qu'on voit d'abord. Un unanime cri de déception, puis de rage, monte de la foule assoiffée. Tous saouls comme cochons, hommes, femmes, vieillards, enfants à la mamelle. Les labours peuvent bien attendre, si qu'ils s'en foutent, les gueux ! Et comme ils sont attifés ! Les femmes se sont drapé sur le corps des pièces de drap teints d'une pourpre digne d'un empereur, des brassées de fins lainages blancs, des soies aux somptueuses broderies... Tout cela est maintenant étalé dans la boue, elles sont vautrées dessus, parmi leur vomi, les cuisses ouvertes, repues de vinasse et de stupre. Les hommes, plus solides, gueulent des chansons paillardes, donnant le rythme à grands coups de masse sur les tonneaux vides. Ça braille et ça dégueule, ça dégueule et ça braille, ça essaie de tirer un coup au hasard de la queue, ça essaie mais ça ne peut plus. Bacchus n'est pas le copain de Vénus.

– Eh bien, dit Éginhardt, on ne se fait pas trop de souci. Non, mon ami, je n'ai pas de tonneau plein sur moi, ajoute-t-il en décochant un maître coup de son pied botté dans la trogne de l'insistant ivrogne.

Éginhardt tire le page à l'écart.

– Il s'est passé ici quelque chose. Les tonneaux de vin blanc, les pièces de drap et les brocarts ne tombent pas du ciel, ni ne poussent dans la Seine. Tâche donc de me trouver quelqu'un d'un peu moins abruti que le reste et demande-lui donc d'où leur est venu cette aubaine... Quoique je commence à avoir ma petite idée. Va.

Le page revient bientôt. Il tient par la main une fillette.

– Seigneur, c'est un chaland. Il a fait naufrage, là, tout près. La petite va te raconter, si tu le désires.

– Raconte, petite. Il n'y a rien de mal. Fortune de l'eau est à qui la trouve. C'est le droit d'épave. A condition, toutefois, que les nautoniers aient abandonnés l'épave. C'était bien le cas, j'espère? J'espère aussi que vous ne les avez pas occis, ce dont je vous sais fort capables, vous autres crève-misère. Et d'abord, à qui êtes-vous?

– Nous sommes aux moines de Saint-Wandrille, là, tout près, dit la fillette. Personne n'a occis personne. Le bateau est allé par le fond. Il était bien chargé. Nos hommes se sont donné bien du mal pour tout remonter. Nous n'avons rien volé, c'est curée louable.

La petite, prenant peur, s'est mise à crier.

– Paix, dit Éginhardt. Nul ne le conteste. Mais, toi, tu n'as pas bu ta part?

– Non, car s'ivrogner est péché mortel. Forniquer, de même. Le père prieur de Saint-Wandrille m'a dit que je pourrai être un jour moinesse, si Dieu veut. Aussi je ne bois ni ne fornique. Je suis pucelle. Tu veux voir[1]?

– Ce n'est pas la peine, je te crois sur parole. Mais, dis-moi, n'as-tu pas vu les gens du chaland?

– Non, je les ai point vus. Mais je les ai entendus, dame!

– Raconte-moi cela.

– Eh bien, j'étais au bord de l'eau à chercher des escargots, vu que c'est des insectes qu'aiment

1. Ces temps étaient moins gourmés que les nôtres. Il ne s'agissait point de cacher son pucelage, mais bien de l'avoir. Et qui l'avait su garder le montrait fièrement.

le mouillé, y avait ce chaland qui descendait le long de l'eau, je me disais en moi-même. « V'là du monde bien négligent, dame! » vu qu'il allait tout de travers et qu'il y avait même personne à tenir le machin en bois qui fait que ça va tout droit. « Oh ben, je me dis, v'là qu'est pas ordinaire, pour sûr. » Et puis v'là que j'entends des bruits, comme des gens qui se battent, et ça venait de dans ce bateau. De dans son ventre, oui. Mais c'était pas mes affaires, alors j'ai continué à ramasser mes bestioles et v'là tout à coup que j'entends un bruit comme quand un bateau s'ouvre le ventre sur un caillou, et c'était ça tout juste, c'était ce bateau qui s'était planté sur le Caillou Pointu, c'est comme ça qu'on l'appelle, nous autres, juste dans le creux du tournant, qu'il est. Alors, moi, j'ai sauté en l'air, j'ai couru jusqu'au village et je leur-z-y ai dit ce qu'était arrivé.

– Et quand les gars du village sont venus, il n'y avait personne?

– Personne dessus, personne autour, ça, je peux le jurer!

– Ça va, petite, retourne à tes oraisons. Tu seras moinesse, un jour, et même abbesse.

*

– Il semble bien que c'est là notre chaland, dit Éginhardt. Il transportait du vin, des étoffes et quelques menues bricoles. Mais pourquoi ont-ils tous disparu, tu peux me dire? Et ces bruits de lutte, ces hurlements... Suivons la berge, nous trouverons peut-être quelque chose.

SEPTIÈME CHAPITRE

De Saint-Wandrille à Honfleur, il y a une petite journée de marche. Tout en cheminant sur le sentier de halage, Raymond expose à Renaud quelle est la meilleure façon, selon lui, de disposer du petit pécule qui dort au fond de l'escarcelle.

– On fait comme sur le chaland. Tu voyages comme pèlerin ayant de quoi, Tamara et moi comme pèlerins sans un liard. Tu te vautreras dans les délices de la paresse, nous turbinerons comme matelots. Naturellement, Tamara devra de nouveau s'étrangler les nichons sous triple bande de toile et se rogner la tignasse à la garçonne... Mais tu fais la moue? A cause de Tamara? Voyons, chevalier, on ne peut pas la laisser! Plus maintenant. Elle vient encore de te prouver juste à point qu'il est absolument impossible de se passer d'elle!

Renaud n'a pas l'air convaincu. Il finit par dire :

– Écoute, Raymond. J'ai fait vœu de chasteté. J'ai déposé ma concupiscence et tous mes sales désirs aux pieds de ma Dame. Après avoir failli dans la mission qu'elle m'a confiée, tandis que la fièvre montait de mon bras coupé et que cent mille millions de diables enragés menaient le sabbat dans ma tête, je me suis juré que, si j'en réchappais, je n'approcherais plus sciemment une femelle à moins de deux toises, fût-elle femme, jument, vache, brebis ou moustique, et ce jusqu'à ce que ma Dame elle-même m'ait délié de ce vœu ou m'ait puni de mort méritée. Voilà.

Raymond, du coup, reste coi. Pas longtemps.

– Enfin, chevalier, Tamara n'est pas femelle! Tamara est Tamara, une esclave, une chose, l'air du temps... Encore heureux que tu n'aies pas inclus dans ton vœu les écuyers.

– J'ai bien failli, figure-toi.

– Tu ne l'as pas fait, bon. Pour ce qui est de Tamara, oublie qu'elle est femelle. Elle ne le sera d'ailleurs pas, puisqu'elle fera le mâle.

– Oublier, oublier! Et comment l'oublier, quand chaque nuit tu la défonces comme un goret sa truie? Quand tu beugles, et te pâmes, et pleures, et geins, quand vos ventres claquent l'un contre l'autre comme cymbales en folie, quand tu donnes du pied contre le mur et appelles ta mère, quand tout le jour tu guettes l'occasion de la serrer dans les coins, de lui passer la main sous les cottes et de lui faire sonner sur les joues, sur les tétons ou dans le cou des baisers à déboucher un sourd de naissance? Je ne suis pas de bois, écuyer, et si l'on ne m'aide pas un peu, comment veux-tu que je tienne parole?

– Chevalier, nul ne fait impunément violence à dame Nature, notre mère. Ce que tu t'imposes là est inhumain, c'est-à-dire monstrueux, et j'abhorre tout ce qui est de la nature des monstres. Il y a, près de Byzance, dans la campagne, un stylite. C'est un gars qui, pour parvenir plus sûrement à la sainteté, s'est perché en haut d'une colonne isolée, un vestige d'un temple païen, et puis il a envoyé promener l'échelle. Il s'est assis sur ses talons et, depuis, ne remue plus ni pied ni patte. De bonnes âmes lui portent à manger, et puis restent là à le contempler. Il leur crache des noyaux d'olive sur la tête, sans doute aussi leur fait-il l'hommage de son pipi et de son caca, et sans doute lesdites bonnes âmes recueillent-elles pieusement ces précieuses reliques. Il dort assis, il s'est attaché à la colonne pour ne pas tomber, et tout le jour il prie, en tout cas il en a l'air. Sa barbe descend le long de la colonne et va bientôt toucher terre, ses ongles sont si longs que pour se gratter les fesses il est obligé de lever le bras. Je l'ai vu de mes yeux. Voilà ce que c'est qu'un stylite. Eh bien, j'avais beau me dire que c'était là un fort grand saint qui aurait un jour son nom dans le calendrier, je me sentais mal, la colère me montait, j'ai vu le moment où j'allais jeter bas la colonne et le bonhomme avec. Et toutes ces andouilles qui priaient et chantaient les psaumes!... Renaud, mon chevalier, ne fais pas le stylite, ne sois pas perché sur une colonne d'orgueil à l'intérieur de toi-même! Ne sois pas un monstre!

– Je te l'ai dit mille fois, tu ne comprendras jamais rien aux choses sublimes.

– D'accord, je suis une bête, je suis une brute, je suis une bête brute. D'accord, d'accord... Si tu me dis de renvoyer Tamara, je le fais, mais cela me sera grand'douleur. Et tu sais bien qu'elle n'en démordra pas. L'acharnée bestiole fera la soumise, et puis, à peine aurons-nous tourné le dos, elle nous suivra, à fond de cale ou à la nage, ou peut-être en volant comme l'hirondelle, je peux pas te dire d'avance, mais tu peux être sûr d'une chose, c'est qu'arrivé à Byzance la première figure que tu verras sera la sienne, et que s'il nous arrive malheur en chemin son bras sera là juste à point pour nous en tirer. Ce qu'elle a fait, elle le refera.

– Obstinée femelle!

– Dévouée femelle! Amoureuse femelle! Admirable femelle! Si quelqu'un doit entrer en Paradis, ce sera elle, car elle se donne et ne compte pas, car elle est tout amour et son cœur est plus pur que celui de l'enfantelet. Et, elle ayant sa place en Paradis, elle ne nous laissera pas dehors, ça non! Plutôt brûlerait-elle en enfer avec nous qu'elle ne s'assiérait sans nous dans la gloire du Père.

– Et bon, d'accord, qu'elle vienne, ne serait-ce que pour mettre fin à tes blasphèmes!

*

La nef plonge du nez et puis se redresse, chahutée par la houle encore très creuse. Il fallut, pour lever l'ancre, attendre que s'apaisât la terrible tempête qui, deux jours durant, fit rage sur la mer Britannique[1]. Pas question de gagner le grand large, où les eaux seraient plus étales : aucun navigateur au long cours ne se risquerait à perdre la côte de vue, avec ses repères et ses amers indispensables pour ne pas perdre le cap et savoir à tout moment où l'on se trouve.

La voilure est établie, très réduite pour répondre à la brise encore fraîche. Une voilure tout à fait rustique : une seule voile latine, carrée, pas de foc. L'équipage a des loisirs. Raymond, matelot de pont, gabier et tout ce qu'on veut, vient souffler un instant près de Renaud, qui laisse traîner un fil par-dessus la rambarde et guette l'éventuel poisson. Ils sont pèlerins pèlerinants, eux et Tamara, comme tels le patron de cette nef de commerce des îles de la Frise teutonne leur a donné la préférence, à la condition qu'ils paient leur passage en se rendant utiles à bord. Voilà donc Raymond et

1. Qu'aujourd'hui nous appelons « la Manche ».

Tamara devenus matelots, Renaud chargé de l'approvisionnement en poisson frais.

– A ce train-là, dit Raymond, nous doublerons bientôt les récifs d'Armorique et naviguerons dans le grand fleuve salé Océan qui enserre le monde. Ces blanches falaises que tu vois bornent un pays que les gens d'ici appellent Cotentin, un matelot, qui est justement du coin vient de me le dire. Il m'a dit aussi qu'on y élève de beaux bœufs et de gras moutons, car l'herbe y est si verte et si drue que si tu plantes un soir un bâton dans un pré fraîchement fauché, tu ne peux plus le retrouver le lendemain, tant l'herbe a poussé vite.

– Voyez-vous ça!

– Hé, qu'est-ce que je vois, là-bas?

– Où ça?

– Là, au bout de mon doigt... Ça se rapproche. Tiens, tu vois, maintenant?

– Oui... Ça ne ressemble à rien. Ce sera quelque épave.

– Attends. On dirait... Mais oui! Ça bouge. Il y a quelqu'un, là-dessus. Quelqu'un qui fait des signes... Patron! Hé, patron!

Le patron frison n'est pas tellement chaud pour dérouter sa nef, mais après tout c'est peut-être bien du chrétien en perdition qu'il y a là-dessus. Les Frisons sont baptisés de frais, ils ont à cœur de prouver qu'ils ne traînent pas des lambeaux de paganisme coincés sous les ongles. Il ordonne donc à tribord toute et mettez en panne.

C'est bien une épave, et c'est bien du chrétien qui s'y cramponne. Du plus que chrétien, même, puisqu'il s'agit de deux religieux en robe de bure, l'un tonsuré, l'autre pas encore tout à fait. Hissés à bord à force de bras, réchauffés à grands coups de vin chaud et emmaillotés de laine bien sèche, ils perdent peu à peu leur teint de cadavres et cessent de claquer des dents pour expliquer par quel hasard. C'est-à-dire que le tondu parle, l'autre se borne à opiner muettement mais vigoureusement de sa tête chevelue, blonde et bouclée. Le tondu porte la cinquantaine, une gueule burinée aux terribles mâchoires et des épaules à enfoncer les portes du Paradis pour peu que saint Pierre tarde à les lui ouvrir. Il parle le langage vulgaire des Gaules[1], mais avec un accent sauvage qu'on situe mal.

– Mon nom est Krimmthan Mâchoire-d'Ane, mais en recevant le baptême j'ai pris celui de Patrick, qui est le nom du grand saint protecteur de l'Irlande, mon pays. L'Irlande est une grande terre perdue dans les brumes du septentrion. Elle est fort verte et riche en moutons. On n'y accède qu'en bateau, car l'Océan l'entoure de tous côtés. La parole du Seigneur Christ Jésus y a pénétré mais il subsiste dans les noires forêts du centre des tribus qui vénèrent toujours les obscures Puissances des ancêtres sous la loi des druides. Ma tribu était de celles-là, jusqu'au jour où un saint homme vint nous enseigner la vraie foi. J'étais grand et fort, tel que vous me voyez encore, je gagnais ma vie dans les bois à abattre des arbres. Ce saint homme, qui s'appelait Egbert, m'apprit à déchiffrer les paroles écrites dans le Livre. Comme j'étudiais avec grande ferveur, il me persuada qu'il était pour moi une tâche plus urgente que de cogner sur les arbres, et cette tâche consistait à me faire moine pour aller porter la bonne parole aux païens dans les pays lointains. Ainsi font beaucoup de nos frères d'Irlande, tel ce Gall qui convertit les farouches Helvètes. J'acceptai avec joie, subis le noviciat, et voilà, aujourd'hui je suis moine tonsuré et je m'en vais porter l'Évangile aux Huns du pays des Avars. On dit que le roi Karl est sur le point

1. Vulgaire par opposition au pur latin.

d'envahir ce nid de païens pour y tuer tout. J'espère arriver à temps pour en faire des chrétiens. Ainis le roi Karl ne les tuera peut-être pas, et, s'il les tue, du moins mourront-ils baptisés et auront-ils leur chance d'entrer en Paradis... Ce moinillon qui m'accompagne est Wilfrid Jambe-de-Cerf, qu'à son baptême on prénomma Luc, du nom du saint apôtre.

Quand nous fûmes pour partir, il ne se trouva point de nef. Toutes avaient été prises par les guerriers partis en Calédonie[1] châtier des tribus de Scots retournées aux dieux païens, qui brûlaient les monastères et clouaient les prêtres aux portes des églises. Nous voilà en grand dépit. Je me souvins alors que la foi, quand elle est ferme, suffit à tout. Notre saint Brandan ne traversa-t-il pas la mer dans une auge de pierre, sans rame et sans voile, se fiant à l'amitié de Notre Seigneur Jésus-Christ pour le prendre en charge et le pousser là où il était bon qu'il allât ? Ce que fit saint Brandan, ne pouvais-je le faire ? Ma foi était-elle moins ardente que sa foi ? Ce n'est qu'en la mettant à l'épreuve que je serais éclairé sur ce point, et si, par malheur, ma foi se révélait trop tiède, alors à quoi bon espérer l'insuffler à des peuplades barbares ?

Le moine prit le temps de faire descendre un grand bol de vin chaud adouci au miel, se torcha la lippe d'un revers de coude et reprit son histoire.

– Je pris donc avec moi le moinillon novice que voici afin qu'il fût témoin et je me rendis à un endroit que je sais et où, tout près d'une grève, s'élèvent quelques-unes de ces énormes pierres dressées jadis debout par les géants, pierres que, dans notre langue, nous appelons des menhirs. J'avais dans l'idée de coucher un de ces menhirs et de le tirer vers l'eau, et puis je me dis que la foi ne

1. La Calédonie : l'Écosse.

saurait commencer trop tôt à opérer, que ce qu'elle pourra faire tout à l'heure elle peut aussi bien le faire dès maintenant, et bon, je me plantai devant celui de ces menhirs qui me parut le mieux taillé pour naviguer, j'étendis la main et lui ordonnai « Menhir, au nom du Dieu vivant, Fils de Dieu et Dieu lui-même en trois personnes, couche-toi ». Aussitôt il se coucha, non pas brutalement et tout d'une pièce, mais avec les grâces d'une jeune fille qui ne veut point froisser sa robe. Je n'en fus point du tout étonné, je savais ma foi être une foi de qualité, c'est le contraire qui m'eût surpris.

Ici, Raymond se permet d'interrompre le moine aux terribles mâchoires. Se tournant vers le moinillon :

– Et toi, petit, fus-tu surpris ?

C'est le moine aux mâchoires qui répond :

– Il ne parle pas votre langue. Il ne comprend que le parler gaélique, qui est celui des gens d'Irlande et des Scots de Calédonie. Mais je peux répondre pour lui. Il faillit d'abord être surpris, et puis il se rappela à temps que Samson, par sa grande foi, avait précipité le temple à terre rien qu'en y appliquant la main et que Daniel, dans la fosse aux lions, par la grâce de sa seule foi en Dieu charma les fauves affamés et leur fit chanter les psaumes du saint roi David à trois voix et en canon. Et donc, réflexion faite, il trouva tout naturel que le menhir se couchât docilement à ma voix. C'était d'ailleurs le résultat d'une erreur de ma part, due à la persistance dans mon esprit de lambeaux de ma première intention, qui était de pousser moi-même le menhir à l'eau. C'est bien évidemment « Menhir, va jusqu'à la mer salée, couche-toi dans l'eau et flotte » qu'il eût fallu dire. Mais les muscles de ma foi n'étaient nullement fatigués par ce premier exercice, et, plein de confiance, j'ordonnai « Maintenant, menhir, va jusqu'à la mer, allonge-toi dedans et, surtout, flotte ». Ce qu'il fit sur-le-champ, avec je ne sais quoi d'empressé et de frétillant, comme un chiot à qui on lance un bâton.

– Moi, dit le patron marin, j'ai connu dans mes voyages un cheval qui savait compter jusqu'à cinq. Avec sa jambe de devant, il faisait ça. Il frappait du pied, une, deux, trois, quatre, jusqu'à cinq. Après, il ne savait plus, et si on insistait, il vous mordait. J'ai vu ça, moi...

– Voilà donc notre menhir flottant sur l'eau, poursuit le moine. Nous nous assîmes dessus, à califourchon, et nous le laissâmes nous emporter où bon lui semblerait, c'est-à-dire où le Seigneur Christ aurait jugé qu'il y avait du bon travail à faire pour nous. Il partit aussitôt, sans hésiter, droit devant lui, laissant le soleil à main gauche.

Le moine tend la main vers le bol, mais il est vide. Le maître du bord estime sans doute que les naufragés sont suffisamment réchauffés.

– Le menhir fendait le flot, car j'avais eu soin de lui ordonner de se présenter le bout pointu en avant. Plusieurs jours s'écoulèrent ainsi. Nous ne sentions ni la faim, ni la soif, car le Seigneur y avait pourvu, et c'est tant mieux : dans mon empressement à essayer l'efficacité de ma foi j'avais négligé de nous munir de provisions de bouche. Notre seule incommodité fut la meurtrissure provoquée à nos fesses par la fermeté du granit, lequel nous les talait durement à chaque secousse de la vague. Je ne comprenais pas la négligence du Seigneur Dieu en ce point, et puis je réfléchis que tout était de ma faute. Il eût en effet suffi que j'ordonnasse « Menhir, creuse-toi ! » pour avoir un menhir fait en façon de barque et pouvoir nous asseoir sur le fond bien à l'aise. Je compris que Dieu, malicieusement, voulait attirer mon attention sur cette petite négligence. Enfin, pour faire bref, nous filions bon train lorsqu'une tempête se déchaîna. Dieu, je pense, voulait mettre nos fois à l'épreuve, il aime taquiner ceux qu'il aime. Je suppose que ce moinillon Luc que voici dut connaître un fléchissement, car pour ce qui est de moi je ne faiblis pas un instant et soutins mon courage en chantant des Sanctum Ergo à pleine gorge. Quoi qu'il en soit, soudain le menhir se dressa droit sur sa queue, nous fit un petit salut très sec et, avec un air plein de reproche, se laissa couler à pic dans les abîmes marins.

– Ah, dit Raymond, menaçant de l'index, moinillon, moinillon, tu doutas ! Un tout petit instant d'un tout petit doute, et voilà un grand miracle réduit à rien !

Ce disant, Raymond sourit, ce qui fait que le moinillon tout rose, ne comprenant les mots mais voyant le sourire, sourit aussi.

– Eh oui, reprit le moine aux mâchoires, tu l'as dit, réduit à rien. Et nous voilà barbotant dans la mer si froide et si grande, avalant force bolée salée, toussant, crachant, tirés par les pieds vers le fond comme par quelque monstre horrible, et désespérant de Dieu, ou plutôt n'ayant plus même la notion de Dieu ni de diable, seulement le souci bestial de maintenir notre nez et notre bouche au-dessus du niveau fatal. Mais bien vite me revint la conscience de mon âme immortelle en même temps que celle de son Créateur. Je vis dans cette épreuve une nouvelle occasion offerte à ma foi. Je criai donc à l'Océan « Arrière, toi, flot, créature dénuée de sens, bête brute ! Tu fais le fier et l'arrogant, mais tu n'es qu'un instrument entre les mains du Maître de toute chose. Si Dieu le veut, j'irai où je dois aller, et je sais qu'Il le veut, donc j'irai ». A peine avais-je ainsi proclamé ma confiance en Dieu à la face de l'ouragan que quelque chose venu d'en bas me heurta l'entrejambes et me tira un cri, car vous n'êtes pas sans savoir, bonnes gens, combien est sensible aux coups cette partie du corps de l'homme. Cette chose me souleva et m'aida à flotter sans effort. Je croyais à quelque bout de planche, à quelque pièce de charpente, mais, en y regardant de plus près, je vis que c'était du granit bel et bon. Mon retour de foi avait rendu sa flottabilité au menhir! Non à la totalité de sa masse, toutefois, mais à ce petit morceau détaché. D'où je conclus que ma foi n'était plus tout à fait ce qu'elle avait été et qu'il me faudrait m'adonner à des exercices spirituels sévères pour la retrouver dans sa plénitude. Le moinillon Luc se cramponna lui aussi à ce bout de granit, je lui ordonnai de mobiliser de toute urgence ses facultés de concentration pour le maintien de sa foi au plus haut degré qu'il lui était possible d'atteindre, de mon côté j'en fis autant, ainsi parvînmes-nous cahin-caha à nous maintenir hors d'eau, à part quelques épisodes au début où, notre ardeur se relâchant par l'effet de la fatigue, nous pensâmes périr noyés. Par la suite, nous établîmes un roulement. Enfin vous vîntes, vous nous aperçûtes, vous nous recueillîtes, et nous voilà.

– Et vous voilà! dit le capitaine. Bénis-nous, mon père, car c'est un grand bonheur de vous avoir à bord. Des gens dont la foi fait flotter le granit peuvent à l'occasion se révéler d'un grand secours pour aider à soutenir sur l'eau cette nef, qui n'est que de bois.

– Sans vouloir être indiscret, dit le moine, vers où naviguez-vous? J'aimerais assez savoir dans quel pays de païens la divine Providence juge bon de m'expédier.

– Cette nef, dit le patron, va d'escale en escale jusqu'à la ville de Bordeaux, qui se trouve à l'embouchure du fleuve Garonne. Si j'y vends bien mes marchandises et si j'en trouve d'intéressantes à acheter, je n'irai pas plus loin et je ferai alors demi-tour pour aller revendre cela aux gens des villes de Gaule, de Frise et de Germanie, car c'est là mon métier. Sinon, peut-être pousserai-je jusqu'en Espagne, chez les Sarrazins. Mais ils sont surtout friands de grandes esclaves à la peau de lait et à la toison de miel, et moi je ne tiens pas cette marchandise-là. Trop de tintouin. Et puis, maintenant qu'elles se sont faites chrétiennes, il faut les passer en contrebande. Les gens du roi Karl ne rigolent pas. Si tu es pris, c'est la corde.

– Bordeaux, dis-tu ? Est-ce terre païenne ?

– Païenne ? Oh, que non ! C'est vieille terre chrétienne d'Aquitaine.

– Alors, dis-moi, pourquoi la divine Providence m'a-t-elle jeté sur cette nef ? Terre chrétienne n'est pas mon affaire. Il me faut du mécréant à convertir. Enfin, quoi.

– Peut-être, suggère Raymond, n'est-ce là qu'une étape ? Les chemins de la Providence sont parfois tortueux.

– Tu dois avoir raison. La Providence ne nous a certes pas pris en charge jusqu'ici pour ensuite nous laisser tomber. Remettons-nous-en à la Toute-Sagesse du Très-Haut et ne nous tourmentons pas de vaines impatiences. Le moment venu, son doigt nous montrera le chemin.

Le moine secoue son bol, montrant par là qu'il n'en coule pas la moindre goutte, ce qui est chose bien navrante. Le patron marin feint de regarder de l'autre côté.

– Nom de Dieu ! tonne le moine. Quand on sauve la vie aux gens, on la sauve tout à fait. Tu nous a tirés de l'eau, fort bien. Mais était-ce seulement pour te donner maintenant le plaisir de nous laisser crever du froid pris dans l'eau ? Je sens la glace m'enserrer le corps. Chaque rasade de ce vin bouillant la fait reculer, un peu, mais dès que j'arrête de boire elle regagne le terrain perdu. Vas-tu compter chaque goutte de ton putain de pinard quand des chrétiens, et des hommes de Dieu, note bien, sont en pressant danger de mort ? Alors qu'il reste tant et tant de foutus païens à amener au Christ, de par le vaste monde ? Sais-tu bien, rapiat, que si par ta faute je viens à mourir, chaque païen qui par moi n'aura pas été converti et brûlera en enfer te sera tenu en compte ? Allons, pousse-moi ce feu, bon dieu de bois, et tire-moi un plein coquemart de cette grosse vinasse noire, n'oublie pas de l'adoucir d'une bouchée de miel, trouve-moi un clou de girofle dans ta cambuse et que le coquemart sur le feu soit toujours plein à ras bord, par les couilles de l'Enfant Jésus !

– Mon père, dit Renaud, il me semble que vous jurez.

– Tu crois, mon fils ? Ce sera par inadvertance.

– Mon père, c'est péché gravissime.

– Ça, mon fils, c'est bien possible.

– Mon père, ne devriez-vous pas donner l'exemple ?

– Je le donne, mon fils, je le donne : je pèche. Quiconque pèche et se repent gagne le ciel. D'abord le péché, ensuite le repentir. Les deux vont ensemble et ne sauraient se séparer.

– Mon père, il me semble qu'on est encore plus vite repenti si l'on ne pèche point.

– Erreur, mon fils ! Redoutable erreur, qui mène tout droit au blasphème, à l'hérésie, et même à la négation de Dieu !

– Ne point pécher, ce serait nier Dieu ?

– Je prouve, mon fils, je prouve. Primo : Notre-Seigneur le Christ Jésus est descendu sur terre. Tu en es d'accord ? Bien. Je continue. Deuxio : qu'est-il venu y faire, sur terre ? Réponse : remettre les péchés des hommes. C'est bien cela, n'est-ce pas ?

Tu as appris ton catéchisme. Tertio : s'il n'y a pas de péchés à remettre, Notre-Seigneur est venu pour rien. Sans péché, point de rémission des péchés. C'est de la logique, cela, et le grand Aristote lui-même n'y trouverait rien à redire. Donc, ne point pécher est ridiculiser la mission du Seigneur Christ. C'est réduire à rien son utilité, c'est nier son excellence. C'est blasphème, c'est sacrilège, c'est hérésie, c'est abomination et putréfaction.

– Mais, mon père, le péché...

– Le plus grand péché, mon fils, le seul péché, serait de ne point pécher. Le Seigneur Christ ne veut pas la froide vertu, mais l'ardent repentir. Donc, péchons, mes amis, de tout notre cœur péchons, par paroles, par actions et par omission, péchons de la bouche, des mains et du cul, péchons joyeusement et repentons-nous pieusement, chaque péché est une caresse à l'Enfant Jésus, chaque repentir un rayon de plus à sa gloire. Péchons, nom de Dieu, péchons, par les couilles du diable et la pine du pape ! Péchons, bien à fond et tous ensemble, afin que Dieu du haut des cieux sourie et nous envoie son arc-en-ciel. Ah, bordel de merde, les beaux péchés bien ronds !

*

Le moine s'est quelque peu exalté, à mesure qu'il parle il semble grandir et se soulever au-dessus du sol. Sa face sauvage aux terribles mâchoires est comme illuminée par une lampe qui se trouverait à l'intérieur. Ses yeux brillent d'un feu dévorant, une auréole d'une jolie couleur lilas luit doucement au-dessus de sa tonsure. Le moinillon est tombé à genoux, les mains jointes. Une sainte extase le transfigure. Tamara, elle aussi, s'est agenouillée. Elle croit revoir un de ces chamanes qui émerveillèrent et épouvantèrent ses jeunes années.

Les autres assistants montrent des mines plutôt surprises. Raymond admire la performance. Renaud fronce le sourcil.

– Mon gros père, dit-il – Mais dois-je bien t'appeler « mon père »? Ne devrais-je pas plutôt dire « enfant de Satan »? – tu manies le sophisme à grande habileté. Je ne vois pas très bien où le raisonnement pèche, mais je sais qu'il est boîteux, orgueilleux, menteur et bon à nous mener à perdition. Si ta robe ne te protégeait, je te couperais la langue au premier sale juron que vomiront tes lèvres, mais tu es homme de Dieu, je ne te toucherai donc pas.

– Oh, oh, dit le moine, quel est donc ce matelot qui parle de couper la langue aux gens?

– Ce matelot n'est matelot que d'occasion, dit le patron. Avec ses compagnons il est en route pour un saint pèlerinage.

– Hé, bonhomme, fais-le en ma compagnie, ton pèlerinage, et fais ton profit de mes enseignements : ils t'éviteront l'enfer et te mèneront droit au ciel.

– Ah! dit le patron marin, quand tu parlais, mon père, j'ai cru voir la lumière du paradis et sentir l'odeur des anges.

– Tu dis des bêtises, brave homme. Les anges n'ont pas d'odeur.

– Pas d'odeur? Moi, j'aurais cru qu'ils sentaient bon.

– Erreur, ignorant! Les anges ont bien un corps semblable au nôtre, mais d'apparence seulement et quand ils veulent se faire voir de nous, afin de ne pas nous effrayer. Mais ce corps est pur esprit et n'est pas soumis à nos grossières contingences. Les anges ne mangent ni ne boivent, et par conséquent ne défèquent ni ne pissent. Ils se nourrissent de la présence de Dieu, qui est une nourriture sans déchets. Ils n'exhalent nul air vicié ni ne suent nulle sueur, et donc ne sentent pas, car l'odeur du corps est celle de la sueur et de l'haleine.

– J'imaginais que les anges sentaient bon, étant innocents et bien lavés, comme les enfantelets ou les toutes jeunes pucelles.

– Sache cependant que Dieu tout-puissant, qui priva les anges d'émanation, leur laissa la perception. Les anges sont invisibles, mais ils ont des yeux. Ils sont silencieux mais ont des oreilles. Ils n'on pas d'odeur mais ont un nez, et un nez fort bon... Sais-tu, ô marin, que le Livre nous enseigne qu'un jour d'autrefois les anges se prirent de violente amour pour les filles des hommes ? Ils les connurent charnellement, ce qui veut dire, ignare, qu'ils leur firent ce que tu fais journellement à ta femme et peut-être à tes filles, foutu cochon, et il en sortit cette race de géants qui dressèrent les menhirs. Et veux-tu savoir ce qui, chez les filles des hommes, les rendit ainsi malades d'ardente amour ? Eh bien, c'est l'odeur de femelle. C'est le hurlement puissant qui montait de la chose entre leurs cuisses et s'élançait jusqu'au ciel. Car l'odeur du cul de la femme est le cri muet du ventre affamé de chair d'homme. Et les anges, du haut des cieux, plongèrent sur les filles des hommes, sur les vastes cuisses ouvertes des filles des hommes, et sur la fleur de chair, le piège odorant, l'abîme délectable tapi tout au fond.

– Mais, demande Raymond, ne viens-tu pas de nous dire, mon bon père, que les anges ne sont pas soumis à nos épaisses habitudes ? Ils ne mangent ni ne boivent, disais-tu. Ils n'ont donc pas d'estomac. Ont-ils alors un sexe ? Dis-nous cela.

– Les anges n'ont pas de sexe.

Un murmure de dépit monte de l'assemblée. Le moine marque un temps de silence, boit un coup de vin chaud (le patron, apparemment, a eu honte de sa pingrerie), se torche le museau, rote bien à l'aise, enfin reprend :

– Les anges n'ont pas de sexe. Alors, ils font autrement. Il ressort de ce que je vous ai dit, et qui est attesté par les Saintes Écritures, que ce sont les anges qui inventèrent – avec la permission du Seigneur Dieu, car rien ne se fait sans sa permission – l'art de faire l'amour et de réjouir les dames autrement qu'avec sa queue par toutes les façons possibles et imaginables. Aussi ingénieux puisses-tu être, tu n'inventeras rien que les anges n'aient déjà inventé.

– Je demande à voir, dit Raymond.

– Bateau par bâbord arrière ! crie la vigie.

HUITIÈME CHAPITRE

– VOILE par tribord devant ! hurle Sygtrygg Œil-de-Lynx.

– Une voile ? dit Thorfinn Côte-de-fer. Un des nôtres ? Appelons-les ! Allumons du feu !

– Du feu ? T'es vraiment un marrant, toi ! ricane Tryggva Nez-dans-le-Sable. La cage à feu est passée par-dessus bord, et même en choquant deux silex, tout est trempé, archi-trempé.

– Par les couilles d'Odin, nous n'avons pas de voile, pas de mât, les copains ne peuvent pas nous voir !... Bjarni, accroche-moi un chiffon au bout d'un aviron, allons, que ça saute !

– C'est pas les copains, dit Sygtrygg Œil-de-Lynx. Pas un drakkar. Gros bateau. Nef comme fabriquent les gens de la Frise. Plein de marchandises, là-dedans.

– Tant pis, dit Thorfinn.

Après un moment :

– Nous gagnons sur eux, dit Sygtrygg. Le vent est tombé. Leur voile pend.

– C'est pourtant vrai ! s'exclame Thorfinn. Oh, oh ! Ça change tout, ça ! Allons, souque, garçons ! Souque ferme ! Une... Deux ! Une... Deux ! Sec et dru ! Allons, on se défonce le cul ! On s'arrache la peau des mains ! Oh... hisse ! Oh... hisse ! Une...

deux ! Soulevez-moi vos gros culs de sur les planches, par Odin bite en fer ! On gagne sur eux ! On gagne !

– Mais qu'est-ce que t'as dans l'idée de faire ? halète Leif Sans-Oreilles. Tu veux quand même pas prendre ce gros père-là à l'abordage ?

– Tiens, je vais me gêner !

– Mais, merde, on est crevés, on est trempés, on est gelés, on tient pas debout ! Si ça se trouve, c'est plein de troufions au roi Karl, là-dedans... On n'a même plus nos boucliers !

– On n'a pas de boucliers, mais on a nos épées et nos haches, pine de Thor ![1]. Écoutez, les petits gars, on va pas rentrer au pays tout nus, les mains vides, sur une épave démâtée, pour que tout le monde se foute de nous. On va se refaire. Ce gros pépère nous tombe juste à point, c'est un cadeau des dieux, faudrait être des sans-couilles de culs-terreux pour ne pas en profiter. On est des Vikings, oui ou merde ?

Thorfinn sait parler au guerrier, pas de doute. Voilà que les gars soudain ne sentent plus la fatigue ni les meurtrissures, voilà qu'ils tirent comme des enragés sur les avirons, bien ensemble, s'arrachant le cul de la planche pour aller chercher l'eau plus loin et puis claquant sur le bois en ramenant sur soi, han, ils gueulent d'une seule voix bien scandée, le drakkar vole sur l'eau, la tête de dragon, là-haut, s'élève vers le ciel puis plonge dans la vague, au rythme des seize bras musculeux.

La mer est comme un lac. La grosse nef pansue se rapproche à tire-d'aile. La proie à portée de main stimule les Vikings qui rament maintenant en vrais furieux écumants. Même les blessés tassés au

1. Les païens jurent aussi, et pourquoi pas ? Le goût de la profanation est universel. Plus le dieu est terrible, plus le juron est stimulant. Traduire « Couilles d'Odin ! », « Pine de Thor ! » par « Bordel de Dieu ! », etc.

fond de la coque, le cul sur la quille[1], pris par la rage du pillage, gueulent en cadence pour stimuler les rameurs tout en tâtant le fil des épées et des haches de guerre.

*

– Qu'est-ce que c'est que ce machin? s'étonne Raymond.

– Ça, dit le Frison, ce sont les hommes d'Hyperborée. Sales bêtes. Ça ne connaît que le mal. Plus méchants que le dragon qu'ils ont en proue.

– Ah, oui, j'ai entendu dire... C'est pas ces gars-là qu'on appelle Vikings, Normands, je ne sais trop quoi?

– Tout juste, matelot. Sale race. Il y a du mauvais coup dans l'air, pour sûr.

– Mais ils sont démâtés, quasiment désemparés. Que pourraient-ils bien faire?

– Ce qu'ils pourraient faire, j'en sais rien, mais eux le savent, tu peux être certain. Rien de bon, en tout cas. Moi, je dis : méfiance.

*

– Cachez les armes, dit Thorfinn. Entassez dessus des vêtements, des morceaux de voile, n'importe quoi. Vite! Les blessés, couchez-vous au fond, gémissez, gueulez, ayez l'air bien dolent. Allons, les enfants, souquez un dernier coup, on arrive, on y est, ho... hisse!

Le drakkar vient se ranger au flanc de la nef immobile. Là-haut, sur le pont, le patron frison et son équipage regardent. Ils ont au poing les gaffes dont ils se proposaient de repousser l'indésirable

1. Les drakkars ne sont que des grosses barques non pontées.

esquif, mais ce qu'ils voient est à ce point pitoyable qu'ils n'ont pas le cœur de s'en servir.

– Que voulez-vous? demande le patron marin.

Thorfinn, affalé sur le gouvernail, lève avec peine la tête.

– De l'eau et de quoi manger. Et aussi que vous preniez à bord les quatre hommes les plus mal en point. Et aussi un bout de voile et de quoi bricoler un mât de fortune.

Thorfinn a parlé en dialecte frison, qui est très proche de son parler de Norvège.

– Vous êtes des tueurs et des pillards, dit le patron. Votre barque est une barque viking. Vous êtes des bandits vikings.

– Pas du tout! Nous sommes des Saxons qui allions rejoindre nos frères Saxons au pays de Northumbrie, dans l'île de Bretagne. Il y a là-bas de nouvelles terres à défricher, et cela faisait bien notre affaire, car le roi Karl a dévasté le pays saxon et y fait régner la terreur. La tempête nous a jetés loin de notre route et nous a tué quinze hommes. Voilà.

– Vous êtes des Vikings, des chasseurs de butin!

– Butin? Où est-il, notre butin? Où sont nos armes? Cette coque est vide, comme tu peux voir. Mon accent est l'accent de Saxe. Que risques-tu? Jette-nous seulement une outre d'eau, un baril de farine, un carré de toile à voile et un morceau de bois, je ne te demande rien de plus.

– Ça, je peux le faire. Mais vous tirez au large aussitôt. Compris?

– Compris.

Pendant qu'on balance ces choses par-dessus bord dans le drakkar, les blessés gémissent et se tordent dans leurs linges figés de sang noir. Ils ont des mines épouvantables, les yeux leur mangent le visage.

– Ces gars-là vont mourir, dit le moine Patrick. C'est péché de laisser des humains crever sans le secours de la religion.

– Ce sont des païens, dit le patron.

– Justement ! L'occasion est bonne de les baptiser. Tels qu'ils sont là, ils courent tout droit en enfer. Moi, en deux coups de cuillère à pot, je vous les envoie en Paradis. Allons, qu'on me les fasse monter jusqu'ici.

– Ne peux-tu pas les baptiser d'ici ?

– Je dois leur verser l'eau sur la tête. Veux-tu que je le fasse d'ici ? Veux-tu que je les baptise avec une fronde, ou bien en emplissant d'eau mes deux joues pour la leur cracher dessus ? Non, non, matelot, le baptême est chose sérieuse, il y faut quelque cérémonie. Ordonne à tes gens de hisser ces pauvres vermines.

– C'est la moindre des choses, intervient Renaud. Moine, je suis d'accord avec toi sur ce point. La loi du Seigneur Christ est charité. Patron, n'aie point le cœur sec.

– J'ai pas le cœur sec. J'ai pas confiance, c'est tout. Je sais de quels tours ils sont capables.

– Eh, nous sommes là, nous autres. Nous n'avons pas d'épées, mais nous avons de bonnes haches et des barres de fer. Que chacun s'arme et soit vigilant.

– Nous te donnons nos bijoux, nos boucles de ceinture. C'est de l'or, tu sais, dit Thorfinn.

– Fais voir, dit le patron.

Thorfinn défait sa ceinture et l'envoie en l'air. Le patron l'attrape au vol. Il examine la boucle, la mord, fait « Huhmm... », et puis :

– D'abord les bijoux. Les blessés, après.

On fait comme ça. L'une après l'autre, les babioles précieuses dont les Vikings raffolent s'envolent et sont cueillies par la main preste du marin. Les blessés, maintenant... Le patron est moins empressé. On sent bien que, s'il ne tenait qu'à lui, il ficherait le camp avec son petit trésor et laisserait les étrangers se débrouiller avec leurs problèmes. Il est vrai qu'il n'y a pas le moindre souffle de vent... Il se décide enfin, des filets sont descendus au bout de cordes jusque dans le drakkar, les gens du Nord y installent leurs blessés les plus mal en point, de pauvres bougres vidés de leur sang, gémissant à faire pleurer un menhir, et puis on les hale bien doucement en prenant garde de ne pas les cogner contre la coque, enfin on les allonge sur le pont. Le moine Patrick se met aussitôt à leur administrer le saint baptême en les adjurant de retenir leur âme entre leurs dents pendant encore quelques instants. Le moinillon présente la cuvette pleine d'eau. Tout autour, Renaud, Raymond, Tamara et les cinq matelots du bord se tiennent prêts à tout, haches et barres de fer au poing. Bientôt six mourants sont étendus sur le pont, et c'est chose bien triste à voir, en vérité.

Le dernier blessé est évacué. Thorfinn crie quelque chose. Quelque chose de très bref. Tous les mourants, d'un seul mouvement, bondissent sur leurs pieds, se jettent sur ceux qui les entourent, chacun le sien. Surpris, le moine s'étale de tout son long, le moinillon s'écrase sur son ventre, la cuvette d'eau lui arrive en plein visage. Les autres, qui s'attendaient à tout, sauf à cela, sont d'abord bousculés, surtout les gens de mer. La hache est arrachée des mains du patron marin et lui ouvre le crâne jusqu'au menton. Il a quand même eu le temps de soupirer « Je l'avais bien dit... » Deux matelots sont expédiés par-dessus bord avant d'avoir compris ce qui se passe. Renaud, Raymond, Tamara et trois autres matelots ont eu la riposte plus prompte, et maintenant ils font un carnage de ces félons déjà aux trois quarts morts dont c'était, à vrai dire, l'ultime sursaut.

Pendant ce temps, Thorfinn et les Vikings restés dans le drakkar lancent promptement des grappins de fer qui s'accrochent au bordage et, l'épée aux dents, ils grimpent à toute vitesse le long des cordes. Le sacrifice des mourants faisait partie du plan de Thorfinn. Renaud et Raymond n'ont que le temps de courir au bordage cogner à tour de bras sur les assaillants. Mais trois Vikings ont tiré arcs et flèches de sous le tas de chiffons et, d'en bas, ils criblent les défenseurs de la nef.

– Sus ! gueule Thorfinn. A moi, Vikings ! Tue ! Tue ! Allons, un bon coup, là, garçons ! Ils sont à nous ! Tue ! Tue !

Les Vikings sont de terribles guerriers. Bien sûr, ils préféreraient égorger bien à leur aise des moines confits en prières, des paysans terrifiés, des bourgeois gras à lard, pourquoi se compliquer la vie quand on peut faire simple ? Mais le combat d'homme à homme ne leur fait pas peur, les épées gigantesques tourbillonnent et s'abattent à grand fracas. Renaud et les autres parent au mieux avec leurs barres de fer, frappent de leurs haches, font des prodiges. Raymond, qui ne peut rien faire en silence, vocifère à pleine gorge « Tiens, fumier ! Tiens, salopard ! Ah, tu voulais profiter de notre bonté ! Ah, tu nous assassines par-derrière ! Nom de Dieu, attrape ! Qu'est-ce que tu dis de celui-là ? »

Six vaillants, même animés par l'instinct de sauver leur peau, c'est peu contre vingt colosses blonds bien armés et enragés à tuer. Des deux côtés, il y va de la vie. C'est donc, fatalement, le nombre qui l'emporte. Acculés à la poupe, Renaud, Raymond, Tamara et un matelot encore debout livrent l'ultime combat. Les Vikings, d'une seule épouvantable voix, hurlent le grand cri de mort. Thorfinn lève la main.

– Ceux-là sont beaux. Bonne marchandise. On

se les garde vivants. Si par malheur la cargaison ne vaut pas tripette, on pourra toujours les vendre comme esclaves. Bon. Arrêtez de gueuler quand je parle. Ça va comme ça, je vous dis! Bas les pattes! Assommez-moi tout ça, ligotez-les serré et, hop, à fond de cale. Et balancez-moi les macchabées à la flotte. Allons, que ça saute! On va pas y passer la nuit, non, mais...

Ainsi est-il fait. Pendant qu'on descend les colis ficelés dans la cave, Thorfinn fouille le patron marin à la tête fendue et récupère les bijoux de famille qui endormirent sa méfiance. Deux Vikings empoignent le cadavre du moine, à la une, à la deux... Mais le moine n'était qu'étourdi, son crâne a heurté le pont, le voilà qui soudain se réveille, fait un saut de carpe, échappe aux mains des noyeurs et retombe debout. Il comprend tout en un éclair, profite de la surprise des deux grosses brutes pour arracher du fourreau l'épée de celui qui lui fait face, puis, sur son élan, la plonge dans l'estomac de son propriétaire, qui passe de la surprise à la mort sans avoir eu le temps de comprendre. Et puis il fait tourbillonner la lame énorme au-dessus de sa tête en gueulant à voix formidable :

– Bordel de Dieu de salopards de mon cul! Où est le moinillon? Où est-il, couilles du Christ? Luc, où es-tu? Où es-tu, mon moinillon? Oh, les salauds! S'ils t'ont fait du mal, je tue tout! Luc! Réponds, Luc! Réponds, moinillon! Réponds, mon petit moineau!

C'est alors que, d'entre les morts, s'élève une voix flûtée :

– Ici, frère Patrick! Je suis ici!

Le moine tombe à genoux, envoie promener l'épée. Il prend le fin visage entre ses puissantes poignes.

– Tu es là! Tu es vivant! Mon moineau...

Il ne peut rien dire d'autre. Les terribles mâchoires tremblent comme gelée de veau, des larmes coulent sur les joues au rude relief... Leif Sans-Oreilles lève sa hache.

– Non ! hurle Thorfinn. C'est le plus beau de tous. Celui-là vaudra cher.

– Mais il a tué Bjarni ! dit Leif

– Qui commande, ici ? dit Thorfinn.

– Bjarni était mon copain, dit Leif.

– Rien à foutre, dit Thorfinn. A fond de cale, avec le reste. Le blondinet aussi. Il y a des amateurs.

*

– Eh bien, voilà, dit le moine. Je sais maintenant à quels païens me destinait le Seigneur Dieu : aux Vikings.

– Je crains que tu n'aies guère l'occasion de prêcher, mon gros père, dit Raymond. Te voilà esclave et marchandise. Tu seras vendu, comme nous tous, à quelque gros propriétaire qui te fera suer comme un bœuf.

– A moins qu'il ne me coupe la langue, il ne m'empêchera pas de prêcher. Ces païens d'Hyperborée sont de rudes gaillards. Je me croyais destiné aux Avars de Pannonie, qui sont fort méchantes gens, mais je crois que je ne perdrai pas au change. J'aime ça, moi... Je pense qu'il serait bon que je commence dès maintenant à apprendre leur langage, qui m'a l'air assez éprouvant pour le gosier. Il serait bon que je le mette par écrit, afin de pouvoir un jour leur enseigner à lire la Divine Parole dans le Livre.

– Quoi, mon père, tu sais lire ?

– Seulement quand c'est écrit gros et s'il y a des images pour faire comprendre. Je sais aussi tracer les lettres, quoique en tirant la langue. Le moinillon que voici a pour ces choses le cerveau beaucoup plus agile. Il lit dans sa tête, sans prononcer les mots à voix haute[1]. Il trace les lettres sur le parchemin aussi vite qu'il parle et sait les orner de lettrines majuscules très jolies, avec des fleurs et des animaux bien subtilement entrelacés, comme dragons, griffons, licornes, oiseaux phénix et autres bêtes fantastiques des lointains pays.

– Un esclave lisant et écrivant, cela vaut très cher sur le marché.

– Et si vous l'entendiez chanter! dit le moine. Chante, frère Luc, pour leur faire voir.

– J'ai peur, dit frère Luc.

– Ah, ça, quand il a peur, on n'en peut rien tirer, dit le moine. Cet enfant est si fragile, si pur! J'espère qu'on ne nous séparera pas. Sans moi, il est perdu.

Le moinillon jette autour de lui des regards de biche aux abois. Ses longs cils palpitent en grand effroi, ses lèvres blanchissent, tant elles sont serrées. Tamara, tassée dans son coin, le regarde intensément.

– Vous devisez de choses et d'autres, c'est bien gracieux à vous, dit Renaud. Il me semble cependant qu'il y aurait plus urgent à examiner. Comment reprendre le contrôle de cette nef, par exemple.

– Et d'abord, comment nous débarrasser de ces liens, autre exemple, dit Raymond.

– Et comment tromper la vigilance des sentinelles, troisième exemple, dit le moine.

– Cela fait beaucoup d'exemples, conclut Raymond.

– En somme, tu renonces?

1. Pendant longtemps, la lecture ne se faisait qu'à voix haute, et même en psalmodiant, ou plutôt en ânonnant, avec un balancement du corps d'avant en arrière.

– Beh... Faut voir.
– Faut réfléchir, dit le moine.
– Voilà du monde, dit Raymond.

*

Thorfinn, précédé de Leif portant une torche fumeuse, fait l'examen de la cargaison.

– Pas mal, pas mal... La cale est loin d'être pleine, mais c'est du bon : du fer en barres, du cuivre en feuilles, du bitume pour les bateaux, du suif, de la toile, même des pièces de soieries... Et ceux-là, dit Thorfinn, avec un mouvement de la tête.

Thorfinn leur palpe les épaules, leur pince le nez pour les obliger à lui montrer leurs dents, les fait mettre debout.

– Celui au crochet de fer, tu le fous à l'eau. On n'en tirera pas un noyau de cerise.

– Alors, tu me fous à l'eau aussi, dit Raymond, qui comprend tous les parlers tudesques.

– Toi, tu es fort, tu es entier. Pas question. Les armateurs veulent de l'or. Si Thorfinn ne rapporte pas d'or assez, alors Thorfinn ne trouvera plus d'armateur pour lui confier un drakkar.

– Si tu le jettes à l'eau, je me laisserai mourir de faim.

– Moi aussi, dit Tamara.

– Vous m'emmerdez, dit Thorfinn.

– Lui chevalier, dit Tamara. Noble homme. Grand guerrier. Paladin. Roi Karl donner or beaucoup, beaucoup, très beaucoup pour faire lui revenir dans pays des Francs. Lui, très beaucoup plus mieux qu'esclave pour toi.

– C'est vrai, ça? demande Thorfinn.

– Et comment! dit Raymond. C'est un chevalier, et un fameux, sa famille est très riche, et moi je suis son écuyer.

– Pourquoi êtes-vous vêtus en matelots ?
– Parce que nous allions en pèlerinage.
– Pèlerinage ?
– Ça veut dire aller là-bas, très loin, là où Dieu est mort.
– Dieu est mort ?
– Hou là là, ça devient difficile, à partir de là...
– Évidemment, intervient le moine, il faut tout prendre depuis le commencement. Ho, païen, écoute un peu.
– J'écoute, dit Thorfinn.
– Connais-tu le Dieu vivant, bougre de con ?
– Rien à foutre, dit Thorfinn. Vous, je vous vends comme esclaves. Lui, je demande une rançon. La brise s'est levée, une bonne petite brise. Si elle tient, on sera bientôt rendus.
Il sort. Le moinillon, appuyé contre frère Patrick, pleure à gros sanglots muets.
– Pas pleurer, dit doucement Tamara. Hier homme libre, aujourd'hui esclave, c'est la vie. Peut-être demain encore homme libre.
– Pauvre petit garçon, dit Raymond. C'est pas de son âge, tout ça.
Tamara rit.
– Toi bête. Très bête. Rien comprendre. Rien du tout !

NEUVIÈME CHAPITRE

SUR la grève et sur l'estacade de bois du port de Kaupang, au pays des Vikings, une multitude emmitouflée crie et saute sur place, tous les visages tournés vers la mer. Là-bas, une voile est apparue au-dessus de l'horizon, et maintenant elle s'approche et grandit. C'est une nef d'allure étrangère, une nef comme en montent les marchands des ports de la Frise, mais des Frisons ne se hasarderaient pas jusqu'ici. Et puis voilà que ceux de la nef ont allumé un feu sur leur pont et que, mais oui, ils couvrent et découvrent le feu sur un rythme précis, le rythme bien connu des gens d'ici pour faire des signaux de fumée. Ces signaux se succèdent. La foule, attentive, les guette et les commente. Soudain un énorme cri de joie éclate sur tout ce monde. Les signaux disent que ceux-là sont ceux qui étaient dans le drakkar de Thorfinn Côte-de-Fer, ceux qui étaient partis avec la flottille commandée par Thorfinn et qui est revenue sans eux. Ils ne sont donc pas morts, et même ils ont fait bonne prise, on dirait, puisqu'ils se prélassent sur cette nef au ventre lourd et que leur propre drakkar se balance derrière, sans mât, amarré à la poupe.

Et maintenant ils ont mis pied à terre, et les

veuves qui ne sont plus veuves accourent et se bousculent pour accueillir leur homme ressuscité. Hélas, tous ne le sont pas. Sur les trente joyeux compères partis, la chanson aux lèvres, pour la grasse tuerie, douze ne reviendront plus jamais, et voilà des épouses deux fois veuves. Les autres délirent de joie, s'emparent de l'homme et l'emportent, la femme viking est charpentée en force et traite le mâle d'égale à égal.

Knut Main-d'Ours est là, et tous ceux des autres drakkars de l'expédition que commandait Thorfinn. Il s'embrassent en des étreintes formidables, pleurent, poussent les hauts cris des retrouvailles.

– Vous n'étiez donc pas morts? s'étonne Thorfinn.

– Tu vois!

– Je nous croyais seuls survivants.

– Et nous, nous pensions que vous aviez tous sombré avec le drakkar.

– Thorfinn, je suis heureux de te revoir, dit Ragnar Large-Face, l'homme des armateurs. Et tu ne reviens pas les mains vides, on dirait! Rien que le bateau, là, on le revendra aux Frisons, ou aux Varègues, ça couvrira les frais.

– Et tu n'as pas vu ce qu'il y a dans la cale!

– Allons-y!

*

– Mouais, dit Ragnar, pas mal... Pas mal du tout. Du fer en barres, du cuivre en feuilles, de l'étain, du bitume pour les bateaux, du suif... Ça ne vaut pas de l'or, bien sûr...

– Le fer, le cuivre et l'étain, nos cousins Varègues[1] troqueront ça aux sauvages de Novgorod[2] contre des peaux de zibelines et en tireront plus de trois fois sa valeur en or, n'essaie pas de me raconter des histoires.

– Ouais, t'as vite fait fortune, toi, en paroles! Les cousins Varègues sont durs à la détente, mon garçon. Et comme ce sont eux qui font les prix... Bon, on n'ergote pas, c'est pas mal du tout, je te dis.

– Et les esclaves? Qu'est-ce que tu en dis, des esclaves?

– Faudra les remplumer un peu. Tels qu'ils sont là, on n'en tirerait pas grand'chose. Et qu'est-ce que c'est que ça, là? Tu m'en ramènes un avec un bras en moins? Thorfinn, Thorfinn, tu rêves, ou quoi?

– Celui-là, c'est pas pareil. C'est un prisonnier à rendre contre rançon. Il vaut cher. Un chevalier paladin. Bien aimé du roi Karl, tu te rends compte? C'est peut-être ce que je rapporte de plus beau.

– Rançon? Tu te crois où? En Northumbrie? Enfin, Thorfinn, ouvre un peu les yeux! Pour toucher une rançon, il faut discuter, envoyer des émissaires, tout un micmac... Or, le roi Karl, dès qu'un émissaire de nous autres se pointera, il lui fera couper la tête. Non, non. Pas de ça. Tu as fait une connerie, tant pis. La nourriture de ton zigomar à la main de fer sera déduite de ta part de butin et on le vendra avec les autres, on fera un lot, à prendre ou à laisser, en bloc. Nous autres, tu le sais, on ne fait pas dans le détail, on n'est pas

1. Varègues : ce sont des Vikings, mais de Suède, ceux-là. Au lieu de partir vers l'Ouest, ils ont conquis l'Est, c'est-à-dire l'actuelle Russie, et ont établi les premières grandes voies commerciales Baltique-mer Noire par le Don, le Dniepr et la Volga.

2. Ce sont les futurs Russes, mais on ne les appelait pas encore comme ça.

équipés pour. Évidemment, les Varègues en profitent, ils ont l'exclusivité des comptoirs chez les hirsutes de Slavie et jusque chez les Arabes et chez ceux de Byzance, qu'est-ce que tu veux, c'est comme ça, c'est le commerce, on se fait avoir comme au coin d'un bois... Ah, les temps sont durs pour le petit producteur !

– Enfin, bon, combien tu me donnes pour le tout ?

– Faut voir, mon gars Thorfinn, faut voir...

– C'est que je dois encore déduire la part des veuves.

– Tu t'en tires quand même pas trop mal, l'un dans l'autre. Surtout quand on pense que tu devrais être mort... Allons, viens te rafraîchir. On fera nos comptes devant une bonne chope.

*

– Tope là, dit le gros Varègue. Je prends le tout. Je fais une connerie, mais qu'est-ce que tu veux, moi, j'ai l'amitié dans le sang.

– Plus dur que toi, j'ai jamais vu, dit Ragnar Large-Face. Tope là, mais c'est un scandale.

*

– T'as entendu ? demande Raymond. Paraît qu'on va à Byzance ! Finalement, on a pris le raccourci.

– A Byzance, on n'y est pas encore, dit Renaud. Ces trafiquants varègues, ou appelle-les comme tu voudras, vont nous faire traverser la mer, et puis des forêts, des steppes, des déserts... Nous serons vendus l'un après l'autre bien avant d'arriver. Et séparés.

– Ça m'étonnerait. Les gens de ces pays de sauvages sont trop pauvres pour se payer des esclaves. Ils préfèrent échanger leur miel, leurs fourrures et leurs enfants contre du fer et du cuivre pour s'en faire des armes. Ce n'est que dans l'Empire qu'il se trouve des patriciens assez riches pour acheter et nourrir des esclaves. Pas de souci à nous faire jusque-là.

– Et, arrivé dans Byzance, à moi de trouver le moyen de m'échapper pour courir me jeter aux pieds de ma Dame.

– Alors, nom de Dieu, je n'évangéliserai pas les Vikings? tonne le moine. Il faut pourtant que j'évangélise! Par moments, je me demande si le Seigneur Dieu sait vraiment ce qu'il veut...

*

On leur a rivé des chaînes au cou et aux pieds. On les a parqués comme bestiaux à fond de cale. Et maintenant, en cet automne finissant, ils voguent sur la mer Germanique[1] où bientôt s'entrechoqueront les glaces errantes.

Et comme le patron Knut Voix-d'Orage n'aime pas que des bras, sur son bateau, restent à ne rien faire, même si ce sont bras d'esclaves destinés à la vente, c'est-à-dire marchandise à ménager si l'on veut qu'elle arrive fraîche et en bonne condition sur les marchés, Renaud, Raymond, Tamara, le moine Patrick, le moinillon Luc et le seul matelot rescapé de la nef frisonne sont occupés tout le jour à ces divers travaux qui abondent sur mer : laver le pont, tirer sur des cordages, éplucher les légumes, bref, être en tout les domestiques de l'équipage varègue.

Ce serait supportable, on ne les harcèle pas, ne seraient ces chaînes qui vous brinquebalent entre les jambes. Il y a même de longs moments de

1. La Baltique.

calme où ils n'ont rien à faire que balancer leurs orteils dans le vide en regardant les mouettes tournailler et criailler au-dessus de l'eau grise. On ne les surveille pas, c'est inutile : la mer immense tout autour les garde mieux que n'importe quelle chiourme, et les ferrailles qui les alourdissent les enverraient tout droit par le fond en cas de plongeon.

– Les desseins du Seigneur Dieu sont devenus bien obscurs aux hommes, dit le moine Patrick. Quand saint Brandan, saint Colomban ou saint Gall quittèrent l'Irlande pour se lancer sur l'Océan ténébreux, du moins savaient-ils où ils allaient et quelle espèce de païens ils devraient affronter. Les temps ont bien changé. Dieu me jette sur les routes liquides mais ne me dit pas où je vais ni qui je dois convertir. C'est irritant. Certes, je suis dans la main de Dieu et me soumets docilement à sa volonté, mais je ne sais jamais si je suis rendu à destination et si j'ai enfin trouvé les païens destinés à ma prédication. Ce n'étaient pas les Vikings d'Hyperborée, ce ne sont sûrement pas ces Varègues ici présents, puisque nous les quitterons dès qu'ils nous auront vendus... Mais à qui nous vendront-ils ? Quelles peuplades hantent ces forêts et ces déserts dont tu parlais, écuyer ? Est-ce chez ces gens que me jettera la main du Seigneur Dieu ? Qui sont-ils donc ? A quoi ressemblent-ils ? Sont-ce de ces hommes à museau de chien dont parle le vieux païen Hérodote ? Ou bien de ceux-là qui n'ont pas de tête mais un seul œil à la place du nombril et une bouche là où nous avons le sexe ? Ou de ceux-là qui n'ont qu'un seul pied, mais si large qu'ils s'en servent de parasol pour faire la sieste ?... Ah, bordel de Dieu, je suis bien perplexe !

– Beau père, dit Renaud, peut-être pourrais-tu déjà exercer tes talents sur ces païens-ci, je veux dire l'équipage. Ce sont tous d'abominables sectateurs de Wotan, de Thor, de Freya et d'autres semblables faux dieux des anciens temps qui ne sont que diables cornus et malfaisants ainsi que nous l'a révélé le Seigneur Christ.

– Bonne idée, dit Raymond. Comme ça tu ne perdras pas la main, et, si ta prédication est bonne, ces gros brutaux qui ont pris la mer plus païens que dix mille Huns seront devenus gentils chrétiens au débarquement.

– Mais c'est que vous avez raison, mes agneaux ! Comment n'y avais-je pas pensé moi-même ?

Voilà les yeux du moine qui se mettent à briller, le voilà qui trousse sa robe de grosse bure et grimpe sur un tonneau qui se trouve là. Il parle. Sa voix tonne dans le grand silence marin. Les matelots varègues, inoccupés pour le moment, s'assemblent et écoutent.

– Écoutez, chiens de païens, écoutez de toutes vos oreilles, car ceci est la parole du Seigneur Dieu... Et d'abord, qu'est-ce que Dieu ? Eh bien, Dieu est quelqu'un qu'on ne voit pas. Notez que, s'il voulait, on le verrait très bien, mais bon, il aime mieux pas, c'est son idée comme ça, et après tout ça le regarde. Mais alors, si on ne le voit pas, comment sait-on qu'il existe ? Ça, c'est pas dur, ça. Vous me voyez ? Bon. Vous voyez le ciel, les mouettes, les vagues, le soleil, tout ça ? Eh bien, voilà, si je suis là, si le ciel est bleu, si les mouettes pêchent les poissons, si les vagues dansent et si le soleil brille, c'est grâce à Dieu, c'est lui qui a fait tout ça. Preuve qu'il existe. S'il n'existait pas, tout ça n'existerait pas... Pourquoi Dieu a-t-il fait tout ça ? Parce qu'il est bon. Il s'est dit un beau jour « Je suis bon. Qu'est-ce que je suis bon, merde, alors ! Meilleur que moi, c'est pas possible. Seulement, quand on est bon, on a envie d'aimer. La bonté, c'est aimer quelqu'un. Mais moi, j'ai personne à aimer. Ça va pas, ça ». Alors là, Dieu a eu une idée. Il a créé l'homme. Et il s'est mis à aimer l'homme. Ça, c'était une bonne idée! Mais quand on aime, on veut être aimé, forcément. Alors, Dieu a dit à l'homme : « Aime-moi, sinon, gare ta gueule! » L'homme a dit : « A tes ordres, Dieu », et il l'a aimé toute la journée, et le soir il est allé dormir. Pendant qu'il dormait, Dieu s'est dit : « Qu'est-ce que je l'aime! Nom de Dieu, qu'est-ce je l'aime! Je veux lui faire plaisir, une chouette de surprise, tiens donc! » Et comme l'homme avait beaucoup de côtes, des tas de côtes qui ne servaient à rien, Dieu lui en prit une, bien doucement pour ne pas le réveiller, il souffla sur la côte et dit les mots qu'il fallait, et hop, c'était une bonne femme! La première bonne femme. Et Dieu fut bien content. Il se dit en lui-même dans sa tête : « Ce cochon-là va te me foutre sa queue dans le trou de la bonne femme, ils vont s'en payer une sacrée tranche, tous les deux! Ah, les saligauds, qu'est-ce que je les aime! »

A cet endroit, l'équipage, qui s'était fait attentif, émet des soupirs et des halètements. Un peu de bave coule au coin des lèvres.

– Et bon, poursuit le moine, ils ont fait comme ça, et tout alla très bien. Mais, par la suite, ça s'est gâté, on ne sait plus très bien qui a commencé, l'homme n'a pas toujours aimé Dieu autant qu'il aurait dû, des fois il pensait à autre chose, par exemple au cul de la femme, et Dieu, de son côté, il faut dire ce qui est, il a son petit caractère, enfin, bref, il y a certainement eu des torts des deux côtés, mais vous savez ce que c'est, quand t'es pas du côté du manche, t'as intérêt à te tenir peinard, et les déluges, et les pluies de soufre et de feu, la peste et les calamités, tout ça c'est pour la gueule du pauvre con de croquant, jamais pour celle de Dieu... Ça aurait dû donner de quoi penser aux hommes, mais je t'en fous, ils préféraient mener la belle vie, ne pas s'en faire, bâfrer et copuler et se saouler la gueule, et après aller en enfer, qui est un endroit vraiment puant. A mon avis, Dieu s'était trompé quelque part en les créant, mais quand Dieu se trompe, c'est toi qu'as tort, c'est la vie.

Ici le moine tend la main, et dans cette main vient se poser une chope de bière mousseuse, signe que la bonne parole a trouvé de compatissantes oreilles.

– Enfin, bon, le Seigneur Dieu finit par se dire que les hommes n'avaient sûrement pas bien compris ce qu'il attendait d'eux. « C'est pourtant pas dur, ils ont juste qu'à m'aimer plus que n'importe quoi. Je vais essayer un dernier truc. Je vais leur envoyer mon propre fils pour leur expliquer. Après ça, s'ils n'ont toujours pas compris, je laisse tomber. » C'est à ce moment-là qu'il se rappela qu'il n'avait pas de fils. Il n'avait pas non plus de déesse sous la main pour en mettre un en route vite fait. Il pouvait en créer une, déesse, évidemment, mais, étant créée, elle ne serait pas déesse. La vie de Dieu est pleine de petites choses contrariantes comme ça. Alors, bon, une mortelle.

Le moine boit un coup. L'assistance est pendue à ses lèvres.

– Le Seigneur Dieu jeta un coup d'œil en bas et il vit une belle petite, fraîche et dodue, avec un cul bien large et bien ferme, ce qui n'est pas si courant, qui sentait bon la femelle et pas le savon à la violette, car c'était une pucelle pleine de modestie. Dieu se mit à bander comme un cerf, ce qui était le signe que cette femelle-là était la bonne femelle, la seule, la vraie, et il envoya l'ange Gabriel pour s'occuper des détails. Qu'est-ce qu'un ange ? Bonne question, mes enfants. Un ange est un type avec des ailes, qui n'a rien à foutre de la journée en attendant que Dieu l'envoie lui draguer une pucelle. L'ange Gabriel descendit du ciel, se présenta devant cette vierge qui s'appelait Marie et lui dit : « Vous êtes bénie entre toutes les femmes, soulevez un peu votre jupe que je glisse mon petit tuyau. » Elle obéit en rougissant, alors il glissa son petit tuyau là où ça se glisse, on entendit dans le ciel un grand soupir et le sperme de Dieu descendit par le tuyau et emplit ce qu'il y avait à emplir. Neuf mois après, crac, naquit le Fils de Dieu, qu'on appelle de son petit nom le Seigneur Christ Jésus.

Le moine boit un coup. Knut Voix d'Orage en profite pour demander :

– Ton Seigneur Dieu ne pouvait donc pas descendre en personne culbuter la fille et lui planter le gosse dans le ventre avec son pieu?

– Voilà bien une question de païen et d'ignorant! Le Seigneur Dieu n'a pas à descendre, ni à montrer son cul, même à la femme qu'il a choisie entre toutes. Seules les faux dieux forniquent comme tout un chacun, c'est même la preuve que ce sont des faux dieux... Oui... Où j'en étais, moi? Ah, voilà : le Seigneur Christ Jésus a grandi, et il a voulu expliquer aux hommes comme le lui avait dit son Père, mais ils ont encore compris de travers, ils l'ont cloué sur une croix et lui ont donné à boire du vinaigre.

Un formidable éclat de rire part de l'assistance. Les rudes Varègues au poil pâle s'étouffent et se frappent les cuisses. Olaf Dent-de-Morse hoquette :

– Cloué... sur une... croix! On peut dire que c'était réussi!

Tous éclatent de plus belle.

– Oui, mais il est ressuscité, bande de cons! hurle le moine. Il est revenu d'entre les morts! Et qu'est-ce que vous dites de ça?

– Faut voir, dit Knut.

– Il est mort pour nous sauver! Qui croit en lui

est sauvé et gagne la vie éternelle ! C'est de la merde, ça, peut-être ?

– Des mots, dit Olaf. Et c'est pour lui qu'on fait toutes ces choses en or qu'il y a dans vos églises ? Pour ce cadavre qui pourrit sur une croix ? Ils sont fous, ces chrétiens !

– Allons, au boulot, gueule Knut. La brise fraîchit, il faut m'amener de la toile. Et toi, l'homme du dieu-qui-pourrit-sur-la-croix, va me tirer deux seaux d'eau, ce plancher est dégueulasse !

*

– Sincèrement, demande le moine à Raymond, crois-tu que j'ai le don de l'éloquence ?

– Beh... Moi, je connaissais déjà l'histoire, alors je peux pas dire.

– J'espérais bien les baptiser tous en masse dès ce soir.

– Ce sera pour la prochaine fois. Te décourage pas.

*

– Comment faire, dit le moine, quand on n'a ni rasoir ni couteau, pour se tailler la barbe ?

– La laisser pousser, dit Renaud.

– Mon moinillon n'a pas de ces problèmes, heureux âge ! Ce jeune homme non plus, apparemment, pourtant ce n'est plus en enfantelet, dit le moine en regardant Tamara.

– C'est que, vois-tu, mon père, dit bien vite Raymond, c'est un jouvenceau de la race des Huns, de la variété qu'on appelle Bulgars. Ces gens-là n'ont pas de barbe.

– Je me l'étais laissé dire, mais je pensais que peut-être ils se la rasaient en secret, afin qu'on les crût d'essence différente des vulgaires mortels.

J'en étais même venu à me dire qu'ils se brûlaient le visage dès l'adolescence, car, ainsi qu'Hippocrate de Cos le fait très opportunément remarquer, barbe ni poils ne repoussent sur cicatrices de brûlures. Je constate toutefois qu'il n'en est rien, la joue de ce garçon est douce et lisse comme joue de pucelle.

– Eh oui, dit Raymond, qui voyage beaucoup voit des choses étranges... Ainsi, on m'a conté qu'au pays des nègres noirs il existe une race d'hommes tellement petits que l'un d'eux peut se cacher à l'intérieur de ton oreille sans que tu t'en aperçoives, et tellement méchants qu'une fois dans l'oreille ils te dévorent tout le dedans de la tête et ressortent par l'autre oreille.

– Ce sont là les Pygmées dont parle Hérodote, dit doctement le moine. Je suppose que ces gens sont païens, car il me semble qu'un chrétien baptisé ne se conduirait pas ainsi. Peut-être en rencontrerons-nous sur notre chemin?

– Je ne crois pas. De telles gens ne peuvent se voir qu'en Afrique, là où le soleil est à ce point ardent qu'il cuit le sang des hommes et de ce fait le rend noir, car si le sang cru est rouge, le sang cuit devient noir, ce qui est aisé à vérifier quand on mange du boudin, et donc les nègres sont noirs parce que leur sang est trop cuit et noircit tout l'individu. Et si l'on parvient jusqu'à de certaines régions d'Afrique où le soleil est encore plus ardent, alors on constate que les nourrissons, trop cuits dès le ventre de leur mère, se recroquevillent et demeurent pas plus gros que des fourmis, comme ferait une miche de pain oubliée dans le four.

– On voit que tu as beaucoup voyagé et connu force doctes personnes, dit le moine... Dis-moi, sais-tu si notre actuel périple nous rapproche du Paradis Terrestre?

– Je ne me suis pas posé la question. Où se trouve-t-il donc, le Paradis Terrestre?

– Moi, je sais, dit Renaud. Je l'ai vu sur la grande image murale de mosaïque qui représente le monde, dans le Palais Sacré de ma Dame, à Byzance. Un moine lettré qui se trouvait là m'en a expliqué les figures. Le Paradis Terrestre se trouve au fin fond de l'Orient, aux confins de l'orbite de la Lune, là où la terre rejoint le ciel, et quatre chérubins aux épées de flamme en gardent les quatre portes qui font face aux quatre vents de l'horizon. Il est bien au-delà de Gog et Magog, du royaume de Caresme, de l'empire du Prêtre-Jean et de celui de la reine de Saba. Quand on a passé tout cela, on laisse à main droite la tour de Babel, qui ne monte plus jusqu'au ciel car le haut en est tout ruiné. On doit alors prendre bien garde d'éviter les redoutables Amazones, qui sont des femmes mangeuses d'hommes tout crus qu'elles dévorent après s'en être fait aimer charnellement. Elles sont nées en même temps que le cheval qui les porte car leur mère mit bas sur la jument tandis que la jument, sous elle, mettait bas aussi. Ces femelles n'ont qu'un seul sein, et ce sein est fait en façon de main, il a cinq doigts très vigoureux qui leur servent à bander l'arc dont elles usent avec une terrifiante précision.

Le moine demande avec gourmandise :

– Ces femelles sont païens, sans doute? Ou pour le moins hérétiques?

– Manger chair de chrétien n'est certes pas le fait de créatures baptisées, dit Renaud.

– Comment, s'étonne Raymond, Dieu ne serait-il pas chrétien? Or, ne le mange-t-on pas chaque dimanche à la sainte messe?

Renaud fronce le sourcil :

– Je n'arrive jamais à savoir si tu blasphèmes ou non, tant tu frôles le sacrilège de près. Mais, même si tu ne fais que le frôler sans t'y brûler les plumes, je suis sûr que cette astuce est déjà péché. N'est-ce pas, mon père ?

– Assurément, il y a péché, dit le moine. Il y a péché partout, en tout. Le péché est inévitable, il tient à la nature même de l'homme, car Dieu l'a fait ainsi. Donc, je le répète, vouloir ne pas pécher est pécher par orgueil et présomption, c'est même le plus grand péché. Péchez, mes frères, péchez ! Laissez-vous aller à votre humaine nature et puis repentez-vous bien sincèrement, ainsi irez-vous tout droit en Paradis. Tu as péché, mon fils, viens te confesser.

– Mais ça fait six fois depuis ce matin !

– Cela fera donc sept. Et toi aussi, mon fils Renaud, qui viens de pécher par présomption. Et toi aussi, mon fils Tamar aux joues de pucelle, qui pèches par trop de douceur sur tes joues, et toi aussi, mon fils marin dont j'ai oublié le nom, qui pèches par omission, puisque tu ne dis jamais rien. Si je ne puis prêcher et baptiser, qu'au moins je confesse et absolve ! Toute cette grâce que j'ai en moi, il faut qu'elle sorte et agisse, nom de Dieu ! Sans quoi j'étouffe, moi, par les cuisses de la Vierge et le bistouquet de son Fils !

*

La cale pue ce que puent les cales : le poisson pourri, le goudron, le cuir tanné, la pisse de rat, l'eau croupie. Alors on leur a permis de dormir sur le pont, à la belle étoile. Les nuits sont maintenant glaciales, ils ont entassé sur eux des montagnes de fourrures, il y en a un plein chargement à bord. Cela fait, sous la pâle lumière de la lune, de gros tas frileux serrés les uns contre les autres. Le moine ronfle comme il prêche : de toute son âme. Raymond dort mal. Voilà bien longtemps que sa main ne s'est posée sur les seins blancs de Tamara, bien longtemps qu'il ne s'est plongé en Tamara en oubliant tout ce qui n'est pas Tamara, le ventre chaud et profond de Tamara, la béance humide au fond des cuisses offertes de Tamara, et Raymond est malheureux, Raymond gémit dans son sommeil. Tamara inaccessible et si proche, Tamara dort, lovée en chien aux pieds de Raymond. Mais dort-elle?

Un peu à l'écart, plus haut, plus large que les autres, s'érige le considérable amas de fourrures sous lequel ronfle le moine. Voilà que cet amas remue, voilà qu'en émerge une jeune tête que la lune couronne d'argent. Doucement, tout doucement, la tête bouclée s'avance hors de l'amas. La suivent deux épaules graciles, et puis le corps preste du moinillon Luc. Doucement, tout doucement, le moinillon, à quatre pattes, se déplace sur le pont. Il va à chaque visage, l'examine de tout près. L'un de ces visages est celui du chevalier Renaud. Le moinillon ne cherche pas plus avant. Il a trouvé. Doucement, tout doucement, il soulève un coin de fourrure, se glisse par là, se colle à Renaud, tout du long, ventre à cul, et puis ne bouge plus, tremblant de ce qu'il a osé faire, terrorisé à l'idée du réveil en sursaut... Mais rien. Renaud dort en homme de guerre. Tamara a bougé la tête. L'a-t-elle bougée?

Les fourrures ont frémi. A peine à peine une ondulation, sans doute un friselis de vent qui a couru dans les poils d'ours. Mais voilà que ça recommence. Et encore. Voilà que Renaud a gémi. Un drôle de gémissement. Un gémissement prolongé, comme d'un bébé qui rêve. Et puis plus rien.

Le moinillon s'extirpe du tas de fourrures, son ombre furtive rampe et plonge dans un autre tas, celui où le moine, puissamment, calmement, ronfle. Un nuage passe sur la lune. Une lueur n'a-t-elle pas brillé entre les paupières de Tamara ?

*

Au réveil, Renaud, soucieux, aborde le moine :

– Moine, j'ai fait un rêve dont il me faut me confesser sur-le-champ.

DIXIÈME CHAPITRE

MAINTENANT la nef aux vastes flancs remonte un fleuve que les gens d'ici appellent la Dvina. Les gens d'ici : des larves tremblantes devant les hautains Varègues, de pauvres êtres entortillés de peaux de bêtes non tannées, nourris de ces vermines qu'on trouve en soulevant les grosses pierres. Le fleuve s'ouvre sur la mer en un endroit nommé Riga, où les Varègues ont construit des estacades de troncs d'arbres et des hangars pour les marchandises. C'est là qu'aboutissent les grandes routes d'Orient, là que transitent la soie des caravanes venues à longues étapes depuis les régions terrifiantes qu'illumine le soleil longtemps avant de venir briller ici, l'ivoire des éléphants qui sont des bêtes hautes comme des montagnes, l'or, l'argent, le fer, le cuivre, l'étain et aussi les choses délicates ouvrées par les doigts agiles des artisans de l'Inde et de la Chine. C'est là que ces richesses sont troquées contre les produits de la mer et de la forêt, l'ambre, le poisson sec, le miel, la cire, les fourrures précieuses arrachées contre quelque pacotille aux misérables peuplades, et surtout les esclaves, marchandise hébétée qu'il suffit d'aller rafler dans les clairières où elle se terre.

Depuis plus d'un siècle, les hommes du Nord, les

Varègues surgis des rivages embrumés de la Suède, ont pris pied sur la côte et, remontant les fleuves, ont établi des postes fortifiés jusqu'aux abords du Pont-Euxin[1], massacrant au besoin les populations dépossédées et repoussant les négociants arabes qui, bien avant eux, en avaient fait autant, sur les mêmes voies d'eau, mais en sens inverse. Les Varègues ont gagné, les fleuves sont à eux sans partage, les routes liquides Vistule-Dniestr, Dvina-Dniepr, le Don et même l'énorme Volga, mère des fleuves, sont désormais des monopoles varègues.

A Riga, des marchandises ont été déchargées, d'autres embarquées. Le courant est puissant, la vile ne suffit pas à le contrecarrer. Des équipes de haleurs, hommes et femmes, ramassés sur les berges et attelés à de longues cordes, tirent la lourde nef. Renaud et les autres tirent aussi. Le fouet claque.

– Mon peuple, dit Tamara.

– Quoi? dit Raymond.

– Ceux-là.

Tamara, d'un geste du bras, désigne les misérables haleurs.

– Eux, Slavons. Comme moi. Parlent comme moi. Pareil comme là-bas chez moi. Là-bas, Bulgars et Avars volent pays, volent Slavons, disent : « Toi, cochon. Toi, merde de cochon. Toi, travaille. Toi, crève. » Ici, Varègues, pareil. Là-bas, Bulgars, Avars, homme petits, jaunes. Ici, Varègues, grands, roses. Mais pareils. Slavons, partout cochons, partout travaillent, partout crèvent.

– Vous, les Slavons, vous êtes là-bas, vous êtes ici, dit Raymond. Il n'y a que vous. Vous ne faites pas de bruit, vous crevez de misère, on vous tue, on vous égorge, on baise vos femmes, on vend vos enfants, et vous êtes là, et là, et là, partout, sur la

1. Le Pont-Euxin : la mer Noire.

steppe et dans les forêts, et il y en a de plus en plus, de plus en plus, comme des rats, comme des fourmis, comme l'eau de la mer. Plus on en tue, plus il y en a. Un jour, vous remplirez tout ce pays, et aucun conquérant n'y pourra rien, vous les étouffez, les conquérants, vous les digérez, vous les effacez...

– Voilà, dit le moine Patrick. Je sais. J'ai trouvé. Ce sont ceux-là que je suis venu prêcher. Les plus pauvres de tous. Le Seigneur Christ a dit : « On fera plus aisément passer un chameau par le trou d'une aiguille, nom de Dieu, qu'un putain de riche par la porte du royaume de mon Père », ou quelque chose comme ça.

– Le Seigneur Christ a dit : « Nom de Dieu? » s'étonne Renaud.

– Le Seigneur Christ dit ce qu'il veut. Il ne peut pas s'offenser lui-même, enfin, quoi, merde, c'est évident! Et la Sainte-Vierge, hein, vous croyez peut-être qu'elle n'a pas juré les trente-six mille bordels de Dieu que ses couilles pourries lui remontent dans la gorge, au barbu, quand elle souffrait-gueulait les mille millions de martyres en accouchant de ce gros petit bon Dieu qui lui a fait, les Pères de l'Église sont formels, un mal de tous les enculés de diables d'enfer en sortant la tête la première par ce petit trou même pas percé, ce qui ne s'était encore jamais vu, pauvre femme. Et l'auréole? Vous y avez pensé, à l'auréole? Ça vous brûle la couenne et vous roussit les poils, ce bazar...

– Toute femme passe par là.

– Et alors? Tu l'as entendue gueuler, ta mère, quand tu es sorti de son ventre? Tu l'as entendue jurer? Pourquoi fait-on sortir les hommes de la chambre et pourquoi tout ce travail ne se bricole-t-il rien qu'entre bonnes femmes, hein? Je vais te le dire, moi, pourquoi : pour que les hommes n'entendent pas les femmes jurer, voilà pourquoi. Ça leur couperait la poésie, tu comprends ? Et note bien que les autres femmes, elles, ne sont pas dépucelées de l'intérieur, par l'accouchement, ce qui rend la chose encore plus terrible. Et note encore que la Vierge n'en a eu que la douleur et pas le plaisir. Dieu le père, tu penses bien, il avait d'autres soucis en tête que de faire jouir une femme. Il envoie sa giclée, flop, même il la fait porter par un ange, tu es bénie entre toutes les femmes, flic-flac, au revoir, y a plus personne, à dans neuf mois à Bethléem. Il faut penser dans sa tête avant de parler.

– Mon père, dit Raymond, avec toi, tout devient clair.

– Tu le crois vraiment ? Tu penses ce que tu dis là ? Alors, j'ai le don de l'éloquence ? Je ne serai donc pas venu au monde pour bouffer, poser ma crotte et crever, comme un bestiau ? Je vais amener des âmes au Seigneur Christ, bordel de Dieu !

– Moine, dit Renaud, il faut que tu m'entendes en confession.

– Encore ?

– Encore, hélas.

– Chaque jour, alors ?

– Je pèche chaque nuit.

– Mon fils, ce sera quelque démon. Tu es pur de cœur et droit dans tes actions. C'est justement à ces âmes de choix qu'aime s'en prendre le malin. Les démons de la nuit sont de deux sortes, ainsi que l'atteste saint Clément d'Alexandrie, qui distingue entre les incubes et les succubes. Incubes nomme-t-il ceux qui agissent en mâles, succubes ceux qui se conduisent en femelles… Quoique saint Augustin d'Hippone affirme que certains diables parmi les plus élevés dans la hiérarchie sont doués du pouvoir d'être tour à tour incubes et succubes, ce qui leur procure les plaisirs de l'un et l'autre sexe, chose fort curieuse, en vérité. Il faut donc avant toute chose que tu me dises si le démon qui te tourmente s'offre à toi comme femelle ou se conduit envers toi en mâle.

– Moine, et le secret de la confession ?

– Il n'est pas ici question de confession, mais bien d'enquête, mon fils. Tu n'as pas fauté, puisque ta volonté n'y eut point part. Je n'ai donc pas à t'absoudre. Ce succube, si toutefois succube il y a, te tourmente-t-il ou te donne-t-il du plaisir ? Voilà le point.

– Avoir commerce avec le diable n'est-il pas le plus grand péché qui se puisse commettre ?

– Le plus grand péché qui se puisse commettre, fils, le seul péché inexpiable, c'est de désespérer de la clémence de Dieu. Si tu crois fermement en Dieu, si tu crois que Dieu est infiniment bon et qu'il t'aimera quoi que tu aies pu faire, alors, tu seras sauvé. Tout le reste est peccadille. Donc, je reprends : ce diable qui te vient visiter t'apporte-t-il douleur ou jouissance ? Ce n'est pas là question vaine, sais-tu bien. Origène – qui est un Père de l'Église et eût été un grand saint s'il ne s'était coupé les couilles pour éviter la tentation, chose abominable car, voulant fuir le péché, que Dieu pardonne volontiers en bon père de famille, il a mutilé dans ses parties les plus nobles ce corps fait à l'image de Dieu, ce qui est désespérer de la clémence divine, péché sans pardon – Origène, donc, qui ne dit pas que des conneries, nous enseigne que les sensations nocturnes que procurent les diables sont de deux façons : ou bien tu ressens des plaisirs des milliers de fois plus merveilleux que tous ceux que peut procurer une femme experte et bien-aimée, ou bien tu souffres les tourments de l'enfer. Car, si le diable le veut, sa verge peut être douce et satinée ou bien barbelée de crocs et hérissée d'hameçons qui déchirent et arrachent les entrailles, sa semence peut être source de délices inouïes ou bien froide comme bloc de glace, ou encore brûlante comme huile à friture... S'il appartient à la race des succubes, c'est-à-dire s'il se conduit en femelle, alors sa fente et son vagin peuvent-ils se révéler plus onctueux et caressants que tout ce que tu peux imaginer d'onctueux et de caressant, ou bien, au contraire, munis de dents et de ressorts comme pièges à loups...

– Eh, ne suffit-il pas au diable de nous induire à tentation pour nous faire chuter dans la damnation éternelle? Faut-il encore qu'il s'amuse à nous tourmenter ici-bas?

– Ah, fils, c'est qu'il a une nature mauvaise et ne peut se refuser ces petits plaisirs de la méchanceté cueillis au passage.

– Mais il risque, ainsi, de nous détourner du péché!

– Eh oui, que veux-tu, nul n'est parfait. Même dans le mal. Si le diable était la perfection du mal, il serait l'égal de Dieu, qui est la perfection du bien.

– Ah, mon père, mon père, tu parles d'or! s'écrie Raymond.

– Comment, tu écoutais? s'irrite Renaud. Ce sont là mes affaires, entends-tu bien? A moi seul.

– Je trouve, au contraire, que ce sont là les affaires de tous. Tiens, moi, par exemple. Eh bien, le croiras-tu, moi aussi, un succube vient me succuber, la nuit!

– Depuis quand, mon fils? demande le moine.

– Depuis que je dois me tenir éloigné de... Depuis que je dois me passer de ma chère compagne.

– Hé, que cours-tu par le monde, si tu as femme au logis?

– C'est toute une histoire...

– Enfin, bon, coupe Renaud, nous sommes pèlerins pèlerinants, et comme tels avons fait vœu de chasteté jusqu'à ce que nous soyons revenus de Terre Sainte.

Le moinillon Luc pouffe discrètement derrière sa main. Nul ne s'en aperçoit, excepté Tamara, bien sûr. Tamara voit tout.

– Fils, c'est beaucoup exiger de l'humaine nature, dit le moine. Et offrir aux diables beaux terrains à tentation... Étonnez-vous, après ça, si vous êtes tourmentés des succubes ! Car c'est bien de succubes qu'il s'agit, n'est-ce pas ?

– Hé, beau père, me crois-tu donc bougre et sodomite ?

– Fils, ce n'est pas ton goût qui est en cause, mais celui du diable. Si ce diable qui t'a choisi est du genre sodomite, il faut bien que tu en passes par sa fantaisie, sans qu'il y ait de ta part consentement ni péché. C'est pourquoi j'insiste : incube ou succube ?

– Succube.

– Pauvre diable !

– Eh, quoi ! C'est lui que tu plains ? Le diable ?

– Comment ne pas le plaindre ?

– Suis-je donc si vilain garçon ?

– Tout diable est à plaindre. Le succube plus que tout autre. Car si la femme peut toujours recevoir, même quand elle n'en a pas envie, l'homme lui, ne peut pas toujours donner. C'est pourquoi je dis que tâche de succube est plus ardue que tâche d'incube.

– Plaindre les diables ! Tu as bien de la pitié de reste !

– Qu'y a-t-il plus à plaindre qu'un diable ? Pour un tout petit instant de rébellion, les voilà précipités dans l'enfer pendant l'éternité. Ils nous tourmentent et nous induisent à pécher, oui, mais songe-t-on quel est leur tourment, à eux ? Si nous étions moins égoïstes, nous prendrions pitié des diables, mais oui... Oh, mais, je suis bien certain d'une chose, c'est que Dieu dans son infinie bonté ne peut pas vouloir que des créatures nées de lui souffrent éternellement les horribles tourments de l'enfer! De même qu'il se réjouit infiniment plus d'un pécheur repentant que d'un juste immaculé, de même il pardonnera aux anges rebelles quand ils se seront sincèrement repentis. Ou alors Dieu ne serait pas Dieu et le monde serait absurde. Or un monde absurde ne pourrait tenir debout, et ce monde-ci où gémissons semble fonctionner à la perfection. Donc, j'ai raison.

– On cause, on cause, et on oublie de tirer! gueule le matelot varègue en faisant claquer son fouet.

*

Ils tirent. Ce n'est pas éreintant. Pourvu qu'on tire bien ensemble, du même effort, les épaules courbées sous la corde, en se balançant comme des ours soudés en un seul gros ours, un pas après un pas, un pas après un pas, ça avance. Le matelot varègue donne la cadence :

– Ho... oh! Ho... oh!

Un des Slavons fait : « Ho... oh! » en même temps. Ça aide. Et voici que, peu à peu, ça devient un air. Une lourde mélopée que, l'un après l'autre, reprennent tous les Slavons. A l'unisson, d'abord, et puis chacun brode, les yeux perdus dans la contemplation de ce bruit très beau qu'ils sont en train de créer tous ensemble, qui devient de plus en plus beau, de plus en plus beau, qui d'abord bourdonnement, emplit maintenant la plaine d'un horizon à l'autre, chante avec le vent dans les arbres, rebondit et s'éclabousse sur le fleuve impavide, fait qu'on oublie la fatigue et la tâche monotone, que le travail devient jeu, que le collègue devient frère bien-aimé, qu'on n'est plus rien qu'un atome d'un grand corps sonore, que rien ne compte, que rien n'existe que ce chant qui sort de chacun et de tous, que c'est meilleur même que l'amour, qu'on voudrait que cette minute ne cesse jamais, jamais.

Les Slavons chantent. Les Varègues aiment. Quand le Slavon chante, il travaille et se tient tranquille. Et puis le Varègue apprécie les jolies choses. Lourde race, crâne épais, cœur de myosotis. Les Varègues pleurent de trop beau.

Aux premiers frissons de la mélopée, les poings de Tamara se sont crispés sur la corde. Elle n'a pas résisté. A bouche fermée, puis à pleine gorge, elle s'est jetée dans le chœur envoûtant. Un pas après un pas, un pas après un pas, les échines courbées oscillent comme une seule échine, les voix montent en une seule voix, lourde, ailée, sourde, éclatante, irrépressible, obstinée comme la vie.

Raymond chante. Renaud chante, frère Patrick et son moinillon chantent... Et tirent... Soupçonnant que cette litanie pourrait bien avoir je ne sais quels relents païens, le moine l'accommode sur les paroles de la très sainte messe.

O salutaris hostia
Quae cœli pandis ostium...

La nef avance.

*

– Ces chaînes m'écorchent la peau, dit Raymond. A quoi bon des chaînes? Nous n'avons pas l'intention de nous sauver. Ces gens nous emmènent exactement là où il nous faut aller.

– Oui, mais eux ne le savent pas, dit Renaud. Et ne doivent pas le savoir. C'est donc très bien ainsi. Ces chaînes ne sont pas trop lourdes, elles ne sont là que pour nous empêcher de courir. Simples petits inconvénients que je dépose aux pieds de ma Dame en primeur de mon expiation.

– Moi, je n'ai rien à expier, grommelle Raymond. Tamara non plus, pauvre cher ange. Or, nous souffrons cruellement par la privation charnelle l'un de l'autre. Les chaînes, à côté de ça, bagatelle. Qu'expions-nous, je te le demande? Ou bien ton expiation est-elle de nature collective et nos tourments aident-ils à mettre au net ta propre et individuelle compatibilité expiatoire?

La nuit tombe. La nef est amarrée à un gros arbre de la berge. Le chevalier, Raymond, Tamara, le père Patrick et le moinillon sont la seule marchandise à deux pieds que la nef transporte pour le moment. Le matelot frison, à demi scandinave lui-même, est passé du statut d'esclave à vendre à celui de membre de l'équipage et Varègue d'adoption. Il manie le fouet avec beaucoup d'empressement. Tous finissent de dîner, assis en rond autour d'un feu mourant, les esclaves au centre, les Varègues tout autour, la main jamais très loin de la poignée de l'épée. Autour de ces deux cercles, il y en a un troisième, celui des Slavons, qui restent là, guettant on ne sait quoi, un rogaton à happer, un débris de ferraille à ramasser... Tout se mange ou s'utilise, tout est précieux. Leurs yeux brillent dans l'ombre qui s'épaissit. Au loin hurlent les loups.

Le moine rote en tonnerre.

– C'est pas bon, mais ça bourre, leur bouillie. C'est quand même moins déguelasse que la cuisine du couvent.

– Je me demande, dit Raymond... S'il y a tant de religieux irlandais qui courent le monde pour évangéliser les mécréants, est-ce que la cuisine des couvents irlandais n'y serait pas pour quelque chose?

– Fils, la vocation du missionnaire naît comme elle peut. Discuterais-tu les voies de la divine

Providence? L'essentiel n'est-il pas qu'il y ait vocation? Et, nom de Dieu, je te jure bien qu'en ce qui me concerne elle est là, la vocation, et plutôt deux fois qu'une!... Si tu savais quelle démangeaison j'ai d'évangéliser...Tiens, je n'y tiens plus! Il faut que j'amène ces sauvages au Seigneur Christ... Ce jeune homme connaît leur langue, ai-je cru comprendre?

Ce jeune homme, c'est Tamara, Elle dit :

– Tu dis, je dis. Pareil. Même chose.

– Il veut dire qu'il fera l'interprète, explique Raymond.

– Ah, très bien! Très, très bien... Mais saura-t-il y mettre la chaleur, la conviction, le feu, enfin le nom de Dieu de je ne sais quoi qui est ce que le Seigneur Christ Jésus fit descendre sur les apôtres le jour béni de la Pentecôte et qui est le don divin sans quoi la grâce convaincante ne saurait opérer? D'abord, est-il seulement chrétien et baptisé, ce jeune homme, hmm? Je ne l'ai guère vu prier, jusqu'ici, et ne l'ai jamais entendu en confession.

– Mon père, dit Raymond, veux-tu prêcher, oui ou non?

– Tu as raison. Je prêche.

Frère Patrick se dresse dans la lueur mourante du feu, Tamara à ses côtés. Il tousse deux ou trois coups, rote, se mouche.

– Est-ce qu'il ne va pas péter, aussi? demande Renaud.

Enfin, il commence. Sa voix est un mugissement :

– Frères païens Slavons!

Tamara traduit aussitôt. Sa voix est l'appel de la trompette de l'ange. Frère Patrick continue :

– Et vous aussi, frères païens Varègues!

Ça, Tamara ne le traduit pas. Elle ne connaît pas la langue de ces gens-là.

– Vous êtes malheureux, mugit le moine, parce

que vous êtes des chiens païens croupissant dans votre païennerie et ignorant la parole du Seigneur Christ Jésus, fils du Dieu vivant et Dieu lui-même, qui est descendu parmi nous et est mort sur la croix pour racheter vos péchés et vous prendre par la main pour vous emmener en Paradis.

– Vous êtes malheureux, traduit Tamara, parce que vous êtes des chiens de Slavons, des milliers et des milliers de chiens couchants de Slavons qui vous laissez brimer, écraser, voler, dépouiller et mépriser par une poignée d'hommes venus d'au-delà de l'eau salée qui ne sont pas plus forts, ni plus habiles, ni plus courageux que vous, et qui sont beaucoup moins nombreux.

– Tous les hommes sont égaux devant Dieu, tonne le moine. Tous ont été rachetés par le sang du Seigneur Christ Jésus et tous seront sauvés s'ils entendent la parole du Seigneur Christ et ont foi en lui.

– Tous les hommes sont égaux, traduit Tamara. Tous sont faits de chair et de sang, tous ont besoin de manger et de boire, tous meurent quand l'épée de fer ou l'épieu de bois s'enfonce dans leurs entrailles.

– Ne soyez pas sourds à la parole de Dieu, dit le moine. Soumettez-vous à ses décisions, respectez l'ordre qu'il a créé, tenez-vous à votre place et acceptez les épreuves que Dieu vous envoie comme des gages de son amour et des promesses des félicités qui seront les vôtres quand vous serez en son royaume.

– Slavons, mes frères Slavons, traduit Tamara, vous êtes les plus nombreux, vous êtes les plus forts. Les étrangers vous ont volé vos fleuves et votre terre, ils ont construit des villes où vous n'avez pas le droit d'entrer, ils vous volent le produit de votre chasse et de votre travail, ils vous volent vos femmes et vos enfants, ils vous battent, vous insultent et vous tuent comme du bétail. Ce qu'ils ont, ces marchandises qu'il transportent sur ce bateau, c'est à vous, c'est votre bien qu'on vous a volé !

– O mes frères païens, s'écrie le moine, Dieu, qui est infiniment bon, nous a tous créés à sa propre image pour que nous l'aimions. C'est tout ce qu'il nous demande : l'aimer. Bien peu de chose, en vérité. Aimons-le de tout notre cœur, et nous gagnons la vie éternelle dans les délices du Paradis, qui est un endroit plein de choses exquises.

– O mes frères Slavons, traduit Tamara, ces brigands d'au-delà de l'eau salée ne vous craignent pas, car ils vous méprisent. Ils croient qu'un seul Varègue vaut plus que mille et mille Slavons. Montrez-leur qu'un Slavon vaut un Varègue et que mille Slavons valent mille fois plus qu'un Varègue.

– Maintenant, mes frères païens, dit le moine, je vais vous administrer le très saint sacrement du baptême, qui fera de vous des chrétiens par le sel et par l'eau, c'est-à-dire des enfants bien-aimés du Seigneur Christ Jésus. Frère Luc, apporte-moi un seau d'eau et un peu de sel.

– Maintenant, mes frères Slavons, traduit Tamara, prenez vos épieus de bois et vos haches de fer, prenez vos massues, vos lances et vos arcs, et montrez à ces bandits varègues ce que peut votre colère, reprenez ce qui vous appartient et donnez les Varègues à dévorer au fleuve Dvina !

Pendant cet émouvant sermon, la foule des Slavons est devenue multitude. Surgi de la nuit, un grouillement couvre la berge. Un grouillement silencieux et frémissant qui se resserre peu à peu autour du cercle varègue. Le moine exulte.

– Ils y viennent ! Ils y viennent ! Ils veulent le baptême ! J'ai réussi ! Je les ai convertis ! Du premier coup ! Eh, vous avez vu ? Du premier coup ! Dieu m'a donné le don de convaincre. Merci, mon Dieu, oh, merci ! Bordel de merde, ce que je suis content !

Cependant frère Luc accourt, portant un seau d'eau et une pochette pleine de sel qu'il est allé quérir dans la nef. Dans le même instant arrivent les premiers de la foule slavonne, poussés en avant par la masse des autres. Les Varègues ne comprennent pas le slavon, les beautés du discours « traduit » par Tamara leur ont échappé, pourtant ils se rendent compte que quelque chose ne tourne pas rond. Ce sont des marins, des commerçants, des filous, pas des gens de guerre. Ils tirent l'épée et amorcent un mouvement de repli vers la nef, poussant devant eux les esclaves entravés, marchandise précieuse entre toutes. Ils n'ont pas le temps d'y arriver.

Soudain, la masse s'est ruée. Tout va très vite. Les Varègues sont culbutés, massacrés, dépouillés et jetés à l'eau, la nef est envahie avant même qu'on ait eu l'idée de jeter bas la passerelle, et le pillage commence.

Frère Patrick, renversé cul par-dessus tête avec son seau d'eau, croit à trop d'impétuosité. Tant d'empressement à recevoir le saint sacrement le réjouit et l'embarrasse. La tête dans le seau, il crie :

– Allons, mes enfants, allons, un peu de patience, couilles du pape ! Il y en aura pour tout le monde ! Luc, frère Luc, débarrasse-moi donc de cette saloperie, que j'y voie clair !

Mais frère Luc, aplati au sol, attend que l'orage passe, ainsi que Renaud et Raymond que l'événement a tout à fait surpris.

– Ces peuplades ont l'enthousiasme prosélyte vraiment ardent, constate Renaud.

– Quel prêcheur ! dit Raymond.

– Mais... Mais... Est-ce qu'ils ne sont pas en train de tout tuer?

– Tu as ma foi raison!... Ils auront compris de travers. Moine, moine, je crois que le baptême, c'est à ces gaillards en train de passer de l'autre côté qu'il te faut l'administrer, si tu veux qu'ils aient une chance d'aller en Paradis, ce dont toutefois je doute fort car, mécréant ou baptisé, un mercanti aura bien du mal à franchir la porte étroite.

– Ces enragés-là tuent tout, excepté nous autres, remarque Renaud. Il y a là quelque mystère. Comme si quelqu'un leur avait dit qui il faut tuer et qui il ne faut pas...

Effectivement, Tamara a dit ce qu'il fallait dire.

*

La nef brûle. Les flammes tourbillonnent et rugissent, une ruée d'étincelles escalade le ciel. Les visages grimacent à la rouge lumière dansante. Les Slavons ont pris de la nef tout ce qu'ils pouvaient en prendre, ils ont tout tiré sur la berge, ils sont plutôt déçus, ils n'ont pas trouvé de ces merveilles venues du Sud ou de l'Orient, rien que des choses qu'ils connaissent bien, fourrures et pelleteries, tonneaux de suif et de cire, amphores de miel, ballots de laine brute... La nef remontait le fleuve Dvina, elle venait de prendre son chargement de produits du pays pour les emporter vers les rivages ensoleillés. Ils ont quand même apprécié les armes de bon acier, les ustensiles de cuivre rouge, les vêtements, les pièces d'or et d'argent, et même les liards de bronze. Et puis ils se sont donné le maître plaisir de l'incendie.

Raymond saisit le bras de Tamara :

– Écoute!

Perdus dans le rugissement furieux des flammes, des couinements essaient de percer.

– Il y a bêtes, là-dedans, dit Tamara. Cochons.

– Ou des gens!

– J'entends aussi, maintenant, dit le chevalier. Oh, petit garçon, vide-moi deux ou trois seaux d'eau sur le corps, je vais voir de quoi il retourne.

Le moinillon court remplir deux seaux au fleuve, les vide sur Renaud, qui court à la nef. Des trognons de chaîne brinquebalent à ses chevilles, on n'a pas encore eu le temps de fignoler. Raymond et Tamara, eux, ont déjà piqué une tête dans le fleuve. Renaud, tout en courant, se dit : « Mais bien sûr! Que je suis donc bête! Qu'avais-je besoin de seaux d'eau? » et, bien sûr, il prend pied sur le pont brûlant alors que les deux autres ont déjà disparu dans les profondeurs de la nef. Des flammes jaillissent d'une écoutille. De ces flammes jaillissent Raymond et puis Tamara. Ils sont noirs et sentent le poil roussi, chacun porte à plein bras quelque chose, une espèce de caisse, ou de cage, on ne voit pas bien. Renaud s'empare d'une des caisses, frère Patrick de l'autre – tiens, il s'y est mis aussi, celui-là! – Raymond et Tamara plongent à nouveau, cette fois pour éteindre leurs vêtements en flammes, et bon, voilà tout le monde sur la berge, entourant les caisses couineuses, car ce sont elles qui couinent, ces caisses, parfaitement.

Comme une tortue risque la tête hors de sa carapace, ainsi une touffe de poils rouges émerge précautionneusement d'une des cages – finalement, ce sont bien des cages – et une autre touffe, non moins rouge, de la seconde. Sous les paquets de copeaux rouges apparaissent ensuite deux paires d'yeux verts qu'écarquille un reste de terreur, et puis quatre grosses joues, et puis deux cous trapus, et puis plus rien, ça s'arrête là, les trous ne sont pas assez larges pour en laisser sortir davantage. Les deux têtes de format courant plantés sur ces deux boîtes dérisoires : effet saisissant. Et même quelque peu terrifiant. Première chose, sortir les corps de là-dedans. C'est fait en un clin d'œil. Et l'on voit apparaître deux hommes fort petits, quoique leurs têtes aient la taille réglementaire. Aussi larges que hauts, ils agitent des pieds mignons au bout de cuisses pas plus longues que des cuisses d'enfantelet, cependant viandues et musculeuses comme cuisses de bûcherons. Il en va de même de leurs mains, de leurs bras et de leur torse.

– Bon dieu, dit Raymond, ce sont des nains! J'en ai vu à Byzance, l'Impératrice en raffole. On m'a dit aussi que les Khalifes et les sultans des suppôts du diable Mahom aiment s'entourer de semblables créatures. Les marchands d'esclaves envoient des rabatteurs par le monde entier pour en acheter, car sur le marché un nain vaut plus que cent lettrés, ou que vingt médecins, ou que dix astrologues!

– Sont-ce créatures humaines rachetées par le divin sang du Seigneur Christ ou bien sont-ce bêtes brutes? demande frère Patrick.

A cela répond en grande fureur l'un des nains :

– Bête brute toi-même, moine de mon cul! Nous sommes hommes, et chrétiens, et baptisés. Nous sommes aussi frères jumeaux, nés de la même mère et du même œuf, à la même heure du même jour.

– Alors, vous êtes les fruits calamiteux de l'union contre nature de votre putain de mère avec quelque diable incube... Peu importe, le baptême a exorcisé le démon, vous êtes créatures de Dieu et je vous bénis comme telles.

– Mais, demande Renaud, pourquoi les cages?

Et comment se fait-il que vous parliez langue intelligible ? D'où venez-vous donc ?

Le nain, avant de répondre, prend le temps de se dégourdir les membres par une demi-douzaine de beaux petits sauts périlleux, puis il marche sur les mains, puis il danse avec son frère, et tout cela, fait avec tant d'agilité par ces petits êtres grotesques est si réjouissant à voir que les Slavons se sont assemblés en cercle et regardent de tous leurs yeux.

– Nous sommes, dit le nain, du pays d'Irlande où, s'il y a peu de nains, il y a beaucoup d'hommes aux cheveux rouges. Notre langue maternelle est donc le gaélique d'Irlande, mais nous parlons aussi le germanique des Francs, le saxon, le danois, le latin, le grec et la langue sarrazinoise, car on nous a élevés et éduqués pour réjouir les rois et les empereurs, en tout cas celui qui sera assez riche pour nous acheter. Nous connaissons quantité de tours de force et d'agilité, savons jouer de divers instruments et ébaudir les âmes moroses par nos facéties. Quant à ce qui est des cages, le trafiquant qui nous a achetés pour nous revendre craignait tellement que nous ne nous mettions à grandir qu'il nous maintenait le corps ainsi enfermé afin qu'il ne risquât point de gagner un demi-pouce de taille, ce qui nous eût bien entendu fait perdre de notre valeur marchande. Et maintenant, qui nous achètera, hein ? C'est bien gentil, tout ça, mais nous devions être présentés à la Basilissa Irène de Byzance ou au Commandeur des Croyants, le généreux Haroun al Rachid à la large paume. De toute façon, notre avenir était assuré. Notre marchand est mort, qu'allons-nous devenir dans ce pays de sauvages ?

– Vous autres, je ne sais pas, dit Raymond, mais nous, la première nef varègue qui passera par ici, dans un sens ou dans l'autre, elle aura vite fait de régler notre compte ! Ces gars-là ne perdront pas leur temps à chercher qui a tué et qui est innocent. Ils verront le massacre et tueront tout ce qui n'est pas varègue. Il faut s'en aller d'ici, et vite ! Chevalier, il va te falloir cheminer sur tes pieds. Est-ce compatible avec l'honneur de chevalerie ?

ONZIÈME CHAPITRE

LES Verts ont gagné. Avec leurs alliés les Blancs, ils ont écrasé les Bleus et les Rouges. La foule enthousiaste brame à pleine gueule l'hymne Acathistos, tous les yeux tournés vers la tribune impériale où, impassible sous les couches de fard comme une icône dans son cadre d'argent la Basilissa Irène, régente de l'Empire, savoure le triomphe de ses couleurs. Car les Verts sont les siens et ceux des Amis des Images. C'est pour elle que les chars aux attelages impétueux ont huit fois fait le tour de l'Hippodrome, pour elle que deux cochers bleus se sont ouvert le crâne sur une borne de virage, pour elle que maintenant, soutenu par le mugissement des orgues, l'hymne de victoire martèle ses lourdes cadences.

La foule lentement s'écoule par les Portes de Bronze, par les Portes de la Mort et par les autres portes de l'Hippodrome, piétine sur le forum Augustéon et puis se disperse par les rues, à regret, commentant avec passion cette magnifique journée. La Basilissa, entourée des eunuques et des dignitaires, a quitté la cathisma, la tribune impériale, et, par les souterrains privés, gagné le Palais Sacré. Au seuil de ses appartements, elle a un geste de congé pour tous. Seul, l'eunuque Staurachos, son intime conseiller, demeure. La Basilissa se laisse tomber sur un lit de repos aux pattes de lion.

– Staurachos, dis-moi, où en est-on?

L'eunuque, prudemment, répond :

– Ton fils, cette fois, a mangé du tigre. Il n'a pas l'intention de se laisser faire. Tu ne le posséderas plus comme il y a cinq ans.

– Assez parlé pour ne rien dire, tu veux? Procédons par ordre. Ce mariage?

– Oh, il ne reviendra pas là-dessus. C'est même déjà fait.

– Quoi? Il a épousé cette petite roulure?

– Il a épousé sa Théodote, oui. En secret.

– Mais, enfin, le patriarche...

– Le patriarche a refusé jusqu'au bout de prononcer la nullité de son mariage avec la Basilissa Marie.

– Alors?

– Alors, il s'en est passé, voilà tout.

– Il a épousé sa morue tout en restant marié? L'imbécile! Il aura tout Byzance contre lui! Tout Byzance! Et d'abord le clergé, qui m'est dévoué... Quant à l'armée, tu as fait ce qu'il faut?

– C'est en cours. J'ose même dire que c'est bien parti.

– Les curés, l'armée et le peuple sur le dos! Mais qu'est-ce qu'il croit? Il est foutu, Staurax, foutu! C'est le moment de donner le coup de pouce. Juste le bon moment. Où l'as-tu laissé?

– Sur la frontière arménienne. Il se débrouillait pas mal du tout. Il a même réussi à foutre deux ou trois fois la tripotée aux Arabes. Si je l'avais laissé faire, il leur courait au cul en plein pays d'Islam.

– Dis donc! C'est ça qui arrangerait mes finances, à moi, si on pouvait démolir une bonne grosse fois les armées du petit père Haroun! Tu sais à combien se monte le tribut que je dois lui verser chaque année?... Il est vrai que je ne le verse pas.

– Il faut savoir ce qu'on veut, Très Pure.

– Laisse tomber les « Très Pure ». Tu me donnes des boutons.

– Si je commence à laisser tomber le respect en privé, je suis capable de m'oublier en séance solennelle. Ça la foutrait mal.

– A ton aise. Tu disais?...

– Je disais qu'il faut savoir ce qu'on veut. Si je laissais le galopin se couvrir de gloire et donner victoire et butin aux militaires, tu vois d'ici la popularité? Triomphale. Déjà, il y a deux ans, quand il a envoyé à Kroumm, qui s'était sacré alors empereur des Bulgars et prétendait nous faire payer tribut, tu te rappelles, eh bien, quand ton fils, pour toute réponse, lui a envoyé un plein tonneau de merde[1] et puis lui a aussitôt rentré dans le lard avec l'armée d'Arménie et l'a bel et bien fait reculer, j'ai vu la troupe le regarder d'un autre œil. Il n'était plus le petit merdeux qui trépignait parce que sa maman ne voulait pas le laisser faire joujou avec le sceptre... Les militaires, tu leur donnes un peu de panache, t'as tout gagné.

– Alors?

– Alors, là-bas, à la frontière d'Orient, quand j'ai vu le gamin casser la gueule aux Sarrazins et se faire porter en triomphe par les vétérans de l'armée, je me suis dit que le petit coq allait redresser la crête, se mettre à croire que c'était arrivé et recommencer ses conneries pour te reprendre le pouvoir. D'autant que les conseilleurs ne lui manquent pas, tu vois qui je veux dire...

1. Authentique (comme tous les événements historiques figurant ici).

– Tu ne l'as quand même pas fait battre par l'ennemi, non?

– Tiens, j'allais me gêner!

– Mais, comment as-tu pu?...

– Des gens à moi sont accourus au camp, tout couverts de poussière, et ont annoncé que les Sarrazins avaient brusquement pris la fuite et qu'ils galopaient déjà très loin de là, qu'il ne fallait même pas songer à les poursuivre. Du coup, Constantin considère la campagne comme victorieusement terminée. Il donne l'ordre de lever le camp et de reprendre le chemin de Byzance. Naturellement, voyant ça, les Sarrazins ont réoccupé tranquillement tout le pays qu'ils avaient dû céder. Cela a fait mauvais effet, tu peux me croire. Ça gronde et ça murmure, dans les rangs.

– Mais alors, il va arriver?

– Il doit même être pas bien loin, s'il n'est pas déjà là! Il était sur mes talons. Je me suis éloigné en douce, il commençait à se douter de quelque chose. J'aime mieux te dire qu'il est plein de rage et que tu n'y couperas pas de la grande explication... Il veut sa couronne, il la veut tout entière, et il ne te laissera pas une ombre de pouvoir. Cette fois, ce n'est pas à Athènes, chez les tiens, qu'il veut t'exiler, mais beaucoup plus loin... Tellement loin que tu ne risques pas d'en revenir.

– Staurachos, cette entrevue ne doit même pas avoir lieu. Débrouille-toi. Il ne faut pas qu'il atteigne le Palais.

– On fera ce qu'il faut, Très Pure.

*

La petite troupe avance sans bruit dans les rues de Byzance. Il fait tout à fait nuit, et c'est une nuit sans lune. Ils ont débarqué au port de Théodose et, évitant la Voie Triomphale et les forums de Théodose et de Constantin, ils se sont dispersés par les ruelles et convergent maintenant vers le Palais Sacré. Constantin VI, Basileus Autokrator, Empereur romain d'Orient et d'Occident, Égal des Apôtres, marche à pas de loup vers son Palais Sacré. Il va reconquérir son trône que lui a indûment confisqué un usurpateur sans vergogne et sans pitié : sa propre mère, Irène

Autour de lui, rien que des fidèles. Des soldats rugueux, humiliés d'obéir à une femelle, une femelle même pas foutue de faire respecter ses frontières par des barbares insolents et pouilleux. Il est vrai qu'eux-mêmes, les valeureux guerriers, n'y mettent guère du leur. Ils se laissent battre par dépit de se battre pour une femme, et puis ils lui reprochent d'avoir été battue... L'Empereur se penche vers son compagnon le plus proche.

– Asbestas, tu as bien compris? En douceur, mon ami, en douceur... Surtout ne pas donner l'éveil. Faisons-nous discrètement reconnaître de la garnison du Palais. Je peux compter sur la Garde Arménienne, sur l'Illyrienne, sur l'Isaurienne et sur la Macédonienne. Ils sont tout acquis et m'attendent. Mais il faut que j'arrive en vainqueur. Ils ne prendront pas de risque. Attention à la Garde Athénienne, ceux-là se feraient hacher sur place pour elle. Mais, bon, nous savons quelles portes et quels secteurs tiennent tel et tel détachement... Voilà, nous sommes au pied du mur du jardin de la Maison de Justinien. Il y a une poterne là, un peu plus loin... Eh bien?

Le fidèle Asbestas a posé sa main sur le bras de l'Empereur. Son autre main tient son épée nue. Une deuxième main se pose sur l'autre bras de Constantin. Ces deux mains serrent maintenant les bras, les immobilisent.

– Constantin, ici finit l'aventure, dit Asbestas.

L'Empereur d'abord n'y croit pas. Et puis il hurle son désespoir.

– Elle vous a achetés! Même vous! Même vous!

– C'était ça ou le pal, dit Asbestas.

– Il ne faut pas nous en vouloir, dit l'autre voix.

– Staurachos! C'est toi, vipère! Tout est donc pourri...

– Tu voulais entrer au Palais? Nous y allons, dit Staurachos.

*

Elle n'a jamais été aussi belle. Il la regarde s'avancer, il se dit que s'il la rencontrait il tomberait désespérément amoureux de cette femme, il ne regarderait ni à l'âge ni au rang, il tomberait à ses pieds et sangloterait son amour entre ses longues blanches jambes. Si elle n'était pas sa mère... Mais elle est sa mère... L'être qu'il hait de toute sa haine.

La haine irradiant de ces yeux l'enveloppe et la transperce. « S'il n'était pas garrotté, pense-t-elle, il m'étranglerait. » Elle s'assied sur le lit. « Pourquoi est-ce si dur? pense-t-elle encore. Il n'est pas fait pour régner. Pourquoi s'acharne-t-il? Moi, je suis faite pour Byzance comme Byzance est faite pour moi... Je suis Byzance! » Elle se force à soutenir ce regard. « Si j'avance la main pour lui caresser le front, il me crache à la figure... » Elle avance la main. Il crache. Il n'attendait que ça. A quoi bon finasser? Parler? Elle dit :

– Tu vas signer ta renonciation à l'Empire.

– C'est scier la branche où tu es assise! Ton seul titre à régner est ta régence. Moi parti, tu seras régente de qui?

– Tu vas signer aussi ma désignation comme ton

successeur, comme César Auguste et Basileus Autokrator de plein droit.

– Et le Sénat? Et les Légions?

– Je m'en charge.

– C'est idiot. Ils ne veulent pas d'une bonne femme.

– Celle-là, ils la voudront. Ils la supplieront d'accepter. Comme tu sais, je tiens l'Église. Comme tu viens de le voir, je tiens l'Armée. Le peuple... si tu n'es plus là pour lui exciter la nostalgie du sang du Copronyme, il n'y pensera plus.

– Je ne signe pas.

Elle hésite.

– Il y a d'autres moyens.

– Me tuer? Tu ne ferais pas ça!

– Non, je crois que je ne pourrais pas... Tu vois, c'est ici même, dans cette chambre, dans ce lit, que je t'ai mis au monde. Mon unique enfant. Tu étais joli comme un Jésus.

– Mais déjà la passion du pouvoir t'avait mordue! Je n'existais que pour t'apporter la régence. Et, en effet, à peine mon père mort... D'ailleurs, comment est-il mort, mon père, hein? Bien étrangement, et bien à point pour ton ambition. Et, ayant goûté au pouvoir, tu ne pouvais plus t'en passer, tu le voulais tout entier, passionnément, sauvagement, comme un ivrogne aime son vice et un avare son or. Tu t'es entourée d'eunuques pour être sûre qu'aucun ne chercherait à te renverser, c'était des intrigants, des incapables, des larves, mais c'est justement ce que tu voulais, car même un eunuque ambitieux peut être dangereux, sinon pour lui, du moins pour quelque couillu de sa famille... Ton règne a été détestable, l'Empire est à sa perte, tu cèdes tout aux Bulgares, aux Avars, aux Lombards, aux Arabes... Le moindre chef barbare qui fait les gros yeux, tu lui paies tribut! Tu n'as pour toi que tes moines crasseux et leur patriarche lèche-cul, parce que tu as eu la crapulerie de rétablir leur commerce d'icônes et de reliques... Oh, quand je régnerai, je ferai comme mon père et comme mon grand-père le Copronyme, je briserai ces statues imbéciles, je foutrai au feu ces idoles de bois et de peinture qu'on adore plus que Dieu même!

– Quand tu régneras... Mais tu ne régneras plus, mon petit.

– Ne m'appelle pas « mon petit »! En tout cas, je ne signe rien.

*

– Il ne signera pas, dit Staurachos. Il est buté.

– Il faut qu'il signe, dit la Basilissa.

– Il y a d'autres moyens qu'une signature. Des moyens sûrs et définitifs.

– Je ne veux même pas y penser.

– Dommage... Un eunuque ne peut être Empereur. Un aveugle non plus. Un sans-nez non plus.

– Mon enfant... Mon petit garçon...

– Bon, alors, qu'est-ce qu'on lui coupe? dit l'eunuque chargé de ces choses.

*

Un cri épouvantable a fait éclater la nuit. Les murs colossaux du Palais Sacré l'ont amplifié, il court par les couloirs ténébreux, se cogne aux portes de bronze qu'il secoue comme ventres de cloche et fait résonner lugubrement. Un autre cri, et puis un autre, un autre encore... Dans les corridors glissent des ombres furtives, quelque chose d'affreux se passe qu'il ne faut pas avoir remarqué. Toute la nuit, les hurlements de damné tournoieront par le Palais, crieront la détresse d'un Empereur qui n'est plus Empereur : il n'a plus d'yeux. Un aveugle ne saurait gouverner l'Empire, ni un eunuque, ni un sans-nez.

Elle a choisi le pire. Le plus horrible. L'aveuglement. Les yeux crevés. L'un après l'autre, avec un outil spécial, un outil qu'on ne trouve qu'à la cour de Byzance, un poinçon dont la pointe effilée a la longueur exacte, ni trop ni trop peu, la longueur exacte pour crever les yeux sans léser le cerveau.

Lui a-t-elle tenu les mains? A-t-elle elle-même par deux fois enfoncé l'outil si parfaitement adapté dans les yeux de son enfant? Ou bien, tandis que de plus aguerris opéraient, lui a-t-elle posé la main sur le front en murmurant : « Là... Là... Mon tout petit... Ce ne sera rien... Là... Là... Mon petit... »?

Elle l'a fait. Elle est seule, désormais, seule tout là-haut. Irène, Basileus Autokrator, César Auguste d'Orient et d'Occident, Égal des Apôtres, Suprême Pontife... Et bientôt sainte Irène[1].

*

– Qu'est-ce que tu me chantes là, Staurachos? Le pape de Rome aurait l'intention de ressusciter l'Empire romain d'Occident et de donner la couronne au gros Karl? Ce barbare, cet épais Teuton, qui ne sait même pas écrire? Empereur? Et d'abord, de quel droit le pape fait-il aujourd'hui les Empereurs? Quelles légions l'acclameront, cet Empereur? Quel sénat le confirmera? L'Empire est un, et l'Empereur, c'est moi. Depuis qu'il n'y a plus d'Empereur à Rome, le siège de l'Empire est ici, à Constantinople. Moi seule peux décider si je ferai renaître la moitié occidentale de l'Empire. Ce petit merdeux d'évêque de Rome en prend à son aise, en vérité! Ici, à Byzance, ce sont les Empe-

1. Parfaitement.

reurs qui font les patriarches. A Rome, voilà que ce seraient les patriarches, les évêques, appelle ça comme tu voudras, qui feraient les Empereurs ? Je révère Dieu et sa sainte Église, mais qu'elle reste à sa place ! Je protège les moines, mais ils ne régneront pas sur moi !

– Ce ne sont que des bruits, Très Pure.

– Hmm... Voilà longtemps que je sens mijoter quelque chose de ce genre. Ton pape aime faire des cadeaux qui ne lui coûtent rien... Staurax !

– Oui, Très Pure ?

– Comment me trouves-tu ?

– Heu...

– Je veux dire : si tu étais un homme, avec des désirs d'homme dans ta tête en poire, me trouverais-tu à ton goût ?

– Eh bien...

– Je suis bête ! Comment pourrais-tu savoir ce qui te passerait par la tête si tu étais un homme, puisque tu n'en es pas un !

L'eunuque prend un air pincé :

– Je peux très bien imaginer... Et je peux te dire, tu es très... euh...

– Très bandante, c'est ça ?

– Voilà.

– Écoute. Tu te souviens de mon idée ?

– Laquelle ?

– Il y a... Voyons... Trois ans, à peu près. Mon idée avec le gros Karl... Mais si, voyons...

Staurachos prend un air cafard.

– Ah, ton idée de mariage ?

– Hé, oui. Rappelle-toi. D'ailleurs, l'idée, c'est lui, Karl, qui l'avait eue. Il m'avait envoyé un message secret, j'avais donné mon accord de principe, mon messager a été massacré par les Bulgars, j'en ai envoyé un autre, ce chevalier Franc de belle allure, comment l'appelles-tu déjà ?... ah, oui : Renaud. Il avait l'air sûr de lui, amoureux de moi... En tout cas, subjugué. J'aurais juré que celui-là réussirait. Et puis, plus rien. Aucune nouvelle. Les Bulgars l'auront pris. Ou les Avars. Ou les Lombards... Byzance est vraiment entourée de voisins sympathiques! Bon, tout ça est resté un pied en l'air. Mais je n'ai jamais cessé d'y penser, Staurax, jamais. Écoute. Suppose que j'épouse le gros Karl. Il est mon mari, bien. Mais il n'est pas Basileus. Le Basileus, c'est moi. Tu me suis? Alors, maîtresse que je suis, même si ce n'est qu'en théorie, de l'Empire tout entier, Orient et Occident, je le fais, moi, César Auguste d'Occident, résidant à Rome, associé à moi sous mon autorité suprême. Il sera véritable légitime Empereur, en plein accord avec moi, au lieu de n'être qu'un Empereur de pacotille, un usurpateur, un rebelle, un pantin manipulé par ce misérable petit curé de Rome... Le monde est à nous! Bien sûr, il enverra promener le curé de Rome et ses prétentions à succéder à saint Pierre. Qu'avons-nous besoin d'un « pape » qui se prétend au-dessus des Empereurs? Karl comprendra vite qu'un patriarche bien docile est infiniment préférable... Et sais-tu quoi? Il me fera un fils. Un beau gros gaillard aux yeux de ciel qui apportera la vigueur du sang barbare dans notre lignée un peu exténuée, il faut bien le dire... Ah, ces brutes du Nord, Staurachos... Quels hommes! Je revois ce Renaud... Sais-tu qu'il m'a fait rêver? Quelles épaules! Quelle allure! Il était à mes pieds comme un oisillon tremblant. Je crois qu'il me confondait un peu avec la Très Sainte Panaghia[1]. Sans vouloir t'offenser, les étreintes de cette belle brute doivent avoir une autre saveur que vos attouchements d'eunuques.

– Et être autrement dangereuses pour une Basilissa sans Basileus!

1. La Panaghia : la Vierge.

– On peut rêver... Staurachos, mon petit Staurax, j'ai quarante-six ans. Je ne les fais pas, je sais, mais, bon, ils sont là. Il me faut un fils. Seul moyen d'asseoir ma position. J'ai l'Armée à ma botte, mais pour combien de temps? Les cinq fils du Copronyme et les Iconoclastes n'arrêtent pas de conspirer. Ils ont la partie belle, personne à Byzance ne supporte, au fond, d'être mené par une femme. Sauf les prêtres, pour qui j'ai tant fait. Encore y aurait-il beaucoup à dire... Un fils mineur rendrait le trône solide sous mes fesses. Qui peut me faire un fils, à part le gros père Karl?

– Très Sainte, quand tu seras en puissance de mari, tu ne craindras plus le mal d'enfant...

– Je le rechercherai, tu veux dire!

– Tu ne seras donc plus tenue de te contenter des caresses du pauvre Staurachos. Il te faudra des réalités plus... tangibles... Et moi, je serai jaloux, Très Sainte, ajoute piteusement l'eunuque.

– Staurax, mon petit Staurax, tu sais bien que tu m'apportes ce qu'aucun homme entier ne m'apportera jamais. Ni aucune femme. On t'a fait eunuque juste assez pour que tu n'aies point de semence, et pas assez pour que tu n'aies pas de désirs ni la possibilité de rendre une femme heureuse... Relativement heureuse... Et puis, il y a entre nous autre chose que de la sensualité

– Oh, oui! Tout autre chose! Moi, je t'aime, Très Pure, de tout mon cœur, de toute mon âme. Je ne suis pas homme d'épée, mais je voudrais me battre pour toi, mourir pour toi!

Staurachos s'est abattu tout de son long sur le dallage de mosaïque. Il baise les pieds de la Basilissa. Il dit à voix passionnée :

– Pour toi, j'ai tout fait, et je suis prêt à faire bien davantage. J'ai tué, j'ai fait tuer, j'ai trahi, j'ai livré les armées de Byzance à l'ennemi, j'ai manœuvré ton fils, l'Empereur, et l'ai remis entre tes mains, je lui ai crevé les yeux... Je veille sur toi, je déjoue tes ennemis, j'organise de faux complots pour prévenir les vrais... Je serai toujours là, Très Pure, prêt à mourir pour que tu vives, pour que tu règnes.

*

– Très pure, dit le Grand Logothète[1] Niképhore, il faut aviser. L'expédition contre les Arabes a été désastreuse.

Ici, le Grand Logothète marque un temps pour se donner le loisir d'écraser d'un regard accusateur l'impassible Staurachos. Il reprend :

– Désastreuse militairement, et bien plus encore financièrement. Déjà, les guerres bulgares nous avaient coûté cher, mais cette dernière aventure met le Trésor à sec. Sans compter le tribut aux Arabes, que tu n'as pas payé depuis douze ans, et dont Haroun al Rachid, tu peux y compter, va exiger le paiement illico avec toutes les annuités de retard, et sans doute une augmentation du tarif pour les années à venir. C'est la loi du vainqueur. Quand on attaque, il faut gagner.

– Je te dispense de tes conseils militaires, dit la Basilissa-Basileus. A chacun son troupeau. Toi, c'est les finances. Nous manquons d'argent. Trouves-en. C'est ton travail. Prends-le où il est. De l'or, il y en a, à Byzance. Il ruisselle dans les rues, sur le port, dans les ateliers, dans les domaines agricoles. Jamais le négoce ne fut plus actif, ici. Les affaires galopent. As-tu vu le grand bazar? Le marché aux esclaves? As-tu vu l'or, les perles, les pierres précieuses sur la peau des patriciens et des marchands? As-tu vu la soie et l'hermine sur le cul de leurs femmes et de leurs concubines? As-tu vu

1. Grand Logothète : trésorier de l'Empire.

l'arrogance des putains et leurs tarifs? Allons, Niképhore, de toute cette richesse qui court les rues tu arriveras bien à attraper une petite part pour les caisses de l'Empire... Et pour les tiennes, car je sais que tu ne t'oublies pas. Quelque bonne petite taxe, quelque impôt un peu nouveau, et ils cracheront! Après tout, c'est bien grâce à moi que les affaires marchent. C'est moi qui ai mis fin à la pagaille des temps iconoclastes. La tranquillité, la prospérité, ça se paie. Et ça ira de mieux en mieux. Les partisans de Constantin VI ont perdu leur raison d'être. Les cinq affreux[1] sont enfermés sous bonne garde dans un monastère à Athènes. Plus de complots, plus d'opposition! De ce jour, je règne vraiment, tu n'as aucune raison de t'inquiéter, vas-y carrément, prend le fric où il se trouve.

*

Pendant des jours et des jours hurlera au fond du Palais Sacré l'Empereur dépossédé. Puis l'abominable douleur peu à peu s'apaisera, la résignation viendra, les hurlements se feront gémissements, enfin l'impavide silence retombera sur les corridors où glisse le pas mou des eunuques.

1. Voir *Les Fosses Carolines.*

DOUZIÈME CHAPITRE

– Aller à pied est peut-être moins ignoble que rouler charrette, mais c'est plus fatigant, constate Raymond.

– Il faut toujours que tu te plaignes, dit Renaud.

– C'est pas tellement pour me plaindre, c'est plutôt histoire de parler de quelque chose. Moi, il faut que je parle, sans quoi la langue me démange. Comme c'est la première fois que je voyage à pied, je trouve dans la nouveauté de la chose un sujet de conversation tout fait. Oh, tu as l'air bien songeur, mon père!

– C'est que, dit frère Patrick, je voudrais bien comprendre pourquoi ces braves sauvages, quand je leur ai parlé de baptême, se sont jetés sur la nef et ont mis le feu partout.

– Une erreur de traduction, peut-être? La langue slavonne me semble fort subtile. Un accent tonique mal placé, au lieu d'« eau » tu comprends « feu », au lieu de « sel » tu comprends « Tue! »...

– Ce grand garçon, là, avait l'air bien véhément. Peut-être aura-t-il mis trop de chaleur à exposer le supplice du Seigneur Christ, et alors ces âmes simples mais généreuses auront voulu venger sur des païens le tort que des païens ont fait au fils de Dieu. Ce zèle, bien qu'un peu brouillon, me fait bien augurer des dispositions de ce peuple à recevoir la bonne parole.

– Dans « bonne parole », il y a « parole ». Or, tu ne parles pas leur langue, donc, pour eux, tu ne parles pas, tu es muet, tu fais des bruits avec ta bouche, mais des bruits qui ne veulent rien dire, comme ceux que font les cochons en fouillant la terre ou les ânes en se roulant dans l'herbe.

– Oh, j'apprendrais vite.

– Mais, en attendant il te faudrait un interprète, et comme interprète je ne vois guère que ce jeune gars, Tamar, ici présent, mais voilà : il n'est pas disponible. Il a fait vœu, comme nous-mêmes, d'aller en Terre Sainte, et tu sais bien que seul un évêque peut relever du vœu de pèlerinage.

Aux mots de « jeune gars », le moinillon Luc a eu un très furtif et très impertinent sourire.

– Il faut pourtant que j'évangélise, couilles du pape ! Ceux-là ou d'autres, peu importe, je ne suis pas regardant... Quoique ceux-là me plaisaient bien, je dois dire.

– D'affreux gourmands qui mangent les missionnaires et les font cuire dans du lait tourné qu'ils appellent « yoghourt » ou quelque chose comme ça.

– Tu crois ? Évidemment, ça donne à réfléchir. Dans du lait aigre, tu dis ?

– Avec beaucoup d'ail.

– C'est payer bien cher un petit malentendu linguistique.

Ainsi devisant, ils cheminent par la forêt profonde, remontant le fleuve autant que faire se peut, car là d'où vient le fleuve, là ils vont. Ils suivent le sentier de halage, se jettent dans les fourrés lorsqu'apparaît au loin une nef varègue que précède le chant des haleurs, font de grands détours pour éviter les comptoirs varègues, leurs estacades, leur hangars et leurs garnisons. Ainsi sont-ils passés au large de Daugmaleborg, de Trubina, de Gherzdovo, ainsi ont-ils quitté le fleuve Dvina et, marchant droit vers le soleil, ont-ils franchi plusieurs croupes de collines pour redescendre dans la vallée d'un autre grand fleuve qui s'appelle le Dniepr, mais cela ils ne le savent pas. Ce fleuve-là coule droit au sud, et justement Byzance se trouve par là, quelque part au sud, c'est tout ce qui importe.

Raymond s'est taillé un arc dans une branche de châtaignier, la corde est un fil de chanvre, il a toujours tout ce qu'il faut sur lui, Raymond. Et, une fois de plus, c'est Raymond qui nourrit tout le monde. Lapins, canards et faisans abondent par ici, il n'y a personne pour les chasser. Tamara cueille des herbes et des racines, elle a emporté un chaudron de cuivre sauvé de l'incendie, elle fait bouillir la soupe, le soir à l'étape, tandis que le moine récite son chapelet et que le moinillon, dans son dos, fait des grimaces. Avant qu'ils ne se mettent à manger, le moine bénit le repas et dit une prière que tous sont censés dire avec lui. Tamara joint les mains et marmonne on ne sait quoi, peut-être une invocation aux Puissances de son enfance. Pas contrariante, Tamara.

Les deux nains trottent sur leurs petites pattes trapues, plus vite que tout le monde, Là où les autres font une lieue de chemin, ces créatures bondissantes en parcourent bien quatre. Ils courent loin en avant, reviennent, se faufilent sous les buissons, grimpent aux arbres, ramassent châtaignes et glands doux, s'interpellent, se font des farces, se laissent dépasser et puis rattrapent le gros de la bande en faisant des sauts périlleux ou en marchant sur les mains. Ils provoquent le moinillon Luc qui, n'y pouvant tenir, trousse sa robe et roule avec eux dans l'herbe ou dans la boue, heureux âge! L'un des nains a pour nom Rik, l'autre Rok. Facile à se rappeler, facile à prononcer. Il ne faut pas fatiguer la tête des personnes haut placées qui achètent des nains. Ils n'ont aucune répugnance à être esclaves et pitres, c'est pour eux la seule façon de survivre dans ce monde sans pitié. Ils n'ont qu'une crainte au monde : qu'on les sépare.

Les Slavons, on ne les voit pas beaucoup. Parfois une ombre preste qui file sous le couvert... Ils fuient les abords des routes d'eau varègues, ils ne veulent pas être coursés comme bétail, parqués à fond de cale et, s'ils survivent, vendus sur les marchés d'esclaves de Novgorod, de Kiev, de Tmutorokan, de Crimée, de Byzance ou de Bagdad.

*

Ainsi parle le moine :

– Le Seigneur Dieu m'a créé et mis au monde pour amener à lui les sauvages de ce pays-ci, je le sens, quelque chose en moi me dit : « C'est ici, frère Patrick! Arrête-toi et annonce ma visite à ces païens-là et, s'il le faut, subis le martyre pour l'amour de moi. » Et ce quelque chose est peut-être bien la voix du Seigneur Dieu lui-même, qui sait?

– Et toi, moinillon, demande Raymond, qui se débrouille en celtique comme en quelques autres langues, as-tu entendu la voix?

Le moinillon frère Luc rougit, et c'est une rougeur charmante, en vérité. Il dit, de la voix que doivent avoir les anges :

– Je ne suis que novice. Les voix ne parlent qu'aux frères qui ont prononcé leurs vœux.

– Eh bien, dit le chevalier, puisque ce bon père veut prêcher, qu'il prêche donc!

– A qui veux-tu que je prêche, ici? Nous sommes tous chrétiens baptisés, du moins je l'espère. A moins que je ne prêche aux lapins, aux ours, aux loups et aux arbres...

– Il nous faut donc te trouver des païens à convertir, dit Raymond, sans quoi ton trop-plein d'ardeur prêcheuse va te serrer à la gorge et t'étouffer. Il doit bien y avoir des villages quelque part, avec dedans de ces pauvres vermines de païens qui vont le cul nu et la face barbouillée. Seulement, pour les trouver, il faut quitter la vallée du fleuve aux Varègues et s'enfoncer dans les bois. C'est un détour... Ferions-nous ça pour ce gros père, chevalier ?

– Très volontiers. Nous n'en sommes pas à deux jours près. Et j'avoue que j'en ai un peu assez de l'entendre raconter la passion de Notre Seigneur Jésus-Christ à la lune, chaque nuit, quand vous autres, pourceaux, dormez. Tu ne connais donc pas d'autre sermon ?

– C'est celui que je réussis le mieux. Au réfectoire du couvent, quand c'était mon tour de lire les Saintes Écritures pendant le repas des frères, je choisissais toujours ce passage-là. Je dois convenir en toute modestie que j'y étais tellement convaincant que mes frères moines sanglotaient dans leurs écuelles et, pleins de contrition, refusaient de manger leur dessert et le remplaçaient par de grandes volées de discipline[1] qu'ils s'administraient sur le dos, mutuellement et très obligeamment, afin d'expier le très grand crime commis autrefois par ces païens juifs.

*

Ils s'enfoncent maintenant dans la noire forêt afin de procurer au bon moine des païens à conver-

1. Discipline : fouet réservé à ces mortifications intimes, parfois cruellement muni de crochets de fer.

tir, et aussi, il faut bien le dire, afin de tâcher de trouver quelques menus objets dont le manque commence à se faire sentir, comme, par exemple, du cuir pour ressemeler leurs chaussures, du sel pour donner du goût à la soupe...

Soudain, les nains, qui gambadent en avant, s'immobilisent et, un doigt sur les lèvres, montrent aux autres quelque chose, loin devant. Tous s'arrêtent et scrutent la pénombre verte que percent, obliques, les jaunes rayons du soleil.

– C'était un cavalier, non? dit Raymond.

– Un cavalier, c'est bien ce qu'il m'a semblé, dit le moine. A mon avis, il avait l'air de chercher quelque chose.

– C'était sir Lancelot, dit Renaud. Sir Lancelot du Lac, le chevalier d'Angleterre. Il cherche toujours quelque chose.

– Quelque chose, quelque chose... Quoi au juste?

– Oh... Une chose qu'il appelle le Graal, je crois.

– Et c'est quoi, le Graal?

– On ne sait pas. Je ne pense pas que sir Lancelot le sache lui-même. A l'instant où il l'aura trouvé, il saura que c'est ce qu'il cherche.

– C'est quoi, cette irisation qui tremble dans l'air derrière lui? demande frère Luc.

– Ah, il y avait cela? Oh, ce doit être la fée Viviane, elle ne le quitte jamais.

– Les fées sont diables cornus, dit frère Patrick.

– Oh, il y en a de bonnes, dit Renaud.

– Une fée? Où ça? Où ça? disent les nains.

– Chut! dit Raymond. Je crois qu'il y a du nouveau.

En effet, Tamara s'est arrêtée, une patte en l'air, en bon chien de chasse. Elle leur fait signe de venir voir quelque chose. Tous se penchent vers le sol.

– Sentier, dit Tamara. Marcher. Village.

– C'est ma foi vrai, dit Raymond. Eh bien, voilà, on va trouver un village.

– Je vais prêcher ! exulte le moine.

Mais Tamara a de nouveau son air chien d'arrêt. Le doigt en l'air, elle écoute. Elle leur fait signe « A plat ventre ! » tandis qu'elle-même s'écrase au sol.

Enfin, ils voient. C'est une troupe d'hommes aux cheveux sans couleur à la peau de brique rouge, armés en guerre, l'arc à l'épaule, l'épée au poing. Certains, sur le dos, portent des filets, d'autres des paquets de cordages. Ils marchent courbés, en grand souci de n'être pas entendus.

– Varègues ! dit Tamara.

– Des Varègues ? Si loin du fleuve ?

– Prendre esclaves.

– Ah voilà... Ce sont des chasseurs d'esclaves ! Ils vont sans doute surprendre les gens du village, rafler toute la viande humaine vendable et massacrer le reste.

– Pauvres gens, dit Renaud.

Le moine sursaute.

– Me massacrer mes païens ? Ah, mais non ! Ah, mais non ! Il faut que je prêche, moi !

– Si seulement j'avais un bon cheval, une lance et un écu, je leur ferais voir, dit Renaud...

– Seulement tu es à pied et tu n'as qu'un gourdin, dit Raymond. Moi, au moins, j'ai mon arc. Si tu avais appris à tirer de l'arc...

– L'arc est arme de vilain.

– Les Varègues et leurs cousins Vikings n'y regardent pas de si près. Pour eux, toute arme est bonne... Bon, laisserons-nous ces gougnafiers supprimer les ouailles futures du frère Patrick ?

– Mes brebis ! Mon doux troupeau ! gémit frère Patrick.

– Où est passée Tamar ? s'inquiète Raymond.

– Par là, dit le moinillon Luc.

– Elle sera allée pisser, dit Renaud. La pudeur lui est venue, elle se cache pour ces choses, c'est une vraie demoiselle. Elle nous rejoindra, il n'y a qu'à suivre le sentier… Nous allons marcher derrière ces voleurs de petits enfants en nous tenant bien cachés, et nous verrons ce que nous pourrons faire. Les nains, filez devant, sous les buissons, et revenez nous tenir au courant. Allons!

*

Oleg Jambe de Renne sait où il va. Un éclaireur lui a signalé ce village slavon plein de bonne viande sur pied. De bonne viande à deux pieds. Au moins une quarantaine de sujets jeunes, filles et mâles. Il y aura du déchet, mais il en arrivera bien une dizaine à peu près en vie à la mer. Dix esclaves blonds, ça vaut la peine, sur les marchés arabes. Sans compter les petits garçons : les Grecs de Byzance consomment une terrible quantité d'eunuques, mais il faut les châtrer très tôt. Si les Grecs n'en veulent pas, les Arabes seront là encore un coup. Ils achètent n'importe quoi, ceux-là, depuis qu'ils ont mis la main sur à peu près toutes les mines d'or d'Afrique et du Caucase… Oleg Jambe-de-Renne fait le trafic des marchandises sur le fleuve Dniepr. Il arrondit ses revenus en allant à la razzia dans le pays slave, quand l'occasion se présente. Ces Slaves, ça surgit de partout comme mauvaise herbe, plus on prend plus il en pousse, quand y en a plus y en a encore, un vrai bonheur. Oleg et ses compagnons ont la technique. On s'amène à pas de loup, on encercle gentiment le village, on surgit soudain, bien tous ensemble, en gueulant le grand cri de guerre, rien qu'avec ça ils sont figés sur place, on fonce dans le tas, tout ce qui n'est pas vendable ou serait source d'emmerdements on le fend en deux, même pas laisser le temps de lever la main, tout le bon on le rassemble en tas au milieu, à coups de pied dans le cul, ne pas prendre les mômes trop petits, faut que ça tète, les mères personne n'en veut, faut du tout neuf, alors fendre en deux le gosse et la mère, si possible d'un seul coup les deux, les copains apprécient le tour de main, et bon, ramener tout ça jusqu'à la nef, et vogue la galère!

Oleg est sûr de son coup, le village n'est plus loin, à présent, surtout ne pas se faire repérer... Oleg le Varègue lève le bras pour commander la halte afin de procéder à l'investissement du village, manœuvre bien en main. Et voilà que son bras ne redescend plus, voilà que le bras d'Oleg est cloué au cou d'Oleg et ne peut plus bouger de là. Une flèche est venue, va savoir d'où, elle a traversé le bras d'Oleg et le cou d'Oleg, et maintenant Oleg saigne comme un goret, ça gicle haut en l'air et retombe en pluie de printemps, Oleg va mourir, le gros vaisseau que les savants nomment *arteria carotida* est déchiqueté et bée à tous les vents, crachant à longs jets rythmés le sang et la vie d'Oleg. Oleg arrache la flèche et la jette à terre, arrachant avec elle un gros morceau de chair, ce sont des flèches comme ça, si tu veux les ôter la viande vient avec, voilà ce que bricolent ces sauvages avec les ferrailles que nous leur troquons contre leurs zibelines et leurs vermines, Oleg se dit tout ça à toute vitesse, et maintenant Oleg se tord par terre, le sang l'étouffe, il en jaillit autant en dedans d'Oleg qu'au-dehors, Oleg veut crier mais il ne peut pas, et voilà, Oleg meurt, c'est fini pour lui.

C'est fini pour d'autres aussi. Cinq vaillants se tordent sur le sol, hérissés de flèches arrivées de partout en sifflant leur aigre chanson. Les autres se regroupent dos à dos selon la figure militaire appelée « hérisson », mais le sentier est étroit et le taillis épais, ils ne parviennent à former qu'une ligne étirée offerte bien commodément aux flèches des archers invisibles. Les Varègues bandent à leur tout leurs arcs et envoient des volées de flèches dans la verdure, mais aucun cri de douleur ne vient leur dire qu'ils ont fait mouche. Les Varègues tombent, l'un après l'autre, et ils n'aiment pas ça. Ils se sont embarqués pour tuer, pas pour être tués. Ils aiment puissamment l'odeur de l'abattoir, à condition d'être les bouchers, pas le bétail. La rage les prend au ventre, ils foncent l'épée haute dans les frondaisons impassibles. Ils ne vont pas loin. De longs épieus les cueillent en pleine tripaille, des mains les saisissent aux chevilles et les font tomber en avant, à bonne portée des haches fendeuses de tête. Bientôt il ne reste plus du détachement pillard que trois ou quatre gaillards hérissés de dards empennés qui décident de tourner casaque et reprennent en courant le chemin du retour à la nef qui les amena, s'ils la retrouvent.

Au bruit et aux cris, Renaud, Raymond et le moine sont accourus. Ils arrivent quand tout est fini, voient leur passer devant le nez les rescapés clopin-clopant, ne croient pas utile de donner le coup de grâce à ces fripouilles déjà bien punies, et contemplent Tamara venant à eux à la tête d'un ramassis de Slavons loqueteux et triomphants.

Tout d'abord les Slavons croient à un reste de Varègues, ils leur courent sus, haches et massues hautes. Mais Tamara crie quelque chose qui, en slavon, doit vouloir dire « amis ! », et bon, on se calme. Tandis que les Slavons se jettent sur les cadavres et prennent tout ce qui vaut la peine d'être pris, c'est-à-dire tout, Tamara s'explique.

– Moi pars doucement doucement dans forêt, Varègues voient pas moi, passe loin à côté, arrive village, dis à chef village Varègues arrivent, tout prendre, tout tuer, lui peur, veut courir loin, moi dis non, moi dis comment tuer Varègues quand Varègues sait pas, Slavons arrivent beaucoup dans village, nous cache bien bien, quand Varègues arrivent nous tue avec flèches, avec hache, avec tout... Slavons pas morts, pas esclaves, Slavons contents.

– Mes brebis sont sauves! s'écrie le moine. Le doigt de dieu est là, je le vois bien clairement! Je ne puis plus douter. C'est ici même que je dois faire entendre la Parole et amener au Seigneur Christ Jésus ces âmes perdues.

*

– Où sont donc passés les deux nabots? s'inquiète Renaud.

– Ma foi, je pense que, chétifs comme ils sont, ils craignent les coups et se seront enfuis loin de tout ce chambard. Ils vont nous revenir avec un gros paquet de châtaignes ou de champignons.

Quelques huttes de terre couvertes en chaume, des chiens, des cochons et des gosses tout nus courant partout, se roulant dans la boue, se disputant trognons de choux et lambeaux de couenne, voilà le village. Des femmes, les mamelles à l'air, un bébé pendu après, trois ou quatre autres accrochés aux peaux dont elles s'entortillent, les Slavons sont prolifiques. Les hommes portent de meilleures peaux, avec encore du poil dessus, mais non tannées, brutes d'écorchage, d'autres enveloppant les jambes, serrées par des cordelettes de lianes entrecroisées, les pieds nus ou bien passés dans des sandales d'écorce de bouleau. Ils ont sur le visage l'arrogance de leur victoire.

Le chef – on dit « stariets », précise Tamara – est vieux, certainement le plus vieux du village, c'est-à-dire qu'il a bien quarante ans. Il porte toute sa barbe et tous ses cheveux, comme chacun ici. Il plonge souvent la main dans les profondeurs de sa tignasse et se gratte avec fureur, ça n'a pas l'air de le gêner, il semble même y prendre grand plaisir.

– Les poux, c'est comme tout, dit Raymond, quand tu as décidé de vivre avec, tu prends le bon, tu laisses le reste.

– Ils sont bien sales, dit Renaud.

– Mon peuple, dit Tamara.

– Mais tu es née au bord du Danube, bien loin d'ici, chez les Bulgars, dit Raymond.

– Slavons partout Slavons, dit Tamara.

Les Slavons étalent aux pieds du chef le butin pris sur les Varègues. Les énormes épées aux lames épaisses, aux fourreaux ornés d'ornements barbares, aux poignées serties de pierres de couleur qui sont peut-être bien précieuses, les casques de bon acier riveté, les haches, et même une broigne à petites plaques de fer se recouvrant comme des tuiles excitent les convoitises et exaltent la fierté. Pour la première fois, le gibier s'est fait chasseur, les pillés sont devenus pillards.

– Le chef va tout prendre pour lui, dit Renaud.

– Non, dit Tamara. Village : « mir ». Chose à toi, chose à moi, pareil.

– Ah, ils mettent tout en commun, dit Raymond. Et les femmes ?

– Femmes, pas choses. Aller ensemble avec hommes quand envie. Quitter quand plus envie. Mir élève enfants. Tous pareils.

– Je vais mettre bon ordre à cela, dit le moine. Ces gens vivent comme leurs pourceaux. Il était grand temps que j'arrive !

– Ces rapports réglés par les va-et-vient de l'amour ne me semblent pas tellement détestables, dit Raymond.

– Arrière, Satan ! L'homme ne connaîtra la

femme que dans les liens du saint sacrement de mariage... Pour le meilleur et pour le pire... La main dans la main sur le dur chemin qui mène au salut... Cette sorte de chose, quoi, merde.

– Au bout de la contrainte, il y a l'adultère.

– L'adultère est péché. Qui pèche et se repent sera sauvé. Le mariage est donc bien le chemin du salut. Et qu'est-ce que tu dis de ça?

– J'en dis que le chemin du salut me semble un peu tortillant, mon père.

*

Après le partage, il y a le festin. Tamara – c'est-à-dire Tamar, le jeune beau gars – est fêtée : elle a sauvé le village. On dévore des cochons de lait, on boit du kvass, et quand on a bien bu, on chante et on danse. Ces Slavons-là chantent comme tous les Slavons : à se faire éclater l'âme. Raymond se croit revenu bien des mois en arrière, là-bas chez les Bulgars, quand, dans la nuit danubienne, montait le chant formidable de ces autres Slavons[1]...

– Les beaux cantiques qu'il me chanteront! dit frère Patrick. Mais il faut qu'ils apprennent le latin. On ne chante bien Dieu qu'en latin. Apprendront-ils plus vite le latin que je n'apprendrai leur foutue nom de Dieu de langue de sauvages?... Oh, ça me démange de prêcher! Je sens le souffle en moi, je le sens...

Et puis chacun se couche et s'endort, bien fatigué.

1. Voir *Les Fosses Carolines.*

*

Raymond ne dort pas. Sa Tamara est là, si proche, il allonge la main, il la touche et, pourtant, c'est comme si elle n'était pas là. Tout à l'heure, les filles slavonnes chantaient, pleines de kvass, ici les femmes boivent comme les hommes, leurs yeux lui disaient qu'elles chantaient pour lui, il n'avait qu'à se laisser faire, mais voilà, désormais il n'y a plus au monde que Tamara, Tamara qui n'exige rien, Tamara son esclave, sa chose, Tamara à qui il n'a certes pas de comptes à rendre, oui mais, depuis qu'il y a Tamara, les autres femmes, pour Raymond, ne sont plus des femmes. Il constate cela en grande stupeur, Raymond; et même non sans un peu d'effroi, la pensée du sort jeté lui vient parfois... Enfin, bon, il a délaissé les belles Slavonnes aux cuisses de cavales, à la peau si blanche sous la crasse, et il est là qui se ronge parce qu'il est dévoré de désir et qu'il doit le ravaler.

Raymond se lève, doucement pour ne pas réveiller les autres. Peut-être, après tout, ira-t-il se glisser auprès d'une Slavonne, histoire d'étrangler la bête qui lui mange le ventre... C'est alors que Raymond aperçoit quelque chose. La nuit a bougé. C'est ça, la nuit a bougé, dans ce coin, là, à gauche. Un morceau de nuit plus noir que la nuit a bougé. Du tas de nuit qui doit être l'amas de peaux de bêtes sous lequel dort le chevalier, un morceau de nuit est sorti, doucement, lentement, et maintenant s'éloigne. Raymond bondit, empoigne la chose. La chose pousse un cri, aussitôt contenu. Raymond manque en pousser un autre. Car ce qu'il tient à pleines poignes, c'est une paire de tétons, petits à la vérité, mais fermes et frémissants. Ça gigote et veut s'échapper, mais Raymond tient bon, il veut savoir, il pense d'abord à quelque Slavonne, et puis ses mains reconnaissent les vêtements. Il est plutôt surpris, Raymond. Il dit, et sa voix est un cri étranglé dans l'œuf :

– Moinillon ! Frère Luc ! Mais...

Il se rappelle alors que le moinillon ne comprend que le parler gaélique, et c'est en pure langue des antiques Gaules, quoique un peu hésitante, qu'il demande :

– Tu es frère Luc ? Ou sœur Luce ?

L'ombre cesse de se débattre. Mais reste muette. Raymond n'a pas lâché prise.

– Tu me fais mal, gémit une toute petite voix.

– J'ai attrapé le succube !

Il est content d'avoir compris, Raymond !

– Lâche-moi, je ne me sauverai pas, dit frère Luc.

Faut-il encore l'appeler « frère Luc » ?

– Ainsi, tu es fille !... Mais alors... Hou là là... Sacré frère Patrick ! Tu es sa greluche, donc !

Pas de réponse.

– Oh, le beau gros père ! Oh, comme il cache bien son jeu, l'apôtre !

– Il ne cache pas son jeu ! Il prêche que le péché est le vrai chemin du salut. Alors il m'a emmenée pour avoir toujours de quoi pécher à portée de la main.

– Et pourquoi se cache-t-il, alors ?

– Parce qu'il a fait vœu de chasteté, et justement il y a pour lui deuxième péché à rompre son vœu et, dissimulant la chose, il y a encore, en plus de tout ça, péché d'hypocrisie, ce qui fait trois. Trois péchés en un, c'est tout bénéfique.

– Mais, si j'ai bien compris son prêche, le péché n'est bénéfique que s'il y a contrition. Or, il persiste.

– Il est bien sincèrement contrit, je te l'assure, il pleure et bat sa coulpe. A chaque fois.

– Voilà un chemin vers le Paradis qui me conviendrait assez... Mais, et le chevalier?

– Oh, lui, je l'aime de tout mon cœur! Depuis le premier instant.

– Et chaque nuit...

– Chaque nuit, je me glisse près de lui, le long de lui, je pense très très fort que c'est lui qui est là contre moi, je respire son haleine, je m'emplis de sa chaleur, je l'écoute rêver.

– Hm... C'est tout?

– Je me caresse à lui, je le caresse à moi. Je prends bien garde de ne pas le réveiller. Il croit que je suis un rêve qu'il fait.

– Tu l'aimes donc bien fort?

– Je voudrais mourir pour lui.

– Mais qu'a-t-il donc, ce sacré bonhomme? Elles y passent toutes, toutes! Et il ne fait rien pour ça! Il ne voit rien. Il plane, tout là-haut... Mourir pour lui... je vous demande un peu... Hé, Raymond, Raymond, n'es-tu pas toi aussi prêt à mourir pour lui? Bon, tout ça restera entre nous.

– Oh, maintenant, tu peux bien tout dire, ça m'est égal.

– Ah oui? Maintenant? Pourquoi maintenant?

– Parce que frère Patrick est bien décidé à rester ici chez ces sauvages, et que nous allons nous quitter.

– Pauvre petite... Mais, dis-moi, comment se fait-il que Tamar ne se soit aperçu de rien? Il a l'œil, Tamar.

– Tamar a tout compris... Et moi aussi, j'ai tout compris.

– Tu as compris quoi?

– Que ce Tamar est une Tamara, pardi!

– Tiens donc!... Bon, admettons. Qu'est-ce que ça change?

– Oh, moi, ça me gêne pas. C'est juste pour dire que chacun a ses petits secrets.

– Oui, mais celui-là, c'est pour le bon motif.
– Ah? Parce qu'il y a de bons motifs?
Raymond cherche une réponse. Il ne trouve pas.

*

– J'ai déjà appris plein de mots! exulte frère Patrick.
Il brandit une poignée de minces feuillets qu'on dirait en parchemin, mais ce n'est pas du parchemin.
– C'est de l'écorce de bouleau. Ces gens-là fabriquent des tas de choses avec ça, ils la travaillent à leur façon, je ne sais pas comment ils s'y prennent, on dirait de la peau très fine et bien lisse. Je me suis bricolé de l'encre avec du noir de fumée, du miel et de l'eau, un calame que j'ai taillé dans un roseau. Je leur demande comment on dit ceci ou cela, je leur montre les objets, et voilà, ça me fait petit à petit un gentil dictionnaire. Pourvu qu'il ne pleuve pas dessus... Je sais comment on dit « dieu », « croix », « eau », « sel », « chair », « sang »... Mais je ne sais pas comment dire « pain » et « vin », il n'y a pas de mots pour cela dans leur langue, et c'est normal puisqu'il ne connaissent pas ces choses-là.
– Tu n'as qu'à faire avec du yoghourt et du kvasse, suggère Raymond. Si le Seigneur Christ avait présidé la Cène dans ce pays-ci, il aurait dit « Mangez, ceci est ma chair » en donnant à chacun une cuillerée de yoghourt, et « Buvez, ceci est mon sang » en leur faisant boire du kvass, tu peux en être sûr.
– Tu crois? Je vais y réfléchir.
Le moment des adieux est arrivé.
– Je me demande bien où sont passés les nains, dit Renaud.

– J'en ai comme une idée, depuis tout à l'heure, dit Raymond.

– Dis.

– Je passais près des cochons du village. Ils se disputaient quelque chose. J'ai regardé. C'était une main. Une petite main.

– Hé! tu veux dire...

– Je veux dire que les cochons de lait que nous avons dévorés pendant le festin étaient Rik et Rok.

– Nom de Dieu!

– Tu jures, chevalier.

– C'est... C'est...

– Abominable, oui. Mais c'est fait. Tu n'y es pour rien, et moi non plus.

– Manger chair d'homme, même par tromperie, est péché épouvantable!

– Bon, tu n'en es plus à un péché près, puisque tu as commis le plus grave à tes yeux, qui est de décevoir ta Dame... Moi, j'ai grand chagrin. Je les aimais bien, ces deux petits fripons. On s'attache, quoi ...

– Moi aussi, je les aimais. J'ai le cœur bien gros. Saleté de Slavons!

– Slavons pas savoir quoi bien, quoi mal, dit Tamara. Eux comme petits enfants, pareil. Eux croient que petits hommes envoyés par Puissances pour faire du mal. Croient que manger petits hommes donner force des Puissances et faire que jamais mourir. Slavons ont fait à nous beau cadeau. Si nous pas contents, Slavons tuent nous.

– Et nous allons laisser le père Patrick et le petit frère entre les pattes de ces mangeurs d'hommes? dit Renaud.

– Oh, dit le moine, personne n'est parfait. S'ils n'étaient en état de sauvagerie et d'ignorance, auraient-ils besoin de moi? Plus ils sont profondément enfoncés dans le péché, plus exaltante sera ma tâche. Quel mérite y aurait-il à amener au Seigneur Christ des brebis déjà toutes prêtes? Oh, je les aime déjà, mes ouailles! Elles sont sales, elles sont brutales, elles sont cruelles, elles sont sournoises, elles sont noires de péchés et innocentes comme des petits chats... Oh, le beau travail que je vais accomplir ici!

– Tu restes donc, moine?

– Je reste. Et si le martyre est au bout, bordel de Dieu, je l'accepte, pour l'amour de Dieu.

On s'embrasse. C'est à ce moment que le moinillon Luc tombe à genoux aux pieds de Renaud et, des deux mains, arrache la peau de mouton qui lui couvre le haut du corps. Deux jolis tétons roses aux pointes mauves bondissent au grand jour.

– Beau seigneur, dit le moinillon, je suis fille et je t'aime. Prends-moi avec toi.

Bien sûr, elle a dit ça en son gaélique d'Irlande, dialecte inconnu de Renaud, qui s'étonne :

– Que se passe-t-il?

C'est Raymond qui répond, en se grattant la tête :

– Il se passe que ce moinillon est une moinilonne, comme chacun peut voir, et qu'elle vient de dire : « Beau seigneur, je suis fille et je t'aime. Prends-moi avec toi. » Voilà tout.

– Holà! s'écrie le chevalier, que de merveilles en un seul jour! Les cochons de lait se changent en nains, les moines en filles! Et toi, mon gros père, tu ne serais pas une matrone à fausse barbe, par hasard? Je suis prêt à tout croire, nous sommes au pays des enchantements et sortilèges.

– Beau seigneur, il n'y a ici nul enchantement ni sortilège. Je suis fille et l'ai toujours été, mon nom est Luce et non Luc, je t'aime à en mourir et je mourrai en effet si tu me prends pas avec toi.

Raymond traduit.

– Si cette femelle ne parle notre langue, dit Renaud, du moins semble-t-il qu'elle la comprend quelque peu. Écoute donc. Fille tu es, je dois bien le croire puisque je le vois, et fille bien joliment faite, ce qui me donne fort à penser sur la chasteté de ce gros père Patrick ! Mais bon, c'est affaire entre lui et Dieu, ce n'est pas à moi de juger. Simplement, je me demande dans quelle mesure les absolutions données par ce gros goret fornicateur sont porteuses de la grâce du sacrement de pénitence et comment elles sont reçues au ciel... Quant à te prendre avec moi, il n'en est pas question. J'ai fait vœu de chasteté pleine et entière aux pieds de ma Dame et n'en démordrai pas. Ça, brisons là, pisseuse. Adieu.

Le chevalier tourne le dos, mais la petite Luce enlace ses jambes à pleins bras et s'écrie :

– Je ne veux qu'être là où tu es ! Je ne te parlerai plus de mon amour, plus jamais, j'en fais serment. Mais si tu ne me prends avec toi, je me tue, ce qui est péché mortel. Et ce péché, tu en seras cause et en porteras le poids.

Raymond traduit. Renaud dit :

– Ah, ah. Certes, je ne veux la mort de personne, et surtout pas la tienne, pécheresse ! Ce n'est pas à moi à aider à peupler les Etats et Empires du seigneur Satan. Mais comment fera ce gros père Patrick pour se maintenir en état de péché salvateur, si tu n'es plus là pour l'y aider ?

Disant cela, le chevalier s'est tourné vers le moine, lequel répond aussitôt :

– Eh bien, je pense que je pécherai avec l'une ou l'autre de ces drôlesses slavonnes, ou peut-être avec plusieurs à la fois. Oh, les beaux repentirs que je me prépare là ! Et puis, elles m'apprendront la langue, ce sera tout bénéfice pour mon saint ministère.

Ainsi, la petite Luce, faux moinillon et vraie

petite garce amoureuse, quitte le service du moine frère Patrick[1] pour celui du chevalier Renaud, et l'on se remet en route vers le soleil, vers Byzance.

Tamara ne dit rien, mais n'en pense pas moins.

*

– N'empêche, dit Raymond, ça avait *vraiment* le goût de cochon de lait...

1. Il ressort clairement de tout ceci que frère Patrick, moine catholique et irlandais, fut le premier à évangéliser les Slaves. Cependant, de son œuvre il ne resta rien car, comme chacun sait, ce sont les frères Cyrille et Méthode, byzantins et orthodoxes, qui convertirent les peuples slaves... Peut-être frère Patrick fut-il mangé ?

TREIZIÈME CHAPITRE

ILS ont marché, marché.

Ils ont cru mourir mille fois dans le grand marécage mangeur d'hommes[1], mer sournoise de vase puante à perte de vue, hérissée de rares touffes d'une herbe de fer sous le ciel livide où passent les troupes criardes de grues et de canards. Ils ont vu se découper sur des horizons sanglants les files d'esclaves slavons harcelés par les fouets varègues, le cou pris dans une cangue grossière faite d'un tronc d'arbre fourchu, tristes silhouettes courbées et trébuchantes. Ils ont évité avec soin les comptoirs varègues et les arrogantes forteresses de rondins des Seigneurs de l'Eau qui Marche. Ils ont épié dans le lointain les hautes nefs à large panse à grand'peine halées hors du fleuve, hissées sur d'énormes rouleaux et tirées par des troupeaux humains exténués pour franchir la terrible passe des rapides qui coupent le fleuve Dniepr et le font tomber et retomber en série d'à-pic liquides dans des bouillonnements où mugissent des tonnerres[2]. Ils ont osé s'approcher des villages slavons. Ils ont

1. Sans doute les marais du Pripet.
2. Les chutes du Dniepr, au-delà desquelles s'étendra, beaucoup plus tard, le territoire des cosaques Zaporogue.

été accueillis à coups de flèches ou à bras ouverts, tant est grande ici la peur et prompte l'hospitalité. Ils ont été hébergés dans des villages enterrés dont rien ne se voyait au-dehors et dont les trous de taupes communiquaient entre eux par des couloirs souterrains. Ils ont suffoqué, nus, dans la vapeur de l'eau soudain projetée sur de grosses pierres chauffées à blanc, et puis ont plongé dans un trou pratiqué à même la glace[1]. Ils sont passés très au large de la déjà puissante ville de Kiev où sévit un terrible ruffian, Varègue d'entre les Varègues, qui pourrait bien être en train de se tailler là un royaume... Ils ont allumé des feux pour éloigner les hordes de loups, les ont aussitôt étouffés pour ne pas alerter les bandes de pillards varègues traqueurs d'esclaves. Ils ont combattu des ours pour leur disputer le miel sauvage coulant d'un arbre creux, ils ont pris des poissons à la nage et des lièvres à la course, ils se sont réveillés ensevelis sous la neige, ils ont chanté, ils ont boudé, ils ont blasphémé le saint nom à tous les diables, ils ont rampé, ils ont grelotté, ils ont eu faim, ils se sont séparés, ils se sont retrouvés...

Ils ont traversé le pays des Khazars, l'empire de la steppe sans limite où galopent à l'aventure sur leurs infatigables petits chevaux à longue laine et à grosse tête les bandes de Petchénègues et de Magyars, dernières vagues de conquérants pouilleux vomies par le ventre inépuisable de l'Asie, orgueilleuses brutes toutes semblables à leurs frères les Huns, à leurs cousins les Avars. Et, comme autrefois, ils ont vu, sur les forêts de pals, se recroqueviller les carcasses paysannes. Là où s'avance l'Asie se dressent les pals.

Les jours sont devenus semaines, les semaines

1. Hé oui, les Slaves primitifs avaient inventé le bain de vapeur, et ils en raffolaient. Déjà !

sont devenues mois, les grues et les canards ont rayé le ciel dans l'autre sens, les sources ont chanté, soudain la steppe a verdi et puis a explosé en millions de fleurs, l'air s'est fait amoureux, devant eux l'horizon a bondi, a reculé à l'infini, ils étaient devant la mer, la mer tiède qui baigne aussi Byzance, tout là-bas.

*

C'est au fond d'une échancrure de la côte profonde et bien abritée que le fleuve Dniepr déverse ses eaux dans la mer que les Grecs nomment Pont-Euxin, que les Slaves nomment mer Noire. Là finit la route de l'eau. Là, les Varègues, les Seigneurs de l'Eau qui Marche, ont construit un port. Autour de ce port a poussé une ville. Cette ville a pour nom Bézéran.

La mer Noire est le grand carrefour. Il y a l'Orient, l'Orient fascinant où nul d'Occident n'est jamais allé mais où l'on sait que prospèrent les fabuleux empires de la Chine, de l'Inde, des îles aux Épices... Et il y a l'Occident des convoitises.

D'Orient arrivent les lentes caravanes chargées de merveilles que longtemps purent seuls s'offrir les empereurs et les patriciens de Rome et de Byzance, que désormais veulent posséder les seigneurs des nouveaux empires issus de la grande ruée de l'Islam conquérant, et aussi les potentats germaniques encore semi-babares prospérant sur les ruines de Rome, et aussi les armateurs vikings et les trafiquants varègues d'Hyperborée enrichis par les expéditions de meurtre et de rapine ou par le commerce sauvage sur les routes de l'eau.

La première route de l'eau des Varègues avait été celle de la Volga. Elle débouchait sur la mer Caspienne à Itil, la capitale de l'Empire khazar. A Itil aboutissaient d'autre part les caravanes qui avaient traversé l'Asie au pas des chameaux. A Itil aussi se faisait la jonction avec les marchands arabes venus du Sud, de Bagdad l'opulente... Et puis vint un temps où les hommes du Nord ne voulurent plus payer l'impôt au khan des Khazars ni les droits de passage levés par la puissante confédération des Bulgars de la moyenne Volga aussi bien que par tous les petits khans pétchénègues ou turco-mongols qui, à l'issue d'un raid victorieux, se rendaient provisoirement maîtres d'un tronçon de l'immense fleuve et rançonnaient les cargaisons.

Alors les Varègues fondèrent leur propre route, par la Dvina et le Dniepr, à la frange occidentale de l'Empire khazar, là où l'autorité déjà vacillante du grand Khan d'Itil ne se fait plus respecter. Ils la garnirent tout du long de comptoirs, de fortins et de relais d'esclaves pour haler les nefs. C'est la route qui aboutit à Bézéran. Et la sécurité de cette route est telle que, peu à peu, elle rend caduques les anciennes grandes voies d'échanges, non seulement celle de la Volga et d'Itil, mais aussi celle du Don que contrôlent à l'embouchure la colonie grecque de Khersonèse[1] et le petit royaume des Goths sur la rive droite, ainsi que l'enclave varègue de Tmutorokan sur la rive du Caucase.

Un peu à l'écart du port est la ville, ville varègue, ville militaire, entourée d'un fossé, d'un rempart de terre tassée que surmonte une palissade de troncs, coupée par deux rues en croix au sol de rondins. Hors la ville, sur les grèves, près des jetées de bois du port, se dressent les hangars des marchés : marché aux esclaves, aux fourrures, aux épices, aux soieries, aux tapis, aux objets de cuivre ciselé, aux bijoux... Les ventes se font aux enchères, ou par troc, parfois une cargaison entière

1. La Khersonèse : la Crimée.

achetée d'un bloc. Là transitent les peaux précieuses, les esclaves, le miel, la cire et l'ambre du Nord et des steppes vers Byzance et Bagdad, là les épices des îles, les soiries à dragons de la Chine, les tapis qu'ont patiemment tissés au hasard des étapes les femmes nomades des hauts plateaux de l'Asie centrale, les cuivrailles ouvragées par les habiles artisans arabes, prendront leur essor par le Dniepr vers les demeures des riches Vikings de Scandinavie et de Grande-Bretagne ou, par le Danube, vers le royaume des Francs et l'Italie.

Tout autour sur la steppe campent les nomades. Sur le port et les marchés se croisent toutes les nations, les vestiges du monde classique et le bariolage des races nouvellement promues à l'historique : blonds colosses nordiques, Gréco-Romains en toge, Arabes à turban, Juifs en caftans, et tous les Turco-Mongols aux larges pommettes : Avars, Bulgars, Khazars, Magyars, Petchénègues...

– Nous y voilà, dit Renaud.

– Enfin! dit Raymond. Byzance est de l'autre côté, autant dire la porte en face. Suffit de passer l'eau.

– Et une fois de plus se pose la question du passage. Nous n'avons sou ni maille.

– Et nous avons piteuse mine.

– Je trouve deniers, dit Tamara.

– Ah, oui. Comme à Paris. Dans ton cul.

– Dans cul, confirme Tamara. Et celle-là aussi trouve deniers dans cul. (Elle désigne l'ex-moinillone Luce). Il y a hommes beaucoup ici, femmes pas beaucoup. Hommes contents donner petites pièces pour mettre bite à eux dans ventre à moi. Moi fais beaucoup hommes contents, eux donnent petite pièce et petite pièce, beaucoup petites pièces, beaucoup deniers, toi donnes deniers patron bateau. Bon plan.

– Hmm, dit Raymond. D'abord, c'est un métier. Les maquereaux du coin ne t'ont pas attendue pour avoir la même idée et je suis sûr qu'ici, comme dans tous les ports de mer, la pute abonde et la concurrence est mal vue. Ensuite, tu t'es regardée ? Sale comme trente-six cochons, la tignasse pleine de paille et de nids de corbeaux, et ces loques... Même pour écrémer le matelot et le débardeur, la pute doit avoir un minimum de présentation. Là, laisse-moi te dire, tu fais plutôt femelle sauvage échappée de la steppe, ou esclave évadée... Comme nous tous, d'ailleurs. Je suis sûr qu'on pue. Je me rends pas compte, je suis trop habitué, mais je suis sûr qu'on pue à trois lieues.

– On pourrait au moins se renseigner sur le prix du passage, dit Renaud. Avoir une idée.

Ils descendent sur le port, rôdent sur le quai, examinent les nefs. Un gros marin, visiblement grec, s'approche.

– Où voulez-vous aller, pouilleux ?

– Byzance, dit Raymond.

– Ça tombe bien, c'est là que je vais. Vous me donnez les deux femelles, ça paiera le passage.

– Autant les vendre au marché, ça paiera le passage et ça laissera un bénéfice.

– Foutues comme elles sont ? On ne te permettra même pas de les exposer ! Moi, je les prends telles quelles, je les lave, je les habille, je me démerde, quoi, bon. Et, tiens, je vous nourris à l'œil le temps de la traversée. C'est une affaire. A prendre ou à laisser.

– T'aurais pas plutôt besoin de deux matelots ?

– Non, j'ai ce qu'il me faut. Je viens juste d'embaucher un équipage au complet. Pense à ce que je t'ai dit, mais dépêche-toi, je déhale demain à l'aube.

Le gros Grec tourne les talons. Raymond grommelle :

– Vendre Tamara!... Évidemment, s'il le fallait absolument... Si c'était pour te sauver la mise... Si tu me le demandais expressément... Tu ne me le demandes pas expressément, hein, chevalier?

– Tu remarqueras que je n'ai absolument rien dit.

– Non, mais tu as un air... Tu n'as qu'à dire, je le fais. J'en crèverai aussitôt après, mais après tout ça ne sera pas la première fois que je crève pour toi. Je suis fait pour ça, pas vrai?

Un cavalier de fière allure, vêtu et armé en guerre, un seigneur franc, à n'en pas douter, ou peut-être wisigoth, ou peut-être lombard..., enfin, un de ces hommes d'épée de bonne souche germanique fend la foule au pas nonchalant d'un destrier superbement équipé. Un valet tient la bride et écarte la cohue, un écuyer suit, gonfanon haut.

– Ah, soupire Renaud, un bon cheval sous les fesses, une épée au côté...

– Holà! crie le beau cavalier.

Et le voilà qui saute à terre, qui court à Renaud, lui prend les épaules à deux mains, le tient devant lui à longueur de bras, le regarde attentivement au visage, tout soudain rit à pleine gueule, ouvre tout grands les bras et serre le chevalier sur sa poitrine.

– Es-tu pas Renaud? brame-t-il. Renaud de...

– Chut! dit Renaud.

– Mais tu l'es, n'est-ce pas? Tu es mon vieux Renaud?

– Eh, oui, je le suis! Et toi, tu es Ogier...

– Oh, moi, tu peux dire mon nom tout au long, je n'ai rien à cacher – enfin, pour le moment! –, Ogier l'Ardennois, que les bonnes pommes s'obstinent à appeler le Danois, comme si je n'étais pas né en bonne terre d'Ardenne, enfin, bon, c'est comme ça, quoi... Mais, dis voir, mon compère Renaud, je te croyais mort à Roncevaux, moi?

– Eh bien, tu vois, j'en ai réchappé.

– Ah, dis donc, mais c'est une bonne nouvelle, ça ! Et qu'est-ce que tu fabriques ici, à ce bout du monde, fait comme un sauvage et plus noir que les trente-six mille diables ? Et à pied ?

– A pied, intervient Raymond, par momentanée nécessité, mais non sans équipage. Je suis l'écuyer du seigneur Renaud. Et ces filles sont de sa suite.

Le beau cavalier considère tout cela, d'abord ébaubi, et puis riant à s'en péter la rate.

– Bel équipage ! D'ou sortez-vous donc ?

– Nous vivons de présent une grande aventure.

Ogier le Danois, ou l'Ardennois, laisse une nostalgie embrumer son œil gris.

– Ah, l'aventure... Bien sûr, l'aventure... J'entrevois une Dame, derrière tout ça. Je me trompe ?

Renaud soupire.

– Tu ne te trompes pas. Mais c'est aventure de peine et de douleur.

– L'amour est ainsi. Un instant de ciel, une éternité d'enfer. Un grain de félicité, un tombereau d'affres... Mais qui se soucie de félicité ?

– Je ne me plains pas.

– A la bonne heure ! Tu grisonnes aux tempes, mais tu es resté franc chevalier et gai compagnon. Viens, j'ai ma tente près du rempart, nous boirons un coup à l'amitié.

*

– Donc, dit Ogier, tu veux t'embarquer pour Byzance.

– C'est affaire d'honneur, dit Renaud.

– Je ne te demande rien. Tu veux aller à Byzance, cela me suffit. Figure-toi que, moi, je DOIS aller à Byzance. Écoute un peu ça. Il y a, sur une montagne d'entre les montagnes qui se pressent autour du mont Sinaï, un monastère de moines moinants. Le mont Sinaï, si tu te rappelles l'Histoire Sainte qu'on t'enseigna en tes jeunes années, est ce lieu où le Seigneur Dieu apparut au compère Moïse dans le buisson ardent et lui donna les Tables de la Loi, mais cela n'a rien à voir avec mon histoire... Il y a là, donc, un certain monastère où sont conservés les os de madame sainte Catherine d'Alexandrie, qui est une très grande sainte, en vérité, et dont les os sont par conséquent de très précieuses, très efficaces et très vénérées reliques. Sais-tu quelle est l'industrie de ces moines? Écoute. Ils prennent un tout petit peu d'un de ces os, à peine à peine, vraiment pas beaucoup. Ils broient cette infime parcelle très soigneusement jusqu'à la réduire en une poudre d'une finesse extrême. Cette poudre, ils la versent dans une bonbonne d'excellente huile d'olive. Ils mélangent bien bien. Cela donne une huile sainte qui contient jusque dans la moindre de ses gouttes dans toute leur puissance les vertus des os de sainte Catherine, car tu sais que la grâce attachée à une relique ne se dissout ni ne s'éparpille, quelle que soit la dispersion de la matière porteuse, tout comme il est vrai que le corps divin du Seigneur Christ Jésus est tout entier dans chaque hostie, quelle que soit la quantité qu'on en ait pu faire. Passant par ces montagnes en revenant d'une certaine aventure en pays lointain, pour ne rien te cacher une chasse à la grande licorne blanche dont je m'étais chargé de rapporter la corne à la Dame Irène, souveraine de Byzance...

– Quoi, s'écrie Renaud en grand émoi, la Basilissa Irène serait-elle la Dame à qui tu t'es voué?

– Elle? Ah, non, pas du tout. Pure Relation d'affaircs. La licorne, c'était une commande. Elle voulait une corne de licorne pour sa salle du trône. Ou peut-être pour empaler quelqu'un qu'elle estime beaucoup. Ces Orientaux, bon, tu connais.

D'ailleurs, elle aurait peut-être préféré la licorne vivante. Ça fait très joli dans un jardin. Mais ça, j'ai pas pu. Il y a avait deux dragons avec chacun trois têtes crachant le feu, pas du tout de la tarte, tu peux me croire. Enfin, la routine, quoi, le métier. Tu connais. J'ai eu les deux sales bêtes, je me suis juste un peu roussi le poil, mais il y en a un, avant de crever, il a eu le temps d'envoyer une giclée sur la bestiole, pfuitt, plus de licorne... un petit tas de cendres. Heureusement, la corne de licorne ça ne brûle pas. Une espèce de sortilège qu'il y a dedans, peut-être bien. Alors, bon, j'ai ramassé la corne et, sur la route du retour, il m'est venu l'idée de passer dire un petit bonjour aux moines du Sinaï, vu que ça ne me détournait presque pas. Chemin faisant j'ai occis quelques douzaines de moricauds sarrazinois – Tu sais que le Sinaï est en plein pays sarrazin, pas très loin de Jérusalem ? – et je me suis dit que j'allais rapporter une fiole d'huile d'os de sainte Catherine à la petite mère Irène, ça arrondirait ma note de frais, et là, les moines ont été tellement contents de voir un museau chrétien qu'ils m'ont chargé d'un cadeau très très précieux pour la Basilissa. Attends.

Ogier frappe dans ses mains. L'écuyer, qui se tient debout derrière son siège, prêt à verser le vin, dit « Je suis là, Seigneur ».

– Apporte-moi la boîte que tu sais.

Est apporté un coffret minuscule et très précieux, tout d'ivoire ciselé avec des choses en or aux coins. Ogier pose la main dessus.

– Là-dedans, dit-il, seigneur Renaud, là-dedans est une relique considérable.

Il marque un temps. Renaud et Raymond, poliment, attendent.

– Là-dedans se trouve le pucelage de madame sainte Catherine d'Alexandrie. Rien de moins.

Renaud s'agenouille et, bien dévotement, se signe. Raymond s'estime obligé d'en faire autant.

– Bien, dit Ogier. Je vois que tu n'as pas perdu le respect des choses saintes. Or donc, me voici sur le chemin de Byzance, portant à madame Irène la corne de licorne, le flacon d'huile d'os et, plus précieux que tout, le très vénérable pucelage de cette belle enfant qui renversa sur le cul les plus grands docteurs païens et eut, pour récompense, la tête bien vilainement tranché au ras du cou par les soins de son propre père sans avoir eu l'occasion de se faire ôter cette charmante petite excroissance d'amour.

Ici, Ogier semble embarrassé.

– Eh bien ? dit Renaud.

– Voilà. J'ai fait rencontre, chemin faisant, d'une princesse de la Perse ou d'un de ces pays où les femmes ont de si beaux yeux noirs et portent un chiffon sur le nez, si bien qu'on ne voit que ces yeux et c'est tout bénéfice. J'eus le bonheur de lui être utile dans un péril extrême, et mon cœur s'est accroché à ses longs cils courbes comme à autant d'hameçons. Bref, je suis malade de maladie d'amour ardent, je l'ai élue ma Dame par-dessus toutes les Dames hors la sainte Mère de Dieu, je l'ai quittée à grande souffrance et angoisse pour achever de remplir ma mission assignée, mais voilà que je te trouve, et il m'est venu une idée. Écoute. Tu dois aller à Byzance, mais tu n'en as pas les moyens. Oh, tu trouverais, j'en suis sûr, seulement il t'y faudrait du temps et de la peine. Moi, je te dis : Va à Byzance à ma place. Porte à Irène ce que je dois lui porter. Dis que c'est moi qui t'envoie, que j'ai rempli mon contrat. Je paie ton passage et celui de la suite, et je vous équipe de neuf afin que tu fasses bonne figure à la cour. Moi, pendant ce temps, je galope jusqu'en un lieu que je sais et où ma princesse aux yeux noirs doit obligatoirement passer. Ça te va comme ça?

– Tope là.

*

Voilà donc comment le chevalier Renaud, l'écuyer Raymond ainsi que les deux gentilles garces Luce et Tamara se trouvent une fois de plus naviguant au péril des flots sur la nef du gros marin grec, vêtus de neufs et dûment armés. Les garces n'ont point voulu se vêtir en garces, arguant des convoitises et tentations qui naissent et prolifèrent autour de toute présence femelle comme aussi de l'incommodité des jupons et falbalas à bord d'une nef vouée aux encombrements et aux gesticulations brutales de la manœuvre et de la manipulation des marchandises.

Ils ont laissé derrière eux le profond refuge de la côte et maintenant la houle les porte droit vers le soleil de midi, droit sur Byzance. Couchés sur des ballots de peaux d'ours au puissant fumet, ils scrutent l'étendue bleue. Ils ont parié à qui verrait le premier monter sur l'horizon le phare de la Corne d'Or.

– As-tu remarqué, dit Raymond, que l'équipage est presque entièrement sarrazinois?

– Que veux-tu, on trouve de moins en moins de Grecs pour les durs travaux. Et puis, ces gens d'Arabie sont de fameux marins, il faut reconnaître.

Du haut du mât tombe un appel longuement psalmodié en cette rauque langue sarrazinoise que Raymond comprend quelque peu.

– L'heure de la prière, dit Raymond.

Les marins qui s'affairent sur le pont cessent aussitôt leurs allées et venues pour se jeter à genoux et se livrer au rituel de la prière d'Islam.

Renaud fronce le sourcil.

– Devrai-je jusqu'à Byzance voir ces barbouillés tendre ainsi vers le ciel leurs vilains culs pour adorer sous mon nez les horribles diables Mahom, Belzébuth et Apollin?

– Oh, tu sais, je crois qu'ils prient tout simplement Dieu, seulement ils l'appellent Allah, c'est la mode de chez eux.

– Veux-tu dire que cet Allah est leur seul dieu?

– D'après le peu que j'en sais, il me semble que c'est ça, oui.

– Alors, Allah est le dieu des diables.

– Tu crois vraiment que des gens sensés adoreraient un dieu méchant ? S'il est méchant, tu auras beau l'adorer, le prier, te conduire suivant sa loi, par méchanceté il prendra d'autant plus de plaisir à te faire du mal que tu auras été attentif à lui plaire. C'est ce que je ferais, en tout cas, moi, si j'étais dieu, et méchant, c'est-à-dire diable.

– Ces gens-là croient-ils que le Seigneur Christ Jésus est mort en croix pour leur salut?

– N... non. Ça non. Je pense que non.

– Alors, ce sont abominables païens, et je ne sais ce qui me retient de les flanquer tous à l'eau.

– Manger, dit Tamara.

– Quoi?

– Manger. Prêt. Cabine.

Le seigneur Ogier leur a laissé ample provision de munitions de bouche. Ils ont même une cabine où dort Renaud, Raymond couché en travers de la porte en compagnie des deux filles. Elle sent la morue salée et la pisse de rat, mais c'est une cabine.

– Il faut que je te dise, dit Raymond, un jambonneau au poing. Tamara, là, tu la vois? Bon. Elle est ma femme. Ma légitime épouse devant Dieu et les hommes. Le père Patrick nous a mariés, ou alors je rêve? Il nous a mariés. Vite fait d'accord, mais mariés, juste avant qu'on ne se quitte, « pour le meilleur et pour le pire », tout ça, tout ça... Eh bien, crois-le si tu veux, je n'ai jamais si peu couché avec ma femme que depuis que nous sommes mariés. C'est un monde, ça, non ?

– Qui t'en empêche ?

– Eh, si ces Sarrazins à grosses moustaches qui nous entourent la reconnaissent pour femelle, les ennuis vont commencer ! Tu as vu leurs yeux ? Ces gars-là ont le feu au cul, tu peux être sûr. J'en ai vu un pisser par-dessus le bastingage... Un âne ! Et puis... Il y a la petite.

– Ah, bon. Elle te gêne ?

– Dame... Je me fais scrupule. Elle est là, elle se nourrit du bruit de ton souffle, elle pleure de joie quand tu ronfles, elle soupire et se mord les lèvres... C'est pitié de la voir. Ah, chevalier, quelle cruauté ! Ne peux-tu être un peu charitable pour une fillette qui se consume d'amour à ta porte ?

– Que ne t'en charges-tu, si tu as pitié ? Pour moi, tu connais mon vœu. Et puis, vœu ou pas, j'aime ailleurs d'amour extrême et ne pourrais la satisfaire, même le voudrais-je. Donc, n'en parlons plus.

*

– Voyons, dit Raymond à la petite Luce, tu parles et comprends un peu notre langue, depuis tout ce temps que nous sommes ensemble. Tu commences même à te débrouiller pas mal du tout. Alors, dis-moi. Quelque chose me tracasse. Tu as été la ribaude de ce gros paillard de moine et, rougeaud de teint comme il est, je suppose qu'il devait bien souvent et bien dru secouer ton petit panier, tu vois ce que je veux dire ?

Afin d'être certain que la petite voit bien ce qu'il

veut dire, Raymond mime une copulation fougueuse. Il reprend :

– Bon. Je ne le lui reproche pas, je dirai même que je le comprends, tu es fin morceau, quoique un peu menue et sèche sur l'os pour mon goût, mais ne chipotons pas, un fin morceau. Ce qui me chiffone, vois-tu, c'est comment il se fait que tu n'aies pas attrapé le mal d'enfant? Explique-moi un peu ça.

Là, Raymond appuie son discours d'un ample geste de la main dessinant dans l'air un ventre énorme. La petite rougit et dit :

– Moines sait. Eux fait amour, pas bébé. Frère Patrick très bien sait.

– Ah, ah. Et tous les moines faisaient ça, là-bas, en Irlande?

– Moi pas sait. Frère Patrick achète moi à papa-maman quand lui s'en va. Habille moi petit moine, voilà.

– Et... Il ne te manque pas, frère Patrick? Enfin... tout ce que te faisait frère Patrick?

– Moi, heureuse. Tout bien. Chevalier là, moi là, tout bien.

– Hm... Dans les temps jadis, les païens grecs appelaient ça l'amour platonique, si je me souviens bien. C'est une vilaine maladie, hein, Tamara? Encore, toi tu n'es qu'à moitié platonique, puisque tu m'as. Ventre satisfait peut laisser le cœur courir la campagne, ça ne tire pas à conséquence. Mais cette petite fille-là nourrit son amour de l'air du temps, et, vrai, ça me navre.

Tamara ne dit rien.

QUATORZIÈME CHAPITRE

Ils sont installés sur le pont de la nef, à l'ombre d'une toile tendue entre eux et le soleil brutal. Le vent du large leur rafraîchit le visage. Ils mangent une pastèque offerte par le gros patron grec et vident nonchalamment une bouteille de vin à la résine.

– Ainsi, dit le Grec, je vous vois un jour rôder autour de mon bateau, en loques, sales et puants, n'ayant pas le premier liard pour payer votre passage, et le lendemain vous m'arrivez, faits comme des seigneurs, et payez ce qu'on vous demande sans marchander... Vous allez dire que je suis indiscret, mais, vrai, avouez qu'il y a de quoi donner à penser.

– Tu es indiscret, dit Renaud. Je ne te répondrai qu'une chose : je suis désormais messager privé de la Basilissa Irène de Byzance, et donc personne sacrée. Tu es chrétien ?

– Des doigts de pied à la pointe des cheveux. J'ai été plongé tout entier dans l'eau du baptême.

– Sache alors que je transporte quelque chose d'infiniment saint pour toute âme chrétienne et qu'il y aurait damnation irrémissible à contrarier mon chemin. Il faut que cela te suffise car je n'en dirai pas plus.

Le gros Grec va pour répondre, et sans doute sa réponse aurait été pertinente, mais avant qu'elle ne franchisse ses lèvres épaisses un cri bref et guttural a retenti quelque part dans les haubans, un cri qui ressemble fort à un ordre, et ce doit en être un en effet puisque aussitôt la toile qui fait vélum s'abat des quatre coins à la fois, ensevelissant tout ce petit monde, tandis qu'un essaim de matelots arabes à demi nus s'abat sur la masse gigotante et blasphémante et cogne à vigoureux coups de gourdins sur toute bosse de la toile qu'on peut estimer causée par la forme d'une tête. Mais voilà que cette opération si exactement réglée se voit perturbée dans son impeccable déroulement. Une épée jaillit à travers la toile, la fend sur la longueur d'une bonne toise, et Renaud bondit par cette fente, un Renaud aux yeux sanglants qui hurle « Trahison ! » et « Félonie ! ».

Une bonne épée et Renaud derrière, ça vaut la peine d'être vu. Les mutins, d'abord surpris, s'unissent contre lui à coups de bâtons, de gaffes, de choses qui piquent, qui tranchent et qui assomment. Ils sont bien une vingtaine, mais Renaud n'en a cure, seraient-ils cent et mille qu'il en irait de même. La large épée siffle et tournoie, le sang gicle, des lambeaux humains pendent aux agrès, les cris de douleur submergent les cris de rage. Un ruffian plus malin se glisse derrière le mât contre lequel Renaud s'est adossé, il défait son turban et, preste, passe la bande de cotonnade autour du cou du chevalier. Il n'y a plus qu'à serrer, ce qu'il s'empresse de faire, tortillant le garrot étrangleur à l'aide d'un gourdin. Le visage de Renaud vire au bleu, puis au noir, les yeux lui sortent de la tête, il laisse échapper son épée et s'affaisse, retenu au mât par le cou.

*

Il y a une longue barre de fer fixée à chaque bout au plancher par d'énormes œilletons. Tout le long de la barre coulissent des manilles reliées à des anneaux rivetés qui enserrent les chevilles des captifs. Une autre barre toute semblable court à hauteur de mains. C'est très bien étudié. Toute nef marchande est munie à fond de cale d'un tel dispositif, ça ne mange pas de pain et, s'il se rencontre une juteuse affaire d'esclaves à transporter, il vaut mieux avoir l'équipement tout prêt.

– Merde ! Encore !

C'est Raymond. Il est le premier à émerger du noir pays. Et constate que ses mains et ses pieds sont incapables de bouger. Et qu'il est, une fois de plus, réduit à l'état de marchandise. Tout ce qu'il peut faire, c'est tourner la tête à droite et à gauche. Il le fait. A droite, dans la pénombre, il distingue Renaud, encore inconscient. A gauche, il devine les corps affalés de Tamara et de la petite Luce, elles aussi dûment enchaînées. La houle secoue la nef par le travers.

– Tiens, on ne va plus à Byzance, pense Raymond.

Là-haut, sur le pont, on chante. C'est la fête. Un aigre instrument à cordes, une flûte suraiguë soutiennent la mélopée bourdonnante...

– Bon, des Arabes... Voyons, on était là à causer, et d'un seul coup le noir et un grand choc sur la tête... Et maintenant, nous voilà à fond de cale, en route pour je ne sais où, probablement pour y être vendus. Ces saloperies de matelots sarrazins se seront mutinés, pas un pli. Ils ont fauché la nef et vont la livrer dans un port arabe, ou peut-être s'en servir pour jouer aux pirates. Merde et merde. On était tout près... Pour ainsi dire arrivés ! Hé !...

Ça, c'est un rat qui vient de lui passer sur la figure. Raymond n'aime pas. Ainsi écartelé entre les deux barres de fer, le sentiment d'être offert sans défense aux rats, aux coups et à toutes les misères sans pouvoir rien faire d'autre que subir et subir le rend enragé. Il tourne la tête vers Tamara, comme si le salut ne pouvait venir que d'elle. Il lui en veut de n'être pas réveillée, il voudrait avoir quelqu'un à qui hurler son malheur. Deux taches claires le fixent dans ce noir, les yeux de Tamara. Tamara a repris conscience, Tamara a évalué la situation, Tamara ne dit rien. Que dire?

C'est un cri de joie qui sort de Raymond :

– Tu n'es pas morte!

Elle ne juge pas utile de confirmer. Elle questionne :

– Chevalier?

– Encore dans les pommes. Mais il me semble qu'il respire.

– Je respire, dit le chevalier, et je ne suis plus dans les pommes. La gorge me brûle. Un de ces salopards a voulu m'étrangler, non?

– C'est pas moi qui te renseignerai. Je me retrouve ici, j'ai un très gros mal de tête, j'ai rien vu. Navré, je ne t'ai pas été d'un grand secours.

– Nul n'est à l'abri de la trahison... Bien sûr, ces chiens de païens auront éventré nos bagages et volé tout ce que je portais à ma Dame. Il était donc écrit que j'échouerais même à cette petite tâche de commissionnaire! Échec sur échec, c'est tout ce que j'ai à lui présenter...

– Heu... Tu parles comme si nous devions bientôt nous trouver devant elle. Je dois t'avertir que nous n'allons pas à Byzance. Écoute le clapotis des vagues. Tout à fait changé... Je dirais que nous faisons cap vers l'Orient, comme ça, à vue de nez.

– Ils vont tirer de nous rançon en pays sarrazinois.

– De toi peut-être. Tu es un messager impérial, en somme. Un personnage. Mais de moi, pauvre hère, et d'elles, pauvres garces, il n'y a rien à tirer. Nous serons vendus comme esclaves dernier choix, elles comme putes d'abattage dans un lupanar à matelots, moi comme bourricot à deux pieds pour faire tourner un moulin à huile...

La fête, sur le pont, se fait plus animée.

– Ils ont mis en perce les tonneaux, dit Renaud.

– Je me suis laissé dire que le Coran, qui est comme qui dirait l'Évangile de Mahom, interdit tout à fait les boissons enivrantes, dit Raymond.

– S'ils respectent leur Coran aussi bien que les chrétiens l'Évangile... Le Coran interdit-il la fornication?

– J'ai bien peur que non, dit très piteusement Raymond.

Une discussion s'entend, là-haut. Un rai de soleil déchire la nuit. Une écoutille qu'on entrebâille.

– Eux maintenant faire plaisir à bite, dit Tamara.

– C'est bien ce que je crains, dit, de plus en plus piteusement, Raymond.

– Toujours, quand hommes contents, mettre bite dans ventre de femme, toujours. Quand pas contents aussi. Ventre de femme, toujours bon.

– Eh, oui. Ou ça complète la fête, ou ça console du deuil. C'est bien contrariant, parce que justement je commence à être jaloux. Pour la première fois de ma vie. J'avais jamais connu ça. Peut-être que j'avais jamais aimé?

– Bite dans ventre, entrer, sortir. Pfuitt. Oublier.

– Bien sûr, oublier. Aucune importance. Rien du tout. Faudra que je me dise ça.

Cependant la joyeuse bande a ouvert en grand l'écoutille, est descendue le long de l'échelle, et les voilà, une lanterne à la main, tout ricanants, qui se pourlèchent et se donnent des coups de coude devant les félicités à eux offertes ! Le spectacle des femmes vaincues et sanglotantes, livrées béantes à toutes les convoitises, à toutes les fantaisies, a toujours puissamment stimulé l'imagination et le zèle au combat des conquérants.

Un grand diable au turban plus haut que celui des autres, vêtu d'une splendide robe de soie de la Chine à broderies de dragons et de plantes fantastiques provenant à coup sûr du pillage de la cargaison, se tient, silencieux, derrière les matelots excités et jacassants. Il caresse sa belle barbe noire et examine, tour à tour, chacun des captifs. Il parle. C'est du grec, avec un drôle d'accent.

– Tu es un guerrier du pays des Francs mais tu comprends le grec, je t'ai entendu tout à l'heure parler avec ce gros pourceau grec, le patron de la nef. Alors, voilà. Je suis Sindbad le Marin, c'est comme ça qu'on m'appelle. Avec mes compagnons et l'aide d'Allah Très-Haut – exalté soit le Nom ! – je me suis rendu maître de ce bâtiment qui appartenait à ce gros porc d'infidèle. J'ai fait jeter l'infidèle à la mer et je mène présentement cette nef à Batoum, qui est un port de la rive d'Asie, au pied des monts Caucase, que les enfants du Prophète – sur lui la prière et la paix ! – ont nouvellement conquis à l'Islam. Là-bas je vendrai la cargaison et le bateau, et vous avec, puisque vous faites partie de la cargaison. Toi, avec ta main de fer, tu ne vaux pas grand-chose, mais tu parles le grec et la langue des Francs, s'il y a de la demande ça peut atteindre un bon prix. Sais-tu écrire ?

C'est courtoisement demandé, alors Renaud répond :

– Non.

– Dommage. Et l'écuyer, là, sait-il écrire?

– Non, dit l'écuyer, là.

– Alors, vous ne pouvez pas être une très bonne affaire. Tant pis. Garçons, détachez les femelles.

Les matelots s'empressent avec des rires d'enfants à qui on permet de dévaliser l'armoire aux confitures.

– Ah, soupire Raymond. Je sens que la jalousie va me mordre.

– Pense à autre chose. Pense que par leur martyre ces saintes filles vont gagner le ciel.

– Hé, oui, je sais. J'essaie de me réjouir de tout le bien qui en résultera pour elles, mais, vois-tu, la jalousie est un sentiment égoïste.

Les matelots ont décadenassé les mains et les pieds des deux filles et les ont entravées de cordages. Tamara a bien essayé de ruer, mais les avisés coquins avaient prévu cela, elle n'y récolta que force gifles et un commencement d'étranglement. La petite Luce pleurniche doucement, d'avance résignée.

Les filles sont chargées sur de robustes épaules et emportées sur le pont. Sindbad le Marin, resté en arrière, considère Renaud et Raymond en se caressant la barbe. Une malice pétille dans ses yeux.

– Je vois à ton visage, dit-il à Raymond, que ton cœur est dans le cul de cette grande femme sauvage. Ce sera pour moi double plaisir que de te savoir présent et assistant à la chose. Car sache que ce sera fort galamment fait. Tu as devant toi des spécialistes. Tu vas avoir la grande joie d'entendre ta bien-aimée crier de bonheur comme elle n'a jamais crié.

Raymond ne dit rien, mais c'est par grand effort. Ne pas donner à ce foutu mécréant la satisfaction de son désespoir.

Dûment entravés, les deux hommes sont à leur

tour hissés sur le pont et jetés sur des ballots d'étoffes.

Des épaisseurs de splendides peaux d'ours noirs forment une couche somptueuse au pied du mât. On a ôté aux femmes leurs vêtements et, sur la nuit de la fourrure, leurs blanches nudités éclatent dans leur diversité. Tamara est une statue d'ivoire aux larges hanches, à l'éclat mat, à la toison plus intensément noire que la fourrure qui l'engloutit. La petite Luce, menue et rose, flambe de tous les roux de l'Irlande. Les yeux verts de Tamara sont ceux d'une bête captive mais indomptée que rien ne peut humilier. Luce est une pauvre chose recroquevillée, il suffira de lever la main pour que, terrorisée, elle consente à tout.

Ils sont là, en rond, yeux de loups affamés, dents à demi découvertes sur des sourires rictus. Tout yeux, tout crocs. Un ouragan de rut prêt à éclater. Mais nul ne touchera aux femmes avant le seigneur Sindbad. Le seigneur Sindbad est le chef prestigieux, lion et renard à la fois, force et ruse, douceur et virilité. A lui l'honneur.

Il commence par la petite Luce, pour se mettre en train. Elle attend le viol sauvage, elle se mord les lèvres, ses yeux sont prêts à la terreur, sa bouche au grand hurlement. C'est un séducteur qui s'approche d'elle, qui la prend dans ses bras, qui la berce, qui la rassure. Il lui murmure des mots qu'elle n'a pas besoin de comprendre, des mots d'apaisement, et puis des mots de tendresse, et puis des mots de passion. La petite renifle ses larmes, se détend, oublie où elle est. Alentour, les gars se retiennent de respirer.

– J'aime pas ça, dit Raymond. Je le préférerais brutal.

– Ces suppôts de Satan font tout au rebours des honnêtes gens, dit Renaud.

Sindbad, à petits baisers, butine le visage enfantin. Ses grandes mains maigres se promènent sur elle tendrement, presque maladroitement. Des mains d'adolescent impatient mais subjugué. La petite s'abandonne, gémit, rend les caresses, se donne, s'ouvre, exige d'être prise, son corps appelle le mâle, qui continue ses affolantes caresses, se fait désirer. Un matelot, n'en pouvant plus, se masturbe. Enfin Sindbad, d'un geste vainqueur, rejette sa robe somptueuse et, comme un dieu condescendant à aimer une mortelle, la pénètre, lentement, souverainement, parmi ses soubresauts, et c'est un long gémissement de reconnaissance et d'assouvissement qu'elle lance au ciel. Sindbad ne trahit par aucun cri la montée de son plaisir, à peine une crispation de la mâchoire, un vacillement du regard... Sauver la face, prouver qu'on est le plus fort, qu'on domine tout et d'abord soi-même. Elle se blottit contre lui, sa joue sur la poitrine de bronze. Il l'enlace d'un bras plein de douceur, la berce à nouveau, pose un baiser sur ses cheveux. Et puis, lentement, fermement, il se détache et fait signe au suivant, son second sans doute.

Le matelot n'y met pas tant de façons, tout ça l'a amené au bord de l'apoplexie. Il s'abat sur la petite, écarte violemment les tendres cuisses, guide de la main son engin vers l'ouverture propice et, d'un coup de reins de taureau, plonge jusqu'aux couilles. Il se démène furieusement, secoue le corps menu en saccades rageuses, enfin pousse trois rugissements et vite se retire, son successeur déjà lui tape sur l'épaule. Les copains rient. Ils préfèrent ces façons à celles de Sindbad. Ils ne sont pas méchants, mais eux ont à faire la preuve de leur virilité, et la virilité c'est d'abord le mépris de la femme.

– C'est plus franc, dit Raymond. J'aime pas les

manières de l'autre hypocrite. Un type qui fait ça, je suis sûr que c'est un salaud.

Pendant que ses hommes se succèdent et se bousculent autour du corps de Luce, Sindbad passe à Tamara. Elle, il ne l'aura pas à la tendresse, il le sait. Elle se voudrait détachée, mais ses yeux sont un défi. Elle dit :

– Raymond, si toi veux, je mords lui très fort. J'arrache oreille, nez, comme toi veux. Après, lui tue moi, mais pas entré dans ventre à moi, toi pas jaloux, pas triste. Toi veux?

– Oh, non! Surtout pas! N'importe quoi, mais qu'il ne te tue pas! Qu'il te rende même amoureuse de lui, mais qu'il ne te tue pas! Moi, j'ai besoin que tu vives! Même si on nous sépare, j'ai besoin de savoir que tu vis quelque part. Toi comprends? Si moi jaloux, c'est rien, pas grave. Moi veux toi vivante! Vivante!

– Même si moi plaisir, c'est rien. C'est cul de Tamara, pas Tamara. Toi pas triste.

Cette fois, c'est à un duel que se prépare le fier Sindbad. Pas de préliminaires. Il la pénètre abruptement, œuvre longuement, sa première prouesse a émoussé sa fougue, il se retient, manœuvre, guette dans les yeux de la femme la montée du plaisir. Mais elle, sentant la tornade approcher, se force à l'impassibilité. Il ne saura pas quels orages il a déchaînés en elle. Dans son intensité à l'épier, il oublie son propre contrôle et, soudain, se surprend à pousser à la lune le grand hurlement du mâle assouvi. Un bref triomphe passe dans les yeux de Tamara. Rageur, il lui flanque une paire de gifles. Et fait signe au suivant qu'il peut y aller.

*

Vague après vague, jour après jour, la nef obstinée grignote la mer et taille sa route sous le ciel impavide. Byzance, irrémédiablement, s'éloigne à l'Occident. Les captifs ne sont pas maltraités, Sindbad les fait monter sur le pont et se dégourdir les jambes, surveillés de près par deux terribles gaillards enturbannés, cimeterre au poing. S'il veut les vendre un prix convenable, il vaut mieux que la marchandise arrive au port en bon état. Il les nourrit à suffisance d'une bouillie de semoule qu'ils mangent avec les mains. Et, comme Sindbad le Marin est un homme instruit et curieux de tout, il a avec ses prisonniers de longues conversations où il les fait parler du pays des Francs, du grand roi Karl dont le renom est venu jusqu'en terre sarrazine, de Byzance, de la Basilissa, enfin de toutes ces choses étranges des lointaines régions dont il est si friand. A son tour il raconte Bagdad aux mille palais, les fontaines, les jardins, et la splendeur des splendeurs : le Khalife Haroun al Rachid, Commandeur des Croyants, Bien-Aimé d'Allah.

Les femmes, bien sûr, ne sont pas admises à ces récréations. On les occupe aux corvées qui déshonoreraient un homme. A tout moment, quiconque sent le grand féroce rut l'empoigner aux reins peut jouir de l'une ou de l'autre tout son content, et même des deux à la fois s'il lui passe quelque fantaisie amusante par la tête.

– Ah, gémit Raymond, je me plaignais de ne pouvoir faire avec ma mie tout mon saoul la bête à deux dos, maintenant non seulement je ne la fais mais je dois endurer que vingt gros pères moustachus plus enragés du cul que tous les diables d'enfer la fassent avec elle à couilles fumantes, et sous mon nez.

– Qui craint d'être jaloux doit s'abstenir d'aimer.

– Oh oui, oh oui, oh c'est bien aimable à toi, seigneur donneur de bons conseils!

– Peut-être ces cupides marchands d'hommes espèrent-ils qu'elles mettront bas avant le débarquement, ce qui leur ferait en plus deux enfantelets à vendre et serait tout bénéfice ?

– Quant à cela, ils seront cruellement déçus, du moins en ce qui concerne ma Tamara. Son ventre est sec comme une pelletée de cailloux en plein soleil, la graine d'enfant n'y germe pas. C'est d'ailleurs pourquoi le gros Bulgar Ghéza me l'a si aisément cédée, tu te souviens ?

– Il n'en va pas de même de la petite, hélas.

Un jour les vents sont favorables, un jour ils sont contraires, telle est la fortune de mer. Toujours est-il qu'un matin, haut dans le ciel, ils voient se découper des pics neigeux, ce sont les monts du Caucase. Bientôt la nef manœuvre pour venir se ranger devant l'estacade de bois du petit port sarrazin de Batoum.

*

– Tu me la garantis vierge ?

– Par Allah, aussi vierge que lorsqu'elle est venue au monde. C'est de la princesse, ça, cher ami ! Les pirates Vikings l'ont trouvée, par là-bas, très loin, dans ces pays d'infidèles où les gens ont la peau comme la crème du lait. Toute la famille a été massacrée, tu sais comment sont ces Vikings, ils ont cueilli la petite dans son lit, elle dormait, elle s'est réveillée en mer. Depuis, pas un homme ne l'a touchée, tu penses, une perle pareille ! C'est un trésor, ce petit bijou-là !

– Hmm... Évidemment, c'est du gâteau. Cette peau de bébé, ces cheveux... De l'or liquide ! Et ces yeux bleus...

– A Bagdad, ils seront fous de ces yeux-là. Je te le dis, c'est l'affaire de ta vie. Bien habillée, bien attifée, tu la revends dix fois ce que je t'en demande, facile.

– Elle est vierge, hein? Ta parole?

– Mets-y le doigt, tu verras bien.

– Je risquerais de la percer. Les matrones vérifieront, mais ce sera trop tard... Allons, tope là, c'est affaire faite.

– Et les autres?

– Les autres?

– Prends tout le lot, tu me débarrasseras. L'esclave, tu sais, c'est pas mon fort. J'ai pris ceux-là pour rendre service, mais j'ai toute une cargaison à bazarder et j'ai pas le temps pour ces bricoles. Allez, tu mets trois drachmes de plus, t'emportes les deux types et l'autre bonne femme.

– Beuh... Il y en a un avec une patte en moins. L'autre, ça irait, c'est du trapu, mais tout ça n'est pas de première jeunesse... Attends que je regarde les dents... Ouvre la bouche, toi... Mouais... La quarantaine, je dirais... Ça se place pas comme ça...

– Tu as vu la fille?

– Qu'est-ce que tu crois? Je vois tout. Belle garce. Bien plantée. Beau cul. Mais, bon, le genre slave mâtiné de bulgar, on connaît trop, par ici. Une belle pièce, je dis pas, seulement, sur le marché, c'est rien du tout à côté de la blondinette... Et puis, c'est pas vierge, ça en a pris, dans le cul, ouh là là...

– Bon, tu te décides?

– D'accord, je prends le lot. Bien parce que c'est toi. Tu me garantis qu'elle est vierge, hein?

*

Ce n'est pas une très grosse caravane : deux cents chameaux, autant d'ânes. Elle n'aura pas de grands déserts à traverser mais devra se faufiler par les sinuosités des montagnes d'Arménie, en faisant d'importants détours pour éviter les confins de l'Empire de Byzance, terriblement menacés et terriblement gardés. Si les légions des frontières sont incapables d'empêcher les raids de razzia des émirs musulmans, elles sont par contre promptes à la curée quand il s'agit de rançonner ou de piller une caravane égarée sur leur territoire. Dans les défilés de montagne, l'âne ou le mulet ont le pied plus sûr, mais il se trouvait à Batoum beaucoup plus de chameliers avec leurs chameaux que d'âniers avec leurs ânes, alors on a constitué une caravane mixte.

Le chevalier, Raymond et Tamara, les jambes entravées de façon à pouvoir marcher sans pouvoir courir, avancent à la queue leu leu au pas balancé des bêtes, tenant fermement la queue d'un âne qui, de temps à autre, écarte les fesses et leur lâche sur les pieds un chapelet de crottin fumant. Les fouets claquent au-dessus des têtes, sans conviction, plutôt histoire de rappeler qu'on n'est pas là pour se promener. La petite Luce bénéficie du traitement de faveur dû à une très précieuse pucelle blonde : elle chevauche une ânesse très douce car il ne faut pas qu'elle attrape aux mollets des muscles de portefaix. Son visage et ses mains sont voilés car il ne faut pas que l'ardent soleil gâte ce teint de lait et de roses tant prisé des riches amateurs. A l'étape, elle est tenue à l'écart et surveillée avec soin, la lubricité de ces conducteurs de caravanes est telle qu'ils se feraient couper la tête pour goûter d'un aussi fin morceau. Ils se rattrapent sur Tamara et sur quelques autres esclaves femmes qui sont là justement pour ça. Certains d'entre eux, vieux routiers des antiques pistes caravanières qui, par les arides déserts de sable et de pierres, s'enfoncent dans l'immensité de l'Asie jusqu'au pays des petits hommes jaunes, ont à ce point perdu l'habitude des femmes qu'ils préfèrent copuler avec une chamelle blanche qu'ils aiment d'ardent amour ou avec une ânesse aux longs cils de princesse lointaine. D'autres encore s'arrangent entre hommes, c'est ainsi que les jeunes garçons aux joues imberbes apprennent le métier.

De Batoum à Bagdad il y a cent vingt journées de marche, car la route est fort rallongée par la nécessité de contourner la pointe que pousse en pays musulman la montagneuse Arménie encore au pouvoir de l'Empereur romain d'Orient – maudit soit l'infidèle! – De défilés enneigés en vallées encaissées, de pics en lacs, de creux en bosses puis de déserts en marécages, il semble que la piste ne doive jamais finir, que toujours il faudra poser le pied devant le pied, le pied devant le pied... Pourtant voici qu'on descend dans la large vallée du Tigre aux roseaux balancés, voici que se succèdent les prairies irriguées et les villages de fellahs demi nus sous l'ardent soleil, voici que sur le fleuve un intense trafic de nefs et de barques chargées à crouler annonce l'approche d'une métropole, voici qu'à l'horizon pointent les minarets effilés et moutonnent les coupoles d'or de Bagdad l'unique.

*

– Bon, dit la matrone. Voyons ça. Vierge, tu dis? Hmm... Ces yeux-là me disent autre chose. Allons toi, retire-moi tout ça!... Elle ne comprend pas. Eh bien, fais-la mettre à poil, ta perle rare.

La petite Luce est vite dépouillée de l'ample robe sous laquelle disparaît sa taille gracile, la voilà tout à fait nue, et voilà la surprise!

– C'est ça, ta pucelle? s'esclaffe la matrone. Je dirais cinq bons mois, à vue de nez...

– Qu'est-ce que tu racontes?

– Je raconte que ta fille de roi vient d'entrer

toutes voiles dehors dans son sixième mois de grossesse... Ce petit ventre-là ne doit rien au couscous.

– Tu es sûre?

– Oh, absolument, par Allah! Pas la peine d'aller lui regarder la fente.

– Regarde quand même!

– D'accord... Couche-toi là, toi!... C'est vrai, elle ne comprend rien... Allons! Couchée! Comme ça, sur le dos, les pattes en l'air, fais comme moi, comme quand tu te fais enfoncer des gosses dans le ventre, petite salope... Là, c'est ça... Tiens, honorable marchand, vois toi-même : un trou! Béant!

– Le salaud! Il m'a bien eu! Grosse de cinq mois, tu dis? Faire ça à un musulman! Ce cochon-là se l'est envoyée par toutes les modalités de la copulation, et maintenant il doit bien rire avec mon fric en poche!

– N'achète jamais aux gens de passage, ces marins autant pirates que marchands sont des fripouilles...

– Tes conseils, tu sais où tu peux te les mettre?... Et moi, qu'est-ce que je vais faire de cette roulure qui ne vaut même pas le prix d'une vieille bourrique?

– Oh, il y a toujours moyen de rattraper le coup...

– Ah, oui?

– Écoute. Pour le gros ventre, pas de problème, je connais les herbes... Le pucelage, c'est plus délicat, mais on peut essayer. L'essentiel est de faire illusion la première fois, n'est-ce pas. Tu me la confies pendant une quinzaine, je vais voir ce que je peux faire.

– Et tu vas me prendre plus cher qu'elle ne vaut.

– Allons, allons, pas d'avarice! Tu paieras après coup, si tu es satisfait.
– Ça marche.

*

Le caravansérail comprend, rangés autour d'une grande cour carrée, des chambres pour les marchands aisés, des dortoirs pour les plus modestes. Toute une aile est occupée par les écuries, les étables et deux vastes halles où sont parqués les esclaves avant qu'on ne les mène au marché. Le chevalier et Raymond, vautrés sur la paille, reprennent des forces et essaient d'y voir clair dans un avenir qui s'annonce calamiteux.

– Nous allons être séparés, je ne vois pas comment éviter ça, dit Raymond.

– Tu vois où t'a mené ta folle obstination à me suivre? Voilà maintenant que tu ne pourras même pas me suivre. Quant à moi, rien ne m'empêchera de filer d'ici et d'aller aux pieds de ma Dame faire l'aveu de mes torts et insuffisances. Ou alors j'y laisserai la peau, ce qui est aussi une solution.

– Quand tu fileras, je filerai! Où que tu sois, je saurai bien te retrouver. Dès qu'on nous aura vendus nous ne serons plus enchaînés, on achète un esclave pour le faire travailler, pas pour s'amuser à écouter cliqueter des chaînes. Nous sommes en ville, j'y nage à l'aise, c'est mon bocal, et puis, je parle assez l'arabe pour me débrouiller... Et je voudrais bien ne pas perdre Tamara.

Tamara est parquée dans un autre hangar, avec les esclaves femelles. Elle attend. Elle guette. Elle se tient prête.

QUATORZIÈME CHAPITRE (bis)

– A-T-ON des nouvelles du roi Karl? demande Léon III, pape.

– Très Saint Père, les nouvelles ordinaires. Mais un courrier n'est-il pas arrivé d'Aachen avec un message du seigneur roi Karl pour Ta Sainteté?

– Hé oui, un message, bien sûr, un message... Pour ne rien dire. Il me souhaite le bonjour, me demande comment je me porte... Balivernes! Ce gros Teuton me mène en bateau. Il ne me laisse en rien entendre s'il vient à Rome, même à mots couverts.

– Très Saint Père, il n'y a pas que les courriers officiels.

– Qu'est-ce que tu insinues, toi? Si tu sais quelque chose, dis-le.

– Eh bien, je me suis laissé dire qu'on fait des préparatifs.

– Alors?

– Des préparatifs de départ.

– Ah, ah...

– Ça voudrait se faire dans la discrétion, mais on ne déplace pas une cour comme celle du roi Karl sans un peu de remue-ménage. Le roi Karl ne fêtera pas la Noël à Aachen.

– Ça ne veut pas dire qu'il la fêtera à Rome.

– On s'équipe en toilettes légères, pas en fourrures.

– Les États de Karl sont vastes et comprennent pas mal de rivages ensoleillés... Oh, mais, dis donc?

– Oui, Très Saint Père?

– Et si c'était à Byzance, qu'il va?

– A Byzance?

– Oui, à Byzance, imbécile! Épouser cette pute d'Irène qui pleure après ça depuis si longtemps!

– Oh, Très Saint Père...

– C'est que la voilà bien en selle, la salope, depuis qu'elle a éliminé le morveux! Elle a écrasé la gueule aux brûleurs d'images, elle a maté l'armée, elle ne se sent plus pisser... Et le gros Karl n'a jamais été très franc du collier. Il est catholique romain tant que ça l'arrange, il se ferait aussi bien schismatique. Pour l'Empire du monde, qui ne le ferait? Et alors, je ne sais pas si tu te rends compte, mais ce sont tous ses Francs qui passent de l'autre côté, en bloc, toutes les Gaules et les Germanies, peut-être même l'Italie... Oh, nom de Dieu! C'est que, depuis qu'il a réglé leur compte aux Avars, ses frontières touchent celles d'Irène, et nous voilà, nous, gardiens de la vraie foi, pris en tenaille, disparus, anéantis! Ce que les Lombards n'ont pas pu faire, parce que Karl, justement les en a empêchés, Karl le ferait rien qu'en étendant le bras...

– Très Saint Père, il ne va pas à Byzance. Il vient à Rome.

– Qu'est-ce que tu en sais?

– Nos religieux vont et viennent... Ils ont des oreilles qui traînent... Le roi Karl est muet, mais il a des filles. Ça jacasse, les filles. Karl sait parfaitement ce que tu lui prépares, et je puis te dire qu'il l'accepte.

– Tu crois?

– Je le sais. Je puis même te confier qu'il se fait secrètement tailler un costume de patrice romain, parce qu'il trouve ça plus sobre. Il est patrice, n'est-ce pas ? Bien sûr, ce sera du patrice tel que le voit un barbare, peut-être y aura-t-il des plumes de paon à la toge...

– Alors, que tout soit prêt ! Grandiose, mais simple et de bon goût, si tu vois.

Léon III, pape, se frotte les mains. « Après ça j'envoie Karl, empereur, arracher à la mère Irène la Sicile, la Calabre et tout ce que cette salope prétend posséder encore en Italie ! Pour commencer... »

*

Le jour de Noël de l'an 800, Karl, roi des Francs, que l'on appelle aussi Charlemagne, étant venu sans façon passer les fêtes à Rome chez son ami Léon III, pape, se voit, en pleine église, après avoir entendu la messe, poser sur la tête, qu'il a plutôt grosse, une couronne très belle et à ses mesures exactes tandis que le pape Léon prononce en latin à voix haute et claire ces mots que reprend en clameur toute l'assistance :

– Longue vie et victoire à Carolus, couronné par la main de Dieu, très sage et très pieux Auguste, grand et pacifique Empereur des Romains !

Et puis on frotte son corps d'huile sainte là où ça se frotte, et voilà, il est Empereur, il n'en revient pas, le bon Karl. Ça alors !

QUINZIÈME CHAPITRE

Un certain jour d'entre les jours, son Éclatante Splendeur Haroun, surnommé « al Rachid », c'est-à-dire « le Juste », Khalife de l'Islam, Continuateur du Prophète, Œil d'Allah sur la Terre et Commandeur des Croyants, tient audience, comme il le fait chaque jour, dans son palais de Bagdad la toute neuve, l'opulente, la splendide. Les temps ne sont plus où le Prophète – exalté soit son Nom! – se nourrissait d'une poignée de dattes sèches et posait pour dormir sa tête sur la selle de son méhari. Voici un demi-siècle que les Abbassides ont chassé les Omeyyades et établi le khalifat héréditaire. Ils ont délaissé Damas, capitale des guerriers, pour Bagdad la voluptueuse. Le Khalife n'est plus seulement le guide inflexible, l'austère garant de l'observance du Koran, mais un autocrate tout-puissant et inaccessible, un demi-dieu perdu dans l'éblouissement de sa gloire comme ces Pharaons d'Égypte ou ces Rois des Rois de la Perse que le formidable élan des premiers conquérants de l'Islam écrasa face contre terre devant la majesté du seul vrai Dieu.

Et donc le Khalife siège dans sa Salle des Audiences du Matin. Il écoute avec une bienveillante attention les requêtes et les souhaits que, l'un après l'autre, lui adressent les croyants prosternés devant sa face de lumière et que lui transmet au fur et à mesure le vizir bien-aimé de son cœur, le très excellent, le très sagace, le très intègre, l'incomparable Djiafar el Barmakide, perle et accomplissement des vizirs.

Mais voici que le gros des affaires est réglé, le menu peuple s'en est allé, et Djiafar, à son tour prosterné dans sa prosternation, fait monter vers le Khalife cette prière :

– O Commandeur des Croyants, œil, oreille et bouche d'Allah le Très-Haut – exalté soit-il ! –, permets, je te prie, à cet insignifiant reptile, ton vizir, de faire connaître à ta Sublimité un personnage à la vérité étonnant au-delà de tout étonnement, qui fut plus calamiteux que la calamité même et se trouve présentement plus heureux que le bonheur même.

A ces paroles de son vizir Djiafar, Haroun al Rachid sent les dents aiguës de la curiosité mordre les labyrinthes de son impatience et faire palpiter les éventails de son cœur. Il dit :

– L'histoire d'un homme tel que tu me le dépeins doit certes n'être pas une histoire de peu d'intérêt, et mon âme brûle d'en être instruite. Où donc se trouve, ô mon vizir Djiafar, ce personnage qu'il faut absolument que je connaisse ?

Djiafar répond aussitôt :

– O perle de l'Orient et des Sept Directions Favorables, cet homme est le roi Schahriar, qui règne sur un royaume d'entre les royaumes des régions et des îles de l'Inde et de la Chine, il est là qui n'attend que ton désir pour venir entre tes mains te raconter lui-même son étonnante aventure.

Le Khalife dit :

– Qu'il entre.

Djiafar dit :

– Avec ta permission. J'écoute et j'obéis.

Djiafar le vizir frappe dans ses mains, à ce signe les eunuques noirs écartent les draperies de la porte et l'on voit entrer un roi jeune encore, beau et de fière allure. Une adolescente le suit, soigneusement voilée sauf les yeux, qu'elle tient baissés avec modestie mais dont l'éclat est tel qu'à travers ses cils de nuit ils frappent au cœur comme la flèche meurtrière. N'est-ce pas de tels yeux que le poète a pu dire :

Ya Allah!
Tes yeux.
L'un est le soleil,
l'autre la lune.
Tous deux me tuent.

Le roi des régions éloignées s'avance d'une élégante démarche et se jette à terre devant le Khalife pour sa prosternation.

– Je vois, dit le Khalife, que j'ai affaire à un roi de belle mine et de bonnes manières. Parle, je te prie. Et si vraiment ton histoire est aussi extraordinaire parmi les histoires extraordinaires que l'assure mon vizir Djiafar, je saurai me montrer reconnaissant, ô roi fortuné.

Le roi alors s'installe commodément et parle ainsi :

– Avec ta permission, Commandeur des Croyants. Sache que mon nom est Schahriar et que je suis roi d'un royaume d'entre les royaumes des régions et des îles de l'Inde et de la Chine, par là. Et l'adolescente que tu vois ici est mon épouse. Elle a pour nom Shéhérazade et mon cœur défaille de joie à seulement prononcer ce nom. Mais je crois qu'il vaut mieux que je commence par le commencement, sans quoi, ô Lumière d'Allah – béni soit le saint Nom! – tu ne comprendras rien à cette extraordinaire histoire qui mériterait d'être écrite avec des aiguilles sur la face intérieure de l'œil pour la méditation et l'édification des générations.

« Sache aussi que j'ai un frère tendrement chéri, qui a pour nom le roi Schahzaman, et qui possédait jadis une épouse qu'il aimait d'une ardente passion. Un jour d'entre les jours, alors qu'elle croyait mon frère, son époux, absent du palais, mon frère surprit cette épouse de calamité en train de pratiquer la copulation avec un esclave noir d'entre les esclaves du palais. Elle apportait à cet exercice une ardeur que jamais elle n'avait manifestée lorsque mon frère la caressait, et pourtant grande était la passion de mon frère et puissant son organe. Dans l'extrême violence de son désespoir, mon frère tira son cimeterre et coupa la tête aux deux fornicateurs tandis qu'ils étaient accolés l'un dans l'autre comme des chiens, et puis il s'en vint tristement me rendre visite car le secret de son déshonneur lui pesait sur le foie et lui noircissait l'âme. Or son royaume est éloigné du mien de plusieurs journées de désert. Et voilà qu'à peine arrivé chez moi il lui fut donné de surprendre ma propre jeune épouse se faisant effroyablement défoncer l'orifice de l'amour et successivement tous les autres orifices par un colossal nègre noir doté d'un membre énorme plus tourmenté en sinuosités et protubérances qu'un vieux cep de vigne. Et mon frère entendit mon épouse hurler sous les terribles coups du cul du nègre noir, elle hurlait « Encore! » et « Enfonce! » et, autour d'elle, les vingt servantes belles à ravir que je lui avais données pour son usage et agrément s'ouvraient pareillement aux furieux assauts des défonçoirs monstrueux de vingt nègres gigantesques. Et tous continuèrent longtemps ainsi et ne mirent fin à leurs baisers, accolades, agaceries, copulations, sodomisations et autres fornications qu'avec l'approche du jour.

« Quand mon malheureux frère m'eut appris cela, je vis devant mes yeux le jour éclatant s'obscurcir et faire place aux ténèbres. Ayant constaté la chose par moi-même, je coupai de ma propre main le cou de mon épouse, celui des vingt servantes et celui des vingt et un nègres noirs. Puis nous fîmes serment par Allah, mon frère et moi-même, de prendre chaque nuit une jeune fille vierge, de lui ravir sa virginité et, au matin, de lui couper le cou avant d'aller vaquer aux affaires de nos royaumes. Ainsi ne risquions-nous plus d'être dupés par la diabolique astuce que déploient les femmes au service de la dévorante avidité de leur gouffre de perdition. De cette façon s'écoulèrent trois années, satisfaisantes du point de vue de l'équilibre des humeurs du corps mais affreusement vides par l'impossibilité de s'abandonner en confiance à la joie de la douceur féminine, qui est la récompense et le repos du guerrier comme du souverain.

« Donc, trois années s'écoulèrent, longues années. Vint un jour où l'on manqua de jeunes filles vierges. Mon vizir m'annonça cela, mais je n'en voulus rien savoir et lui donnai l'ordre de m'amener pour ce soir-là comme à l'accoutumée une jeune fille de belle prestance et de joli visage, instruite et bien élevée, présentée par ses parents et absolument vierge par tous ses orifices, cela va de soi. Il y allait de sa tête, à lui, vizir, cela va également de soi.

« Le vizir chercha, chercha, et finit par trouver une jeune fille, et c'était sa propre fille. Il n'y en avait plus d'autres dans tout le royaume. Or cette jouvencelle était belle comme la lune en son plein et son regard faisait vaciller les étoiles. Son père le vizir la suivait en pleurant, portant sur un de ses bras la chemise nuptiale, sur l'autre un linceul propre et bien plié. Mon cœur bondit de joie comme un faon altéré qui voit s'approcher de ses lèvres la douce mamelle de sa mère la biche, car depuis longtemps il ne m'avait été donné de savourer la primeur d'une adolescente aussi merveilleusement belle.

« Les yeux baissés avec modestie, elle me dit s'appeler Schéhérazade. Puis elle me demanda s'il m'agréerait que sa petite sœur, Doniazade, qu'elle aimait tendrement et qu'elle voyait, donc, pour la dernière fois, assiste à nos accolements. Je regardai alors cette fille cadette, la trouvai non moins accomplie que son aînée, quoique pas tout à fait aussi épanouie de formes à cause de son plus jeune âge. J'acquiesçai bien volontiers à cette demande, pensant avec satisfaction que le problème de la jeune fille du lendemain se trouvait du même coup résolu.

« La petite sœur Doniazade se blottit discrètement auprès du lit et nous fîmes ce que nous avions à faire. Ayant ravi sa virginité à Schéhérazade puis lui ayant encore prouvé plusieurs fois à quel point elle me plaisait, je ne sus plus trop que faire, or la nuit n'en était qu'à son début. A ce moment, la petite Doniazade dit à sa sœur : « Par Allah sur toi, ô ma sœur, raconte-nous une de ces histoires enchanteresses que tu connais et que tu dis si bien ! » Et Schéhérazade répondit : « De tout cœur et comme hommage dû ! Si toutefois veut bien le permettre ce roi bien élevé et doué de bonnes manières. » Comme justement je souffrais alors d'insomnie, je fus tout content de l'idée et je m'empressai de dire oui.

« C'est à ce moment précis que ma vie terrestre cessa d'être triste et désespérée pour devenir plus splendide et riante que le paradis d'Allah – exalté soit le Nom ! – Sache en effet, ô Source de Lumière et de Prospérité, que cette adolescente possède dans l'éblouissement de la perfection l'art de charmer l'esprit et les sens par le miracle de la parole.

Car elle a lu les livres, les annales, les poètes, les légendes des rois anciens et les histoires des peuples passés. Sa voix est aussi musicale et délicieuse que son esprit est orné. Et ce récit qu'elle me fit cette nuit-là me tint si fort en haleine que le jour arriva sans que je le visse venir. Or le récit n'était pas achevé. Et moi, plus que toute autre chose au monde, je désirais entendre la suite. Je décidai donc de remettre au matin suivant de couper la tête à Schéhérazade, après que j'aurais entendu la fin de l'histoire. Ainsi fis-je. Mais l'histoire se termina au beau milieu de la deuxième nuit, et Schéhérazade, pour charmer mon insomnie, en commença une autre... Et ainsi, de nuit en nuit, d'histoires en histoires, j'ai remis sans cesse au lendemain de couper la tête à cette adolescente au langage parfumé, et voici, comprenant que le plaisir de son babil m'est plus important que tout autre plaisir au monde, sauf peut-être celui que me procure la fornication dans son ventre profond et accueillant, j'ai décidé de lui faire grâce une bonne fois pour toutes et de la prendre pour épouse bien-aimée. À la condition, toutefois, qu'elle ne cesse de me charmer, chaque nuit, après le temps dédié aux plaisirs variés de la copulation, par de nouveaux récits plus merveilleux que les précédents. Ce qu'elle accepta bien volontiers.

« Or, ô favori d'Allah très haut, cette adolescente, mon épouse, la voici. C'est elle qui se tient en ce moment même entre tes mains pour confirmer cette histoire et te faire juge de son étrangeté.

Ayant écouté attentivement ce récit extraordinaire, le Khalife se trémousse de plaisir dans toutes les convulsions du trémoussement et bée d'étonnement à la limite des possibilités de béance de sa mâchoire. Il dit au roi Schahriar :

– Ya Allah, ô roi fortuné parmi les rois fortunés,

ton histoire est à la vérité une merveilleuse histoire parmi les histoires, et tu viens de me procurer en cet instant plus de plaisir que je n'en ai goûté depuis bien longtemps! Or retire-toi de ma présence, car je veux maintenant m'entretenir seul à seul avec cette délicieuse jouvencelle, ton épouse.

Le roi Schahriar répond par l'ouïe et l'obéissance et se retire de devant le Khalife. Haroun al Rachid, alors, s'adressant à la jouvencelle, dit :

– O fille d'Adam, dévoile ta face. Tu es en ce moment entre les mains du Commandeur des Croyants devant qui tous sont égaux et n'ont qu'une taille et qu'un sexe, hommes et femmes, chevaux et juments, chameaux et chamelles, pigeons et colombes. Ce ne sont point les yeux sacrilèges d'un homme qui contempleront ton visage mais ceux même d'Allah sur la terre, en la personne de son représentant.

La jeune femme alors s'incline devant le Khalife en signe qu'elle a entendu et qu'elle obéit, et puis, d'un geste plein de grâce, elle défait son voile, et voici : apparaît au jour un visage plus resplendissant que mille soleils, et le puissant Khalife sent son sang impétueux courir dans ses veines comme une horde de chevaux sauvages affolés par l'orage et les éventails de son cœur palpiter dans le paroxysme de la palpitation. Il s'écrie :

– Ya Allah, jouvencelle! Si ton ramage est l'égal de ton plumage... Je veux dire : si vraiment tu racontes aussi délicieusement que tu es belle, bienheureux parmi les bienheureux celui qui t'écoute et te voit!

A quoi répond modestement Schéhérazade :

– Reflet de la lumière du Très-Haut – exalté soit-il dans les siècles des siècles! – voici maintenant bien des années que, jour après jour, nuit après nuit, je sauve ma tête par l'artifice de l'histoire interrompue à l'aube, ainsi que te l'a raconté ce roi, mon époux. Or sache que, avant qu'il ne se décidât à me faire grâce de la vie et à m'épouser, je dus prolonger ce stratagème pendant mille nuits et une nuit, pas une de plus, pas une de moins. Sache encore que ma provision d'histoires merveilleuses commençait alors à s'épuiser et que moi-même j'en étais arrivée à un point de saturation et de lassitude où je trouvais la mort préférable à la continuation des récits nocturnes. Et c'est justement la nuit même où j'avais décidé de dire au roi Schahriar « Coupe-moi la tête, ô roi, j'aime encore mieux cela que continuer à te débiter de pareilles âneries alors que le sommeil ferme mes yeux et dessèche ma langue », c'est justement cette nuit-là, avant même que je n'eusse ouvert la bouche, que le roi m'offrit la vie sauve et les prérogatives d'épouse devant Allah. Je n'eus donc pas à prononcer les paroles désespérées que j'avais préparées, je m'inclinai devant le désir de mon seigneur et commençai les préparatifs des noces. Et comme le roi avait décidé de faire grâce également à ma petite sœur Doniazade et de la donner en légitime mariage à son frère le sultan Shahzaman, car il voulait que désormais nous vivions tous ensemble, j'exultais dans la perfection de la félicité et la sublimité de la jubilation, ya Allah ! La plus haute et la plus belle tour du palais de mon bonheur était l'assurance de la fin des séances de nuit et de l'enchaînement des histoires...

« Mais, ô Émir des Croyants, le destin de l'homme est dans la main d'Allah, et bien présomptueux qui l'oublie un instant ! Le lendemain même de la mille-et-unième nuit, à peine terminé le festin des noces, voici que le roi, mon nouvel époux, ayant fait avec moi sa chose ordinaire, ni mieux ni plus mal que les fois précédentes car mon corps n'avait plus rien à lui révéler et l'habitude émousse le désir, voici donc qu'il me prie de lui raconter une de ces succulentes, de ces délicieuses, de ces fabuleuses histoires que seule ma bouche sait animer dans la plénitude de l'animation... Et ma petite sœur Doniazade, et mon beau-frère le roi Schahzaman qui venaient eux aussi de se délecter dans les multiples délectations des léchages, suçotements et copulations, me prièrent à leur tour de raconter une histoire, et voilà, je dus pressurer ma mémoire et fouetter mon imagination pour en tirer une nouvelle histoire, et ce me fut épouvantablement pénible, quoique, cette fois, il n'y eût pas la menace de la tête coupée à la pointe du jour...

« Et ce fut la mille-et-deuxième nuit.

« Et depuis, ô Khalife béni entre les Khalifes, la vie continue à couler telle qu'elle coulait auparavant, et moi je dois, nuit après nuit, inventer histoire sur histoire, et je me languis, et je maudis mon époux et le jour qui m'a vue naître, et, si rien ne vient changer mon destin, je ne sais comment tout cela finira, mais ce ne pourra être que dans l'abomination de la malédiction et la damnation de la putréfaction.

Ayant ouï ce récit de la jouvencelle Schéhérazade, Haroun al Rachid se dilate et s'épanouit à la limite de la dilatation et de l'épanouissement, s'esclaffe, se trémousse, pleure de rire, pisse dans son caleçon de cérémonie et fait, pour finir, trois sauts périlleux en avant puis trois en arrière. Enfin, s'essuyant les yeux sur la manche de sa robe d'apparat, il dit :

– Cette histoire, ô jouvencelle de bénédictions, est la plus extravagante et la mieux venue de toutes les histoires que j'aie jamais entendues. Aussi, de ce jour, je t'achète à ton époux, le roi Schahriar, et je t'épouse à mon tour. Et, chaque nuit, je me délecterai de ton corps adorable dans toutes les variétés et les positions de la délectation. En suite de quoi tu charmeras par tes récits réjouissants les insomnies cruelles qu'il a plu à Allah de m'infliger, et ainsi passerons-nous gentiment le temps jusqu'à la pointe du jour.

A ces paroles du Khalife, Schéhérazade sent son teint jaunir et son nez s'allonger. Cependant, elle répond par l'ouïe et l'obéissance, et que faire d'autre ?

Alors, se tournant vers son vizir bien-aimé Djiafar, Haroun al Rachid lui ordonne de veiller à ce que toutes choses s'accomplissent exactement selon son désir exprimé, et voilà une affaire réglée.

*

Tandis que Schéhérazade la bien-diseuse prend piteusement le chemin du harem du Khalife et le roi Schahriar celui de son lointain royaume, l'un et l'autre se repentant amèrement de n'avoir pas su tenir leur langue, quoique pour des motifs différents, le Khalife Haroun al Rachid, suivi du vizir Djiafar et de Massrour le porte-glaive, instrument de sa prompte justice et de ses encore plus promptes vengeances, gagne la salle où se tient son Grand Conseil des Sages de l'Islam.

Les sultans et les émirs de toutes les contrées de l'Empire sont là, et aussi les chefs des armées, et aussi quelques vieux cheiks pleins de sagesse qui passent leur temps à jeûner et à s'infliger de cruelles et ingénieuses macérations afin d'affiner l'acuité de leur esprit et d'attraper au vol une étincelle de la pensée d'Allah Très-Haut pour être à même par leurs judicieux conseils d'éclairer le Khalife dans la tâche écrasante mais exaltante qu'est la conduite du peuple immense des croyants dans la droite voie de l'Islam.

A la survenue du Khalife, tous se jettent face contre terre dans l'attitude de la prosternation, puis, le Khalife ayant pris place sur les coussins du divan et ayant fait le geste de la permission, Massrour le nègre géant frappe le sol du fourreau de son cimeterre. Alors tous se relèvent et s'installent au mieux des commodités de la conversation. Ils attendent respectueusement que le Khalife parle, car c'est lui qui les a convoqués, ceci est une assemblée extraordinaire, ils sont anxieux d'apprendre à quels événements de haute gravité ils doivent d'être en ce moment tous réunis au palais.

Le Khalife lève la main. Massrour fait résonner son cimeterre sur la dalle et crie à voix éclatante :

– Ecoutez, écoutez, ô Croyants!

Tous par la mimique de leur visage témoignent qu'ils écoutent avidement. Alors le Khalife parle :

– O vous qui m'écoutez, vous qui êtes grands parmi les grands de l'Islam mais qui n'êtes, comme toute créature, que poussière entre les mains d'Allah – loué mille et mille fois mille fois soit son nom –, sachez que, inspiré par Allah, j'ai pris une décision. Et cette décision est telle que je vais vous dire.

« Vous savez qu'à Constantinia[1] le pouvoir est tombé entre les mains d'une femelle, la Brasilissa Irinia[2], laquelle, par ruse, artifice et félonie, qui sont armes naturelles de femme, a évincé son propre fils du trône de ses pères et, entourée d'une bande d'eunuques efféminés et de moines avides, ses conseillers, ses complices en infamie et ses compagnons de débauche, qu'elle subjugue par sa très grande beauté et aussi par les artifices de la sorcellerie car elle est experte en toutes choses mauvaises et tient ses étranges pouvoir du diable à

1. Pour les chrétiens : Constantinople (ou Byzance, si vous préférez).

2. Irène, naturellement. Ces Arabes! Il faut que ça arabise tout!

qui elle se donne chaque samedi dans toutes les monstruosités des fornications diaboliques, cette Irinia de putréfaction, dis-je, pressure et opprime à tel point le peuple romain de Constantinia et des provinces que ce peuple malheureux n'opposerait pas une trop vive résistance à quiconque viendrait, les armes à la main, le délivrer du joug de cette putain mille et mille fois détestée.

« Plusieurs fois déjà les armées victorieuses de l'Islam ont fait sentir le goût de la honteuse défaite à l'infâme Irinia. Chaque fois, ses artifices et ses promesses ont su éveiller ma pitié et j'ai retenu les cavaliers alors qu'ils étaient déjà en vue des murs de Constantinia l'orgueilleuse. J'ai connu la joie puissante de voir le plus grand monarque du monde chrétien – prononçant ce mot, le Khalife crache en profond dégoût, et après lui tous ceux de l'assistance crachent à leur tour. Un esclave s'élance pour essuyer les lèvres du Khalife d'un linge plus léger que la toile de l'araignée du matin –... le plus grand monarque de tous les pays des infidèles se traîner à mes pieds. J'ai posé mon pied sur sa tête et j'ai accordé la paix moyennant un tribut de cent mille dinars d'or payable chaque année, avec en sus dix mille esclaves hommes et autant d'esclaves femelles robustes et en bonne santé, ainsi que le libre passage à travers les territoires de la Basilissa pour les guerriers de l'Islam quand ils doivent aller châtier le peuple turbulent des Khazars.

« Or voici trop longtemps que mes guerriers se reposent et que vous, mes chefs de guerre, vous amollissez dans les délices du butin glorieusement conquis. Les temps sont venus de donner un nouvel élan à l'Islam militant et de conquérir à Allah, les armes à la main, de nouvelles âmes et de nouveaux territoires, ainsi que l'ordonne le Prophète à tout vrai musulman. Constantinia est mûre et bonne à cueillir, et avec elle tout l'Empire romain d'Orient dont elle est la capitale. L'ignoble femelle doit défendre ses frontières contre les harcèlements des Khazars à l'Est, des Avars et des Bulgars au Nord et à l'Ouest, des Slaves un peu partout à l'intérieur même de son Empire... Le peuple romain ne met aucune ardeur à défendre son propre sol, Irinia est donc obligée de recourir à des mercenaires qu'elle ne parvient pas à payer et qui se vendent au plus offrant. Le mariage qu'elle projetait avec le roi des Francs Karol ibn Pipin'[1] n'a pas abouti, le roi Karol préfère les amples cuisses blanches et les vastes vagins sans fond des femmes franques. – Ici, le Khalife cligne de l'œil et rit d'un air salace en se frappant les cuisses. Tous rient, moins fort cependant, et se tapotent légèrement les cuisses. – L'Empire de Constantinia est à prendre, c'est exactement l'instant rêvé, les armées de l'Islam vont se mettre en route et cueillir ce fruit mûr à point. Tuez tout, ô mes braves! Et quand votre bras sera las de faire voler les têtes, offrez le choix à ceux qui resteront : ou se convertir à Allah, ou le pal. Et quant à l'ogresse Irinia, je lui réserve un supplice d'entre les supplices qui réjouira vos cœurs innocents et émerveillera vos yeux par sa nouveauté et son ingéniosité, ya Allah!

Prononçant ces derniers mots, le Khalife se lève, les deux bras dressés, son cimeterre à la lame étincelante d'or dans une main, une lance légère dans l'autre. Tous les sultans, les émirs, les vizirs, les chefs de guerre et les cheiks vénérables ici présents se dressent et crient « Ya Allah! » dans un grand enthousiasme, sans toutefois brandir de cimeterres ni de lances, car quiconque serait assez audacieux pour se présenter au Conseil avec des

1. Aucun doute! Il s'agit de Karl, fils de Pépin (le Bref).

armes sur lui aurait sur-le-champ la tête tranchée par Massrour le porte-glaive.

Puis le Khalife congédie ceux qui n'ont aucune fonction dans l'organisation de la guerre et s'enferme avec les chefs de l'armée dans la Chambre des Cartes et des Figures de la Terre afin de mettre au point les préparatifs de la campagne.

SEIZIÈME CHAPITRE

Le crieur public crie :

– Cet après-midi, au souk, après la sieste, grande vente d'esclaves à la criée ! Superbes arrivages ! Grand choix de Slaves tout-venant pour les gros travaux ! Très belles femelles de Circassie et d'Arménie, les plus belles femmes du monde, un enfant mâle par an garanti ! Grand choix d'enfants des deux sexes, les mâles non encore coupés ! Plusieurs moines grecs sachant lire et écrire l'écriture, même l'écriture arabe ! Un astrologue avec ses instruments. Lots de différents artisans : ciseleurs de cuivre, facteurs d'épées et cimeterres, potiers, mosaïstes, et bien d'autres encore ! On peut venir examiner la marchandise toute la matinée et jusqu'au début des enchères ! Qu'on se le dise !

Du sol piétiné par les éventuels acheteurs monte une épaisse nappe de poussière jaune. Ce n'est pas la ruée, mais il y a du monde. Le client feint l'indifférence blasée, le vendeur joue du sourire. On examine. « Ouvre la bouche, toi, là ! » « Tourne-toi ! » « Plie ton bras, que je tâte ! » « Hmm... Une grande carcasse, d'accord, mais c'est mou, tout ça, c'est mou ! » « A combien, la mise à prix de celui-là ?... T'es cinglé, mon gars, à moitié prix j'en voudrais pas ! »

Autour du chevalier et de Raymond, ce n'est pas la foule. Un esclave, il faut le prendre jeune, le former, se l'attacher. Les hommes faits ont trop de nostalgies au cœur pour se donner vraiment au travail. Le souvenir de leur vie d'hommes libres, de ceux qu'ils aimaient et de tout ce qu'ils ont perdu les prend à la gorge, c'est mauvais pour le rendement. Trop souvent ils se suicident ou ont des coups de folie. Raymond porte sur la poitrine un écriteau indiquant qu'il parle le grec, le latin, le tudesque et l'arabe, mais qu'il ne les lit ni ne les écrit. L'écriteau pendant au cou du chevalier le présente comme un émérite manieur d'épée qui pourrait faire un excellent garde du corps, mais le crochet de fer qui lui tient lieu de main gauche rebute les amateurs.

Raymond louche avec anxiété vers l'endroit où, un peu plus loin, parmi le groupe des « très belles femelles de Circassie et d'Arménie », Tamara la louve est livrée aux tripotages des chalands. Justement, un petit vieillard plié en deux et surmonté d'un énorme turban crasseux a l'air de s'intéresser fortement à la grande fille. Il n'arrête pas d'en faire le tour, la toise de bas en haut sous toutes les coutures, lui soupèse les seins, lui pince les cuisses, lui tâte la motte de sa main de squelette arrondie en conque et marmonne dans sa barbe d'un air de grande satisfaction. Puis le petit vieillard discute avec le préposé à la garde des femmes, et la discussion semble aboutir à des perspectives agréables pour lui puisqu'il s'éloigne en boitillant, les reins à l'équerre, et s'assied un peu à l'écart, dans l'ombre d'un palmier, pour attendre l'ouverture de la vente en surveillant ce qu'il considère déjà comme son bien. Raymond voit tout cela.

– Aïe, dit-il, j'ai bien l'impression que ce vieux

dégeulasse veut se payer ma poupée d'amour. Mais qu'est-ce qu'il croit, ce débris? C'est pas de la panade pour ses gencives sans dents, ça! Oh, ma cavale! Oh, ma tigresse! Voilà que tu vas vider les pots de chambre de ce cadavre déjà tout bouffé par les asticots! Voilà que tu vas passer tes nuits à tripoter ces vieilles couilles fripées jusqu'à ce qu'il pousse son petit cri! Et il t'en récompensera à coups de trique. Et tu devras dire « Merci, ya Sidi! »... Oh, ma très belle, ma force, ma vie, c'en est donc fait, je ne te reverrai plus...

Tamara n'entend pas cela. Mais qu'a-t-elle besoin d'entendre! Son visage est tourné vers Raymond, ses yeux lui disent intensément « Ne désespère pas! Nous sommes en vie, toi et moi, je vis pour toi, mon seul maître c'est toi, nous nous retrouverons, je ne sais pas comment mais nous nous retrouverons, ton cœur saigne, le mien aussi, loin de moi tu es un enfant privé de sa mère, je ferai tout pour que nous soyons réunis. Si nous devons mourir, que ce soit ensemble. Courage, fie-toi en moi, mon maître, mon homme, mon tout-petit! » Les yeux de Tamara disent cela et les yeux de Raymond l'entendent, et Raymond sent une grande force entrer en lui. Les yeux de Tamara voudraient dire encore autre chose, et cette chose là aussi les yeux de Raymond l'entendent, bien qu'elle ne soit pas dite, et elle ne sera pas dite parce que les yeux auxquels elle se voudrait destinée ne sauraient pas l'entendre. Le chevalier regarde de l'autre côté.

*

Les enchères n'ont guère monté. Le petit vieux a eu Tamara pour un prix très raisonnable. On le connaît, on trouve amusant qu'il veuille se payer une belle esclave. C'est un mendiant d'entre les mendiants de Bagdad, or mendier à Bagdad vaut mieux que labourer la terre dans les limons glaiseux entre Tigre et Euphrate. Car, à Bagdad, les croyants suivent les préceptes du Prophète – sur lui la lumière et la paix ! – et ont la paume généreuse. En vérité ce mendiant-là est très riche, mais personne ne s'en doute car il affecte un grand air de pauvreté. Et voilà, il s'est acheté une grande belle femme fière et drue comme un cheval sauvage, il est tout content, il la prend par la main et lui dit « Penche-toi ! ». Elle ne comprend pas, mais il pose sa main fripée sur les épaules de la femme et la courbe en avant. Cela fait, il s'agrippe à elle et, à grands soupirs et gémissements, il parvient à se hisser sur son dos, et puis sur ses épaules. Ses maigres jarrets pendent sur la poitrine de Tamara, il se cramponne à ses cheveux, il crie « En avant ! ». Pour qu'elle comprenne, il lui donne des coups de pied dans les flancs, comme on fait aux bourricots rétifs. Tamara se met en marche.

*

– Et voilà, dit Renaud. Personne n'a voulu de nous. On finira par nous vendre au rabais, avec un chaudron en prime.

– Tu es pressé de savoir où tu vas tomber ?

– Je suis pressé de foutre le camp d'ici et de reprendre le chemin de Byzance. Quand je serai en place chez un de ces chiens de païens je verrai plus clair.

– La prochaine vente n'aura pas lieu avant une semaine. D'ici là...

*

Djiafar el Barmakide, grand vizir du Khalife Haroun al Rachid et perle précieuse entre ses mains, repose en sa maison, non loin du palais du Khalife qui l'aime d'amour filial et veut l'avoir sous la main à toute heure du jour et de la nuit. Une femme gît, au pied de son divan, prosternée dans sa prosternation. C'est une femme du peuple, elle porte la robe et le voile des matrones sages-femmes.

– Si tu dis vrai, honorable matrone, dit Djiafar, il faut absolument que je voie un pareil trésor. Plus blanche que le lait, dis-tu ? Le cheveu et le poil d'or pâle avec des reflets roux ? Et tu me garantis la virginité ? Par Allah – magnifié soit le Nom ! – je veux voir cette adolescente de bénédictions ! Justement j'ai dans l'idée d'offrir un présent au Khalife, qui vient de doter magnifiquement ma fille aînée. Allons, amène-moi la fillette.

– J'écoute et j'obéis, répond la vieille.

*

– Adorable ! soupire Djiafar. Ces seins, ces cuisses... Ce ventre, ces fesses... Et cette innocence ! Je suis certain qu'elle ne soupçonne même pas comment sont faits les hommes et à quoi ça leur sert. Vois comme elle tremble d'exposer sa nudité devant moi ! Allons, petite, rassure-toi, ce jour est un jour heureux pour toi... Elle ne comprend rien, pas un mot. C'est fâcheux. D'où vient-elle, m'as-tu dit ? Ah, oui, d'un pays plus lointain encore que celui des bandits varègues, un pays de pluies et de brumes où jamais ne brille le soleil, c'est ce qui fait aux filles ce teint de porcelaine...

Djiafar caresse doucement l'adolescente, qui sursaute et cache son visage derrière le rideau de sa soyeuse chevelure. Il prend dans ses mains les petits seins frémissants dont les pointes roses aussitôt se dressent, sa paume descend lentement le long du tendre ventre, effleure la pâle toison, veut se glisser entre les cuisses serrées.

– Allons, ouvre-toi, petite. Je dois te contempler dans la splendeur de ta perfection et vérifier que tu n'as pas quelque difformité secrète, car la malédiction de la colère du Khalife retomberait sur moi et sur ma famille.

Elle comprend le geste, ouvre ses cuisses de gloire. Djiafar, accroupi, regarde et s'extasie.

– Elle est parfaite! Une houri du paradis. Oh, comme elle excite mon désir! Je suis tout prêt à l'aimer d'amour fou... Mais non, oublie cela, Djiafar, c'est un morceau de roi et d'empereur, ce n'est pas pour toi... Je la prends, femme. Cent dinars d'or, c'est ce qu'en demande le marchand? Plus ta commission, cela va de soi. Marché conclu. Qu'on fasse venir l'eunuque Abdullah, qu'il l'emmène dans le harem et que mes femmes s'occupent à la préparer et à la vêtir. Je veux que l'emballage soit digne du cadeau.

*

Djiafar, suivi d'un seul serviteur, se promène incognito dans le souk aux esclaves. Il aime bien vérifier de ses yeux et de ses oreilles que tout se passe bien dans Bagdad, que la police est vigilante, les rues propres, les femmes décentes et les marchands pas plus voleurs que les coupeurs de bourses. Il palpe un biceps au passage, enfonce son poing dans un ventre, apprécie une denture. Il s'arrête, sourcil froncé.

– Vous deux, là, vous étiez déjà là la semaine passée. C'est pas des gueules de Slaves, ça, ni de Bulgars, ni de Grecs... Des gueules de Francs, je dirais... De Francs de la Gaule. Et d'hommes de guerre. Je me trompe?

Il a dit cela en arabe, bien sûr, donc c'est Raymond qui répond :

– Tu as deviné juste, papa. Lui est un preux, moi je suis l'écuyer. Et si nous n'avons pas encore trouvé preneur, c'est qu'il a une main de fer, qu'on nous estime trop vieux pour les gros travaux et que, ne sachant lire ni écrire, on ne sait trop quoi faire de nous.

– Et trop vieux pour faire des eunuques. Vous en crèveriez.

– C'est une perte sèche, dit le marchand. Je les ai achetés dans un lot, mais je me suis rattrapé sur les autres. Je les céderai pour trois fois rien. Même pas le prix de la nourriture.

– Des hommes d'épée, eh... Ces Francs sont de redoutables brutes. Ils ont des méthodes de combat bien à eux, des méthodes efficaces, apparemment. Je suis en train de me constituer une garde personnelle... Et pourquoi pas, après tout? Tu en demandes combien?

– Peuh... Deux dinars pièce, ça te va, bourgeois?

– Trois dinars les deux.

– Tu m'étrangles... Bon, va pour trois dinars. Emporte-les.

*

Dans la salle d'armes de la maison de Djiafar. Six terribles gaillards, matelassés et le visage protégé par une grille d'acier, ont été, l'un après l'autre, puis tous ensemble, renversés cul par-dessus tête par la fougue et la science du chevalier d'Occident assisté de son écuyer. Le vaste hangar sent la sueur et le cuir surchauffé. Djiafar s'approche des combattants exténués.

– Vous avez donc défait tous mes gardes, pourtant des montagnards du Khorassan, ce qu'on peut trouver de meilleur... Je vous ai regardés avec attention. Vous êtes vaillants, vous êtes forts, et vous savez utiliser votre force. Je savais les guerriers francs solides et ardents, mais je les croyais brutaux, sans finesse. Vous maniez l'épée comme jamais je ne l'ai vu faire... J'ai bien envie de vous prendre dans mes gardes du corps. Vous instruiriez mes gars du Khorassan. Mais il faudrait que vous vous fassiez musulmans.

Raymond traduit ce discours à l'intention du chevalier.

– Musulman ? Jamais ! dit Renaud. Et il crache à terre.

Raymond traduit en sens inverse. Djiafar s'étonne.

– Comment peut-on préférer l'idolâtrie à la vraie foi ?

Raymond ne croit pas nécessaire de traduire. Il répond, pour lui-même et pour le chevalier :

– Chacun tient la religion du voisin pour idolâtrie.

– Oui, mais moi je dois avoir confiance. Je vous donne des armes. Je dois être assuré que vous ne les tournerez pas contre moi, ni contre la personne sacrée du Khalife, ni contre aucun autre musulman.

– Cela, nous pouvons en faire serment.

– Vos visages m'incitent à me fier à vous. Je ne me trompe jamais sur les hommes. A quoi je dois d'être vizir et, surtout, d'être un vizir encore en vie après tant d'années... Vous allez me jurer obéissance et fidélité. Et souvenez-vous qu'en cas de trahison vous ne seriez nulle part à l'abri en terre d'Islam et même bien au-delà. Le bras du Khalife est le bras du Prophète – sur lui la lumière et la paix ! –, il s'étend jusqu'aux extrémités du monde. Traduis cela pour ton camarade.

– J'écoute et j'obéis, dit Raymond, qui connaît les usages.

*

– Seigneur vizir, dit Raymond, tu es soucieux.

– Comment ne pas l'être? J'ai fait acquisition, pour l'offrir au Khalife, d'une adolescente merveilleuse, mais elle est accablée d'une tristesse que rien ne peut distraire. Si encore je pouvais connaître la cause de cette tristesse! Hélas, c'est une fille d'un roi d'au-delà des mers, son pays natal est perdu dans les brouillards du grand Océan septentrional qui ferme le monde, bien au-delà même de la triste Hyperborée des Varègues, et nul ici ne comprend son langage. Je ne peux pas offrir au Khalife une femme au visage de tristesse et de malédiction, même si ce visage est plus resplendissant en sa beauté que la lune en son plein! Et si elle ne parle pas, cela agacera le Khalife et l'irritera jusqu'au paroxysme de l'irritation, car c'est un amant délicat, et il recherche dans la femme tout autant le plaisir de la conversation et des jolies manières que celui des caresses et copulations. Or, le bruit que j'ai acheté une adolescente de beauté unique à l'intention du Khalife s'est répandu, je sais que le Khalife, sans le dire, trépigne d'impatience dans l'attente de mon cadeau, et si maintenant je viens à le décevoir il y va de ma tête. Tu ne crois pas que j'ai sujet d'être inquiet?

– Cette adolescente, dit Raymond, peut-être connais-je son langage?

– Toi? Mais tu es un Roum, un Franc, tu n'as rien à voir avec les gens de ce pays perdu au-delà du monde.

– Sait-on jamais? J'ai tellement voyagé...

– Tu as raison. Sait-on jamais? Viens avec moi.

Ils sortent de la salle d'armes, traversent la cour aux colonnades ombreuses et, par une petite porte dont Djiafar a la clé, parviennent dans une modeste chambre proche du harem. Djiafar frappe dans ses mains. L'eunuque Abdullah paraît et dit :

– Me voici, maître.

– Fais venir l'adolescente du pays des brumes. Voilée : il y a un homme avec moi.

– J'écoute et j'obéis.

L'eunuque revient, poussant devant lui l'adolescente voilée des pieds à la tête. Seuls paraissent ses yeux, clairs et lumineux comme des fleurs de haute montagne. Elle se tient devant Djiafar, qui lui dit « Regarde cet homme ». Alors elle se tient devant Raymond et lui dit :

– Raymond !

A quoi Raymond répond :

– Bonjour, moinillon.

Djiafar en reste bouche bée.

– Tu la comprends ? Tu parles sa langue ?

– Comme tu vois. Disons : je me débrouille.

– Allah est grand ! Demande-lui pourquoi elle est si triste.

– Pourquoi es-tu triste, petite Luce ?

– Où chevalier ?

– Le chevalier va bien, tout à fait bien, et moi aussi. Il n'est pas loin d'ici.

– Pas loin ? Vivant ?

– Tout ce qu'il y a de vivant.

– Alors, moi contente. Moi plus triste.

– Le Seigneur Djiafar veut savoir pourquoi tu es triste.

– Plus triste. Toi dis moi plus triste. Heureuse.

– Je ne peux quand même pas lui dire que tu es amoureuse d'un de ses gardes du corps, que tu es triste quand tu es loin de lui et que tu ris quand tu le sais tout proche. Il n'apprécierait pas du tout.

– Lui pas touche moi. Regarde partout, tâte nichons, tâte cul, pas met la chose dans mon ventre.

– Qu'un homme te respecte, tu n'en reviens pas, hein ? Je t'explique. Lui achète toi pas pour lui. Pour Seigneur Khalife, c'est grand roi, maître à lui. Compris ?

La petite a froncé le sourcil, signe de grande attention.

– Compris. Moi cadeau pour seigneur roi.

– Et attention, tu es pucelle. Toi comprends ça ? Toi jamais eu chose d'homme dans ventre à toi, jamais jamais. Compris ?

Ça la fait rire.

– Jamais bite dans ventre à moi ? Sur bateau, toutes les bites dans ventre à moi, beaucoup de fois, beaucoup beaucoup ! Mal dans trou, mal dans autre trou, beaucoup mal. Matelots très beaucoup aimer mettre bite dans trous de moi.

– Bon, ben, vaudra mieux parler d'autre chose. Si ça venait à se savoir, ils te feraient couper la tête. Compris ? Coupe tête, couic, a pus.

– Alors, alors ? s'impatiente Djiafar. Qu'est-ce qu'elle dit ? Pourquoi est-elle triste ?

– Seigneur vizir, c'est une enfant, une fille de roi, elle a été arrachée brutalement à ses parents, elle les a vus massacrés sous ses yeux par les brigands vikings, depuis ces jours terribles son âme est ensevelie sous les noires draperies du deuil.

Raymond est content de lui. Il trouve que, question images orientales, il commence à se débrouiller pas mal du tout.

– Cependant, dit Djiafar, tu l'as fait sourire, et même rire, par Allah.

– C'est la première fois depuis bien longtemps qu'elle pouvait parler sa langue maternelle, ça lui a fait du bien.

– Crois-tu qu'elle sera moins triste, désormais ?

Dis-lui qu'elle devra sourire en présence du Khalife. C'est indispensable. Dis-le lui.

– Petite Luce, tu ne seras plus triste?

– Chevalier vivant, chevalier là, tout près, moi pas triste.

– Tu souriras?

– Quoi c'est, « sourire »?

– Comme ça.

Raymond étire les lèvres en un sourire béat.

– Comme ça?

Elle sourit à son tour, nacre et perles, printemps, aurore, ciel, colombes...

– Comme ça, oui, tout à fait. Aucun Khalife n'y résistera.

Djiafar applaudit.

– Ya Allah! Quelle bonne idée j'ai eue d'aller faire un tour au souk, l'autre jour!

*

– Relève-toi, Djiafar, dit le Khalife.

– O Commandeur des Croyants, Lumière et Justice d'Allah, je ne me relèverai que lorsque tu auras permis qu'on fasse entrer le très modeste et très humble présent que ton indigne serviteur ose exposer devant ton éblouissante face.

– Ça va, Djiafar, pas tant de cérémonies, nous sommes entre nous. Allons, relève-toi, viens t'asseoir près de moi, et qu'on apporte ton présent.

Alors fait son entrée le chef des eunuques du palais, tenant par la main une adolescente à la taille de délices dont le voile ne laisse apercevoir que deux yeux extraordinairement bleus. Aucun présent ne peut donner autant de joie au Khalife qu'une femme nouvelle. Et celle-ci, avant même d'être dévoilée, illumine toutes choses de sa juvénile beauté.

– Ya Allah, s'écrie le Khalife, c'est mon cadeau?

Mais c'est une enfant, ajoute-t-il, l'air gourmand. Elle est intacte, bien sûr?

– Aussi intacte qu'à l'heure où elle est née, et ne sachant rien des hommes ni de ce qu'ils font avec les femmes, ô Haroun. Tu as la primeur de son innocence.

– Approche, mon enfant, viens près de moi, que je me régale de tes charmes... Djiafar! Est-elle sourde?

– Ses oreilles fonctionnent à la perfection, ô Splendeur de l'Islam. Je ne me serais pas permis de t'offrir un cadeau entaché du moindre défaut. Mais elle vient d'un pays éloigné, tellement éloigné que personne dans Bagdad ne parle ni ne comprend son langage.

– C'est bien fâcheux. Bien fâcheux, en vérité. Certes elle apprendra notre langue, qui est la langue sainte de notre Prophète Mohammed – sur lui la prière et la paix! –, mais cela prendra du temps. Et moi, je brûle d'entendre de sa bouche charmante son histoire, qui certes doit être une histoire pleine d'aventures terribles et d'épisodes émouvants. Car la copulation est une chose délicieuse, mais, quand on en a terminé, rien n'est plus rafraîchissant pour les sens repus qu'un récit captivant coulant doucement des lèvres de la bien-aimée... C'est bien fâcheux, bien fâcheux, en vérité.

La bouche du Khalife se déforme en une moue dépitée, les traits de son visage pendent vers le bas, son noir sourcil se fronce... Djiafar voit le jour s'obscurcir devant sa face, les éventails de son cœur s'affolent comme des colombes prises au piège, sa vésicule crache une bile plus noire que l'encre et il sent déjà le froid de la lame pénétrer la tendre chair de son cou.

– Bien-aimé d'Allah Très-Haut, dit-il vivement, j'ai fait récemment l'acquisition d'un esclave né dans les confins d'Occident qui sait parler la langue de cette adolescente. Peut-être...

– Comment, « peut-être »? Fais-le venir sur-le-champ!

– J'écoute et j'obéis.

*

Font leur entrée Raymond et Renaud, vêtus à la sarrazine, marchant côte à côte, du même pas.

– Qu'est-ce à dire? s'étonne le Khalife. Tu m'annonces un esclave, en voilà deux.

– C'est que ces deux-là vont toujours ensemble. L'un est un chevalier du pays des Roumi, l'autre son écuyer fidèle. Je n'ai pas cru devoir séparer le maître et le serviteur.

– Là où je suis, il n'y a de maître que moi. Et dans ta maison, Djiafar, tolères-tu donc que tes esclaves aient des esclaves?

– C'est différent. Ils sont de ma garde personnelle, je leur accorde quelques libertés... Et puis, l'un et l'autre savent converser avec l'adolescente du pays des brumes, quoiqu'un seul connaisse l'arabe et puisse par conséquent faire l'interprète.

– Hmm... Ces hommes ne sont pas eunuques, la jeune fille devra donc rester voilée en leur présence et je ne pourrai pas jouir de la lumineuse beauté de son visage... Enfin... Du moins puis-je interroger l'adolescente et connaître son nom. Lequel de vous deux connaît l'arabe?

– Moi, seigneur Khalife, dit Raymond.

– Demande à cette enfant quel est son nom.

– Je connais ce nom. Elle s'appelle Luce, ô Émir des Croyants.

– Luce? C'est un nom, ça? Ça ne veut rien dire. Désormais, tu seras Sabiha. C'est un très joli nom.

– Ton nom : Sabiha, dit Raymond à la petite.

– « Sabiha », répète-t-elle, docile. C'est quoi?

– Ça veut dire « Aube du matin ».

– Pas joli. Bête.

– T'occupe pas. Fais comme si. Allons, souris au Khalife, c'est lui qui l'a trouvé. Non, pas à Renaud, le sourire! Tu veux nous faire couper la tête? Au Khalife, nom de Dieu, au Khalife!

– Chevalier là. Tout bien. Sourire.

Elle se tourne vers le Khalife, écarte gracieusement son voile, on croirait qu'elle a fait ça toute sa vie, et offre à l'Émir des Croyants le plus perlé des sourires, un sourire qui tirerait des larmes d'attendrissement à un ogre mangeur de petits enfants.

– On la croquerait, dit le Khalife. Ah, l'innocence, Djiafar! Rien ne vaut l'innocence!

« Oui, pense Djiafar, mais au moment même où on la croque, elle disparaît. »

– Esclave, dit le Khalife, demande-lui si le palais du roi son père est aussi beau que celui-ci.

– Dis-moi n'importe quoi, dit Raymond à Luce, n'importe quoi pourvu que tu aies l'air de parler.

– Renaud, dit-elle. Chevalier Renaud. Luce aime Renaud. Renaud, Renaud, Renaud...

– Bon, ça va, dit Raymond. Renaud, d'accord.

– Drôle de langue, dit le Khalife. Ils n'ont pas beaucoup de sons à leur disposition. « Rino... Rino... » Ça veut vraiment dire quelque chose?

– Cela veut dire beaucoup de choses : le palais de son père est plus petit que ton palais, mais l'océan de son père est plus grand que ta piscine.

– Ya Allah! Que je suis heureux de l'apprendre! Décidément, tu es précieux, chrétien... Il me vient une idée. Quand me prendra l'envie d'un entretien intime avec Sabiha – je sens que ce sera fort souvent! – je te ferai venir et tu te tiendras derrière un rideau bien opaque. Ainsi pourrai-je converser aimablement avec cette adolescente de bénédiction tout en me délectant de ses adorables charmes dans la plénitude de la délectation. Ça, c'est une idée! Qu'en penses-tu, Djiafar?

– L'idée est admirable, ô Émir des Tenants de la Vraie Foi, et bien digne de l'inspiré d'Allah – exalté mille et mille fois son Nom sacré! – Il sera donc nécessaire que ce chrétien se tienne en permanence à portée de ton désir, de façon à être prêt à y répondre avec la promptitude de l'éclair.

– Voilà. Tu as tout compris. Il faut donc, maintenant, ô Djiafar, que tu me fasses cadeau de l'interprète.

– De tout cœur généreux et d'âme enthousiaste, ô Haroun. Mais ne te faudra-t-il pas prendre aussi cet autre chrétien, le chevalier, puisque privé de lui l'interprète dépérirait et tomberait dans les noirs abîmes de la mélancolie et de la mort? Pour ce qui est de moi, je me passerai bien volontiers de ces deux gardes du corps, sachant qu'ainsi je contribuerai au plaisir et à la satisfaction de l'Émir des Croyants.

– J'accepte de grand cœur ce qui est offert de grand cœur, ô Djiafar. Et la suite te prouvera que je ne suis pas un ingrat... Eh bien, c'est chose conclue, vous faites désormais partie de ma garde personnelle, vous deux. Vous serez logés au palais, et toi, l'interprète, tu accourras dès que je te demanderai d'accourir. Traduis cela pour ton ami. Et dis à cette adolescente de délectation qu'on va maintenant la conduire dans ses appartements, où elle sera logée comme concubine khalifale parmi mes autres concubines et que j'irai lui rendre visite dès que les affaires de l'Islam me le permettront. Transmets-lui mon salut admiratif et adorant.

Raymond s'incline et transmet :

– Le Khalife te salue et te baise les doigts. Dis quelque chose.

La petite s'écrie, dans un grand élan :

– Dire? Oh, oui, dire! Renaud! Renaud!

Renaud! Luce aime Renaud! Luce aime Renaud! Renaud! Renaud!

– Voilà décidément une langue bien monotone, dit le Khalife. Qu'a-t-elle donc crié ainsi?

– Elle s'est écriée, dans un grand mouvement d'enthousiasme : « Que mille et mille fois soit béni ce Khalife magnanime et généreux! Quel bonheur terrestre pourrait se comparer à l'espoir de plaire à ce souverain plus puissant que l'ouragan en sa fureur et plus beau que le soleil au plus haut de sa course?

– En vérité? Cette jouvencelle est fort bien élevée et ses pensées sont d'une délicatesse rare. Mon cœur brûle déjà pour elle d'une flamme qui ne demande qu'à grandir. Traduis.

– Luce, bon Dieu, écoute ce que je te dis au lieu de loucher à t'en arracher les yeux du côté du chevalier.

– Oui? dit Luce.

– Le Khalife te fait dire qu'il t'aime très fort et..., bon, un tas de choses agréables, quoi.

– Khalife, c'est gros homme, là? demande Luce.

DIX-SEPTIÈME CHAPITRE

C'EST l'heure où le Commandeur des Croyants tient son conseil. Il ne visitera donc pas ses femmes, et pas davantage la petite nouvelle, la perle parfumée issue des brumes de l'Occident, avant d'en avoir terminé avec les graves affaires de la paix, de la guerre et du gouvernement des pays d'Islam. Raymond a quartier libre, il en profite avec Renaud pour flairer les rues et les places de Bagdad, comme un chien de chasse qui cherche la piste. Ce qu'il cherche, lui, c'est la piste de Tamara, sa femme, sa vie, livrée en toute propriété à un horrible vieillard sale et libidineux.

Il questionne avec prudence. Il a déjà appris que le petit vieux de calamité est un mendiant d'entre les innombrables mendiants de Bagdad, et aussi que ce mendiant n'a pas de place attitrée, il se met un jour ici, un jour là, accroupi dans la poussière et tendant la main en psalmodiant « L'aumône, ô musulmans, l'aumône ! Qui donne au pauvre prête à Allah ! ».

Avoir le cœur et la tête pleins à déborder d'une femme passionnément aimée ne saurait empêcher les yeux de prendre conscience que d'autres femmes existent, dans cette vallée de larmes, et même bien agréables à regarder, parfois. Voilà justement qu'une silhouette qu'on devine flexible comme le jeune rameau du bouleau pleureur sous ses voiles d'une grande élégance vient à la rencontre des deux flâneurs. Une petite esclave noire la suit, tenant au-dessus de la tête de sa maîtresse une ombrelle précieuse, car c'est l'heure où l'ombre commence à raccourcir et à se cacher sous les murs. Et voici que cette créature de rêve vient droit au chevalier et, modestement, s'immobilise à trois pas devant lui. Renaud ne dit rien – que dirait-il? –, il arrête sa marche et plonge ses yeux dans les magnifiques yeux noirs.

– Étranger, dit la très belle, pardonne ma hardiesse et mon effronterie qui, certes, doivent te paraître bien grandes et peu dignes d'une femme de qualité. Tu me jugeras, je l'espère, moins sévèrement quand tu sauras que nous habitons sous le même toit et servons le même maître. Je suis en effet l'adolescente Schéhérazade, une des épouses du Khalife Haroun al Rachid, et si tu peux me voir ainsi hors du harem me promenant librement par la ville, c'est parce que je suis chargée de charmer les insomnies nocturnes du Khalife en lui contant des histoires d'anecdotes piquantes ou d'aventures extraordinaires. Or voici que ma mémoire a fouillé jusqu'au fond le sac des souvenirs et que mon imagination tourne en rond comme la mouette à l'aile brisée prise dans la tempête. Je vais donc par les rues et les places, observant avec soin toutes les choses intéressantes pour l'amateur qui ne manquent pas de se produire à tout instant dans une ville aussi vivante que celle-ci. Je guette, je fais parler les gens, j'emmagasine toute une récolte d'histoires que je raconte ensuite, la nuit venue, à mon maître le Khalife.

Renaud ne répond rien, et pour cause. Raymond pense qu'il est temps de venir à la rescousse.

– Belle dame, le chevalier ici présent ne parle ni

me comprend l'arabe. C'est donc en vain que tu lui adresses ton discours. Mais je sais qui tu es, on parle beaucoup de toi, au palais. Tu es Schéhérazade la bavarde, que les marmitons de cuisine ont surnommée Langue-à-Ressort, et le chevalier et moi-même sommes bien aises de faire ta connaissance.

– Langue-à-Ressort, vraiment ? Amusant... Mais si le chevalier ne parle pas l'arabe, moi, par contre, je parle et comprends fort couramment la langue des Francs parmi un certain nombre d'autres langues des peuples du monde, mon père le vizir m'ayant fait donner une éducation parmi les meilleures éducations que puisse recevoir une fille de vizir particulièrement douée dans les sciences qui dépendent de la fidélité de la mémoire et de la vivacité de l'intelligence, soit dit sans me vanter.

Ici, l'adolescente Schéhérazade, s'adressant plus spécialement au chevalier, continue en langue franque vulgaire du pays des Gaules :

– Cachée derrière les moucharabiehs du harem ou les tentures de la salle du trône, je t'ai vu, et au premier regard j'ai reconnu en toi le guerrier de valeur et le chevalier de haute noblesse. Mon cœur s'est ému malgré moi – mais un cœur demande-t-il la permission pour s'émouvoir ? – et depuis je brûle d'un feu dévorant et adorable et je pense à toi jour et nuit, ô soleil de ma vie, je pense à toi en inventant les contes que je débite au Khalife, les héros que j'y mets ont ton visage, je pense à toi dans les bras du Khalife en me livrant aux transports ordinaires de la fornication, chose qui, entre parenthèses, arrive de plus en plus rarement depuis qu'est entrée dans le harem cette nouvelle favorite, l'adolescente des lointains brumeux.

– O dame, dit le chevalier, ton cœur fait fausse route. Même si la répugnance à tromper la confiance d'un maître dont je n'ai qu'à me louer ne m'interdisait de prêter l'oreille à des propos aussi flatteurs pour moi, je ne pourrais cependant t'accorder la jouissance d'un cœur qui ne m'appartient plus depuis que je l'ai voué à une Dame qui m'est plus chère que la vie même.

– Ta Dame est bien loin, chevalier, et moi je suis là. Mais peu importe, tu es lié par ton serment, je ne chercherai pas à te faire te parjurer. Simplement, comme l'élan d'amour n'obéit point aux ordres de la raison, je t'aimerai de toute mon âme sans espérer être payée de retour. Car la plus haute récompense de l'amour est l'amour même.

« Encore une ! » pense Raymond.

– Donc, reprend Schéhérazade, je ne te demande rien que tu ne puisses donner sans en priver quelqu'un. J'aimerais simplement que tu consentes à ce que nous nous retrouvions pour des entretiens amicaux à la faveur desquels tu me raconteras quelques-unes des nombreuses aventures qui n'ont pu manquer d'être ton lot au cours de ta vie errante et guerrière, et aussi des anecdotes instructives sur ce pays des Francs que je ne connais que fort imparfaitement par les récits des voyageurs.

– A cela, dit Renaud, je ne puis rien opposer. Ces entretiens ne manqueront pas d'être agréables et enrichissants. Cependant, Dame, ne cours-tu pas quelque danger à t'isoler ainsi avec un homme hors de la présence du Khalife ?

– Sans compter, intervient Raymond, le danger pour ta propre tête, chevalier.

– Aussi resterai-je voilée et toujours accompagnée de cette petite esclave, dont la présence sera le témoin et le garant de ma bonne conduite. Je pense aussi que vous devriez assister ensemble, vous deux, à ces conversations, car la vigilance d'un tiers est un sérieux garde-fou contre la tentation de copulation.

« Sauf s'il y a deux femmes, pense Raymond, cas où je verrais fort bien prendre forme une partie carrée. » Mais il garde sa réflexion pour lui.

– Veux-tu, dit Schéhérazade, que nous ayons un premier entretien dès demain ? Je ne sais vraiment plus quoi raconter au Khalife, or ses insomnies sont ces jours-ci plus féroces que jamais et le tiennent éveillé la nuit entière. Les soucis du pouvoir sont la cause de ces insomnies et ces soucis ont terriblement augmenté depuis qu'il a décidé de reprendre la guerre sainte contre la chienne sanglante Irinia de Constantinia et de faire flotter l'étendard du Prophète sur toute l'étendue du pays des Roumi. Mais je bavarde, je bavarde... Séparons-nous et disons-nous « A demain ».

– Attends ! dit Renaud. Qu'est-ce que cette histoire de guerre sainte ?

– Ah, dit Schéhérazade, c'est encore un secret. Je l'ai su par un des premiers émirs de l'armée à qui je soutirais des souvenirs de ses campagnes pour en tirer matière à de succulentes histoires et qui en a profité pour... Mais cela ne vous regarde pas ! Vous voyez, je sais tenir ma langue quand il faut, dites cela aux marmitons de cuisine. Bref, le plan de campagne est arrêté, les armées sont sur le pied de guerre, les approvisionnements et mouvements de troupes sont poussés très activement. Le secret est bien gardé car la chienne Irinia a des espions partout et le Khalife a décidé de tomber sur les Roumi comme la foudre, de prendre Constantinia d'un seul élan et de livrer l'immonde pute idolâtre en pâture à la virilité des guerriers de l'Islam avant de la faire périr dans les supplices les plus exquis. Vous le voyez, le succès d'une telle entreprise repose pour beaucoup sur le secret. Heureusement, l'émir n'en a parlé qu'à moi-même, qui suis, certes, une bavarde, mais qui ne parle que de choses sans importance et sais tenir ma langue en repos quand il s'agit des secrets de l'État.

Plus d'une fois, au long de ce discours, s'est froncé le sourcil du chevalier, et, certes, s'il eût eu devant lui un homme, les expressions « chienne sanglante » et « immonde pute idolâtre » eussent été renfoncées dans la gorge du mal embouché. Mais Schéhérazade parle encore.

– Le Khalife en personne mènera l'armée des musulmans à la victoire, il quittera Bagdad d'ici peu pour rejoindre la frontière d'Occident. Sans doute serez-vous du voyage, puisque vous êtes de sa garde, et aussi cette petite fille aux cheveux de miel dont il ne peut plus se passer... Mais il me faut mettre fin à cette passionnante conversation. A demain!

– Encore un instant! s'écrie Raymond. Veux-tu, ô Dame de beauté et d'esprit fleuri, faire à ton serviteur l'aumône d'un service qui, à la vérité, te coûtera peu mais est pour moi d'une importance vitale?

– De tout cœur empressé et bienveillant, par Allah, si toutefois la chose est en mon pouvoir.

– Voici. Il existe dans cette ville une fille esclave d'entre les esclaves qui furent vendus au souk il y a quelques semaines. Elle est haute de taille, blanche de peau comme l'ivoire le plus fin, noire de cheveu à l'instar de l'aile du corbeau aux reflets bleus, son œil d'émeraude lance des regards qui enflamment les cœurs et sa taille flexible ridiculise le rameau du saule balancé par la brise printanière.

– Bref, tu es amoureux, dit Schéhérazade.

– Tu as vu cela? O Dame, ta perspicacité est non moins pénétrante qu'est éblouissante ta beauté! Or cette esclave de délectation a été achetée par un vieillard infect, un mendiant d'entre les mendiants, et mon vœu le plus cher est de la retrouver, car sans elle mon cœur se dessèche, mon foie se racornit, mon sang tourne en vinaigre et, en un mot, je me meurs. Peux-tu, ô Dame, toi qui vas et viens partout dans Bagdad, retrouver la trace de cette esclave et, l'ayant trouvée, me communiquer l'adresse de sa maison?

– J'y apporterai toute la diligence dont je suis capable, et certes ce n'est pas peu! Car, vois-tu, au puissant plaisir de rendre service à un ami et de favoriser les amours s'ajoutera la satisfaction de participer à une aventure passionnante et que je pressens fertile en péripéties, aventure d'où je ne manquerai pas de tirer une histoire d'amour et de périls dont la nouveauté réjouira pendant quelques nuits les oreilles blasées du Khalife. Sur ce, à bientôt.

*

– Eh bien, dit le chevalier, voilà des nouvelles! Ces chiens d'infidèles sectateurs du grand diable Mahom vont donc se jeter sur l'Empire de ma Dame, y faire un épouvantable massacre de chrétiens et outrager la personne même de la Basilissa par toutes les variétés ignominieuses de l'outrage avant de l'occire dans les tourments! C'est Dieu par sa divine Providence qui a conduit mon oreille à portée de voix de cette bouche incontinente. Ceci est un signe. Il faut y voir, Raymond, n'en doute pas, une nouvelle mission à moi assignée, mission plus haute et plus sublime que toutes celles qu'il m'a été donné d'affronter jusqu'ici. Le péril est grand. Si les Infidèles dévorent maintenant l'Empire d'Orient, ils avaleront sur leur élan les hordes bulgares, avares et autres qui bordent l'Empire au septentrion, et ainsi enserreront-ils les territoires du roi Karl entre les mâchoires d'une formidable tenaille, l'autre mâchoire étant l'émir qui tient l'Espagne. Alors la chrétienté tout entière serait bien près de sa perte... Ecuyer, les visées de la Providence sont claires et évidentes. Je dois m'évader d'ici et courir à Byzance prévenir ma Dame de l'imminent danger. Qui m'aime me suive, mais je ne force personne.

– Comme s'il était besoin de me forcer, soupire Raymond.

*

Dans les appartements privés de Sett Zobéida, la première épouse du Khalife Haroun al Rachid, celle qui fut la bien-aimée des bien-aimées, la lumière de l'œil du Khalife, la force de son âme, l'épanouissement de son cœur, et qui est encore l'Épouse par-dessus les épouses et la maîtresse du harem. Sett Zobéida est à sa toilette, une esclave s'ingénie à rendre sa chevelure de ténèbres plus belle encore par les reflets du henné, une autre polit et laque les doigts de ses mains charmantes, une autre, accroupie, s'affaire à ses orteils. Le chef des eunuques du harem se tient devant Sett Zobéida dans l'attitude du respect et de l'obéissance.

– Parle-moi un peu de cette petite merdeuse, dit Sett Zobéida. Le Khalife est-il vraiment aussi épris qu'on le dit de son cul de cochon rose?

– Je ne sais ce qu'on dit, mais tout laisse voir que mon maître le Khalife s'intéresse beaucoup à la nouvelle favorite, ô perle des perles.

– On se demande bien ce qu'il peut trouver d'appétissant à cette peau de radis rose... Je suis sûre que cette race-là n'a aucune odeur, ne laisse aucun goût sur la langue... L'attrait de l'inconnu, sans doute. Les hommes sont de drôles de bêtes. Il y avait déjà cette pie bavarde... Mais celle-là, bon, j'étais plutôt soulagée. Elle le tient des nuits entières à écouter ses contes à dormir debout, et justement, lui, il ne dort pas, et auparavant c'était moi qui devais lui tenir compagnie pendant ses insomnies, mais je ne suis pas une conteuse, moi, et je suis très mauvaise aux échecs, et il me faut ma pleine nuit de sommeil, sans ça, plus personne... Cette... Comment tu l'appelles, déjà?... Ah, oui : Schéhérazade... Cette Schéhérazade est tombée bien à point pour prendre le relais, je n'en pouvais plus, moi. Et, du coup, elle s'envoyait la corvée d'avant les histoires, la corvée des cuisses ouvertes, j'avoue que j'ai apprécié, surtout que, depuis quelque temps, le Khalife a l'haleine un peu forte, c'est ce cuisinier juif qui met trop d'ail dans la cuisine... Enfin, bon, j'appréciais, tout en ayant l'œil, car l'homme comme la casserole se manœuvre par la queue, et une épouse légitime doit de temps en temps la reprendre en main, cette queue qu'Allah a mise au ventre de l'homme comme on met un gouvernail à un bateau. Mais voilà qu'arrive cette misérable esclave au teint de navet, cette pisseuse aux yeux baissés avec ses cheveux en poils de chameau et ses cils en balai de chiottes. Et, du coup, plus rien n'existe qu'elle! Je ne sais même pas s'il la baise, tellement il est impressionné. Toi, Moktar, tu sais cela. Il la baise?

– Je pense que la virilité du Khalife n'est pas à mettre en doute, ô mère des Croyants.

– Taratata... Je ne te demande pas de salades. Tu as bien vu son linge, les draps, la première nuit. Tu dois bien savoir si elle a saigné.

– Certaines saignent, d'autres pas.

– Certaines sont pucelles, d'autres sont putes... Bon, tu ne veux rien dire, tu tiens à ta tête, je n'insisterai pas. Je dirai seulement que cette hypocrite petite pouffiasse mécréante tourneboule la tête du Khalife, affole ses sens, elle est en train de se rendre souveraine maîtresse de son cœur. Cela va trop loin. Voyons voir... Tu dis qu'elle ne peut converser avec le Khalife que par le truchement d'un de ces esclaves chrétiens – Ici, Sett Zobéida crache – du pays des Francs ?

– Tout à fait vrai, ô lumière. Le Franc se tient derrière un épais rideau et toute la conversation se fait par son entremise.

– Et... Tu n'as rien remarqué, entre ce Franc et elle ?

– Rien. Par contre...

– Par contre ?

– Eh bien, ce Franc a un ami, et quand cet ami vient à passer, pour les besoins du service, en un lieu où se trouve l'adolescente, elle ne peut maîtriser certains regards de flamme, certaine soudaine pâleur qui se distingue fort bien, malgré le voile, autour de ses yeux.

– Tiens, tiens... Tu as vu cela, toi ?

– Je l'ai vu.

– Intéressant. Très intéressant. Je vais réfléchir un peu à tout ça. Allons, va-t'en.

*

Raymond s'écrase contre le mur, avalé par l'ombre encore longue en ce début de matinée. Là-bas, en face, une porte vient de s'ouvrir dans la façade décrépie de la misérable bicoque que lui a indiquée l'efficace Schéhérazade. Par cette porte sort un affreux vieillard plié en deux par les infirmités de l'âge, et puis, tout de suite derrière, la haute et svelte silhouette d'une jeune femme dans la plénitude de sa triomphante beauté : Tamara. Elle est vêtue de loques infâmes et voilée jusqu'aux yeux, mais que peuvent loques et voile contre l'insolente jeunesse, sinon la rendre plus attrayante encore parce que parée de mystère ?

Raymond voit Tamara, et son cœur sursaute dans la cage de sa poitrine « comme l'impétueux étalon qui hume au loin l'odeur puissante de la cavale en rut », pense Raymond, car, en Orient, son âme se fait orientale et cultive l'image fleurie.

Le petit vieillard dit quelque chose à Tamara, un ordre sec qu'il appuie d'un bon coup de trique sur les fesses de gloire! Tamara, docile, se penche en avant, les mains aux genoux, et alors son maître, geignant et ahanant, se cramponnant des mains et des pieds, grimpe sur son dos et puis s'installe sur ses épaules, jambe de çà, jambe de là, ses maigres mollets gris pendant sur les fiers tétons. Raymond voit tout cela, ses dents grincent.

Tamara se met en route, comme une chamelle bien dressée. Le vieux la stimule à voix hargneuse et à coups cinglants sur les fesses. Des petits enfants accourus se roulent par terre de rire, jettent au cocasse équipage des trognons de choux et des poignées de crottin. Raymond suit à bonne distance.

Il vont ainsi jusqu'à une mosquée, dans un quartier de la ville situé au bord du fleuve. Là, le vieux se fait descendre et il s'installe pour mendier sur le côté de la porte de la mosquée, accroupi dans la poussière, sa sébile près de lui. Sur son ordre, la grande fille s'incline en signe d'obéissance et repart par où elle est venue. Raymond la suit.

Il attend d'être parvenu dans un quartier aussi éloigné de l'endroit où le vieux exerce sa profession de mendiant que de la maison d'où il les a vus sortir. Profitant d'une ruelle peu fréquentée, il court et rattrape Tamara qui, au bruit de ses pas, se retourne. Elle dit seulement :

– Raymond. Longtemps.

– Longtemps? C'est le temps qu'il m'a fallu pour te trouver... Enfin, te voilà!

– Toi emmène moi.

– Tamara... Je ne peux pas maintenant. Moi,

esclave. Toi, esclave. Moi, soldat, palais du Khalife. Toi appartiens vieux mendiant. Si toi fuis, où cacher toi ? Au palais, pas possible.

– Toi, maître de moi. Vieux-là, pas vrai maître. Moi pas reste. Moi pars.

– La police te retrouvera. Un esclave fugitif n'a aucun endroit où se cacher. N'importe qui le dénoncera, pour la prime.

– Si toi pas veux moi, moi meurs. Égal.

– Tamara, Tamara ! Écoute ce que je vais te dire. Le chevalier et moi, nous allons nous évader pour gagner Byzance, il le faut absolument, et très vite. Compris ? Courir, vite, vite, aller Byzance, prévenir Impératrice, grand danger, très très grand.

– Impératrice Irène, Dame de chevalier, dit Tamara.

– Tu ne vas pas te mettre à être jalouse ?

– Chevalier, soleil de Tamara. Toi, maître de Tamara. Où toi et chevalier, Tamara heureuse.

– Je ne t'en demande pas plus !

– Quand vous s'en va, Tamara vient avec.

– Voilà ce que j'attendais ! Maintenant que je sais où te trouver, je sais que tout ira bien. J'aurai tous les courages et toutes les ruses. Pour commencer, il faut trouver des chevaux, car nous devrons galoper jusqu'aux lignes que tiennent les légions de Byzance sans nous laisser rattraper par les cavaliers que le Khalife ne manquera pas de lancer à nos trousses. N'ayant pas à nous deux la moindre piécette de monnaie, il nous faudra bien voler ces chevaux ainsi que quelques provisions pour la route. J'avais pensé me fournir dans les écuries du Khalife, mais elles sont terriblement surveillées... Bon, c'est un problème, à moi de le résoudre.

*

– Perle de l'Islam, dit Moktar l'eunuque, la jouvencelle est là, dans ton antichambre, qui attend respectueusement que tu veuilles bien l'admettre en ta lumineuse présence.

– C'est bien, dit Sett Zobéida. Je suis curieuse de voir à quoi ressemble cette merveille qui a su si promptement se rendre maîtresse du cœur et des sens du Khalife et d'apprécier avec mon œil quels sont les attraits qu'elle a et que je n'ai pas. Fais-la entrer, Moktar.

La petite Luce apparaît et se tient en une pose modeste devant sa souveraine, Sett Zobéida la très hautaine.

– Ainsi donc, c'est ça, dit Sett Zobéida. Pas grand-chose en vérité. Ta pose est modeste, mais tes yeux sont effrontés, petite pute. Il est difficile de faire mentir des yeux. D'ailleurs, tu devrais être à genoux devant moi. A genoux, te dis-je!

– Elle ne comprend pas l'arabe, dit Moktar en appuyant sur les épaules de la petite pour la forcer à s'agenouiller.

– Ah, c'est vrai! Veux-tu que je te dise, Moktar? Je la trouve bien fade, ta perle des brumes. Elle doit avoir le goût du veau. Le Khalife, une fois l'attrait de la nouveauté passé, se lassera de cette pâleur et aura faim de solide viande brune, d'yeux de braise et de cheveux de nuit... Allons, j'ai vu, c'est assez. Conduis-la dans le petit jardin aux paons, je viendrai tout à l'heure observer comment elle se comporte quand elle se croit seule.

– J'écoute et j'obéis, très illustre.

Moktar sort, emmenant la jouvencelle. Une petite esclave soudanaise entre et fait sa prosternation entre les mains de Sett Zobéida.

– Que veux-tu, enfant?

– Maîtresse, il y a là un Roum avec une main de fer. Il paraît que tu l'as fait venir.

– C'est exact. Mais je n'ai pas le temps, pour le moment. Conduis-le dans le petit jardin, tu sais, celui où il y a les paons. Je le verrai tout à l'heure.

*

– Renaud, dit Luce.

– Qui es-tu donc, toi qui me connais?

Elle écarte son voile.

– C'est toi, moinillon? Que fais-tu donc là? Toi aussi, tu es convoquée par la dame d'ici? Joli lieu d'attente, ma foi.

– Renaud... Renaud, Renaud, Renaud. J'aime Renaud.

– Petite, ce que tu dis là pourrait nous faire couper la tête à tous deux. Et puis, tu sais que je ne puis te payer de retour, alors, s'il te plaît, cesse de m'aimer, tu m'obligeras.

– Luce aime Renaud. Pas aime gros homme. Aime Renaud, Renaud, Renaud!

Elle jette ses bras autour du cou du chevalier, blottit sa joue contre la joue tannée.

– Ça marche, souffle Sett Zobéida, l'œil collé au trou de la tapisserie. Moktar, mon ami, cours prévenir le Khalife que sa petite gueuse désire le voir sur-le-champ, toutes affaires cessantes. Il accourra, le gros cochon. Conduis-le ici, sans faire de bruit. Veille à ce que Massrour soit avec lui. Va!

*

– Où es-tu, mon gâteau au miel? dit, tout souriant, le Khalife. On me dit que tu veux me voir, j'accours.

– Par ici, dit Moktar. Dans le jardin aux paons.

Il écarte un rideau aux riches broderies. Le Khalife fait un pas, et soudain s'immobilise. Devant lui l'adolescente merveilleuse des confins de l'Occident brumeux tient fougeusement enlacé un escogriffe dont une des mains est remplacée par un crocher de fer, et cet escogriffe, mais oui, c'est le deuxième garde franc acheté par Djiafar, celui des deux qui ne parle pas.

– Renaud, murmure, pâmée, l'adolescente. Renaud, Renaud, chevalier Renaud...

Le Khalife sait ne pas étaler en public les mouvements de son âme, cela fait partie de l'éducation des futurs Khalifes. Il se contente de pâlir jusqu'à la limite de la transparence, puis de rougir, puis de bleuir jusqu'à l'indigo profond. Il dit simplement :

– Massrour.

Massrour, le colossal nègre porte-glaive, répond :

– J'écoute et j'obéis.

– Les deux têtes, Massrour. Ici même.

Massrour ne peut que répéter :

– J'écoute et j'obéis.

Sett Zobéida surgit on ne sait d'où et crie :

– Ah, non ! Pas ici ! Ça mettrait du sang partout. Mes pauvres fleurs ! Mes pauvres paons !

– Comp'is, maît'esse, dit Massrour.

Il saisit le bras du chevalier dans une de ses énormes poignes, le bras de la petite dans l'autre, et il emmène son monde un peu plus loin, dans un lieu moins paradisiaque et plus facile à nettoyer.

Sett Zobéida timidement s'avance, toute compassion et consolation.

– Je comprends ta peine, ô Haroun...

– Toi, t'as intérêt à fermer ta gueule et à planquer tes fesses, crache le Khalife.

Il y a des moments, dans la vie, où un peu de grossièreté est le meilleur des baumes.

*

– C'est toi, le dénommé Rimo ?
– Raymond, tu veux dire ?
– Et qu'est-ce que je dis ? Rimo, c'est bien comme ça, non ? C'est pas un nom de chez nous, ça. Bon, il y a une femme qui veut te parler, là, dans la rue derrière la caserne. Tu y vas ?
– J'y vais, dit Raymond.

La femme, c'est Tamara. Le cœur de Raymond se met à cogner. C'est comme ça, chaque fois qu'il la voit son cœur se met à cogner, chaque fois. Et ce sera toujours comme ça, il le sait, et c'est très bien.

– Tamara !
– Chut ! J'ai chevals, dit Tamara.
– Qu'est-ce que tu dis ?
– J'ai chevals, là. Bons chevals. Trois. Sellés. Tout prêts.
– Mais... Comment...
– Viens voir.

Passé le coin de la rue, dans un renfoncement, il y a trois chevaux, superbes bêtes, sellés et harnachés.

– Partir, vite, vite ! Chercher chevalier. J'explique après.
– Je cours le chercher !

*

Luce et Renaud marchent à la mort, poussés par le terrible Massrour qui ne les tient même plus par le bras, ce n'est pas la peine, il n'y a pas d'exemple qu'un condamné par le Khalife à avoir la tête tranché ait cherché à se soustraire au châtiment, le destin est le destin et le Khalife sait ce qui est bon pour nous. Massrour a dans l'idée de conduire les deux tourtereaux jusque dans une petite cour tranquille qu'il connaît et où se trouve une fontaine avec un rebord de pierre juste à bonne hauteur, bien pratique pour appuyer la joue du patient de façon que le cou s'offre bien tendu à l'horizontale et que la lame vous détache la tête d'un seul coup.

Au détour d'un corridor surgit soudain un individu qui court et crie « Renaud! Chevalier! Où es-tu, nom de Dieu? ». Le chevalier et la petite Luce instinctivement s'écartent devant le météore, mais pas Massrour, saisi de surprise, qui reçoit le choc de plein fouet et tombe à la renverse. Renaud s'écrie « Raymond! », Raymond s'écrie « Renaud! », Raymond ajoute « Vite! Vite! » et repart en sens inverse, suivi des deux autres qui ne comprennent qu'une chose, c'est que Massrour est par terre, son cimeterre aussi, et que tant qu'ils ne sont pas rattrapés leur tête tient sur leurs épaules.

Massrour, bientôt relevé, se sent profondément offensé dans sa conscience professionnelle par ces condamnés qui fuient le juste châtiment. Lui remplit son rôle sans tricher. Que n'en font-ils autant? Il court, mais, si sa masse est d'excellent effet pour donner au cimeterre de justice l'impulsion qui fait voler les têtes coupables, elle se révèle par contre des plus nuisibles pour la vélocité de la course. L'orgueil de Massrour ne lui permet pas d'appeler à la garde pour avoir du renfort. Ce sont ses clients, l'affaire ne regarde que lui, il a commis une négligence par trop de confiance, à lui de réparer. Si bien que les trois fugitifs disparaissent bientôt, avalés par le labyrinthe des couloirs, et que Massrour en est de sa courte honte.

*

Ils jaillissent en trombe par la petite porte, bousculant le factionnaire qui demeure perplexe : on l'a mis là pour empêcher d'entrer quiconque n'a pas le mot de passe, mais on ne lui a rien dit quant à ceux qui sortent, fût-ce en trombe. Le temps qu'il examine la chose, ils sont loin.

Les trois chevaux sont là, dans le renfoncement, Tamara aussi. Tamara attendait deux cavaliers, elle en voit arriver trois, bien essoufflés. Elle dit seulement :

– Ah, merdeuse vient aussi?

Mais il n'est pas temps pour les détails. Tous sautent en selle. Renaud, de son crochet de fer, agrippe la petite par la robe, la hisse et la jette en travers de l'encolure tout en piquant des deux.

– Il faut franchir la Porte du Nord avant que l'alerte n'ait pu être donnée, dit Renaud. Plus vite! Plus vite!

Ils galopent par les rues serpentines, bousculent quelques étalages de légumes, se font injurier dans toute la merveilleuse variété d'injures de la riche langue arabe, manquent dix fois se perdre, heureusement Tamara, dans ses pérégrinations de bête de somme, son petit vieux sur le dos, a eu tout loisir d'emmagasiner dans son efficace mémoire la topographie de la ville, enfin ils atteignent la Porte du Nord, qu'ils franchissent sans que s'y opposent les sentinelles somnolentes, et les voilà galopant sur l'antique voie triomphale des Nabuchodonosor et des Assurbanipal, devenue simple route de province sous les empereurs perses et de nouveau promue voie impériale depuis que les Abbassides ont transféré la résidence du Khalife et la capitale de l'Islam de Damas à Bagdad, tout près du site où s'éleva l'orgueilleuse Babylone.

Dans les champs inondés, les fellahs demi-nus regardent passer ce tourbillon furieux. Raymond pousse son cheval et vient à la hauteur de Renaud. Il crie :

– A ce train-là, on va crever les bêtes. Les sbires du Khalife ont du retard sur nous mais ils trouveront des chevaux frais tout le long de la route, aux postes de relais militaires.

– Eh, ces chevaux frais, nous pouvons en bénéficier aussi ! Nous portons la tenue des gardes du Khalife, non ? On est en mission, voilà...

– Hou là là... Ça, c'est risqué, ça ! Nous n'avons pas d'ordre de mission, pas le moindre bout de document, et nous montons des chevaux qui ne portent pas la marque des écuries du Khalife... ajoute par là-dessus nos gueules d'étrangers... Tout à fait suspects !

– Oui, mais c'est notre seule chance, on n'a pas le choix. Je sens les gars du Khalife derrière mes fesses et j'entends siffler le cimeterre du gros Massrour. Alors, hein...

– Si seulement nous avions un peu de monnaie... Quelques dinars d'or facilitent bien des rapports avec les gradés et les fonctionnaires.

– J'ai dinars, dit Tamara.

– Raconte-nous ça, dit Renaud.

*

Ils font halte et, tandis que les chevaux couverts d'écume et tremblants sur leurs jambes se désaltèrent à un bras du fleuve, Tamara s'explique.

– Vieux mendiant riche, très riche, beaucoup de dinars. Lui aime dinars. Met dinars dans pot de terre, met pot dans mur. Bien caché, bien bien. Fait ça quand moi pas là. Mais moi cachée, lui croit moi partie loin, prend pot, met dans pot nouveaux dinars et regarde dinars, beaucoup dinars, beaucoup, beaucoup, content, rit, fait baisers à dinars, beaucoup content, et puis met dinars dans pot et met pot dans mur, bien caché bien bien. Moi sait où caché. Aujourd'hui, je porte vieux homme sur dos de moi loin loin, lui dit « Pose ici », je pose, lui dit « Reviens quand soleil rouge », tous les jours pareil, moi dis « J'écoute et j'obéis » et moi retourne maison, prend pot dans le mur, prends dinars dans le pot, tous les dinars, et moi cours acheter chevals à voleurs, je connais voleurs, et moi viens avec chevals, voilà.

– Et il te reste des dinars ?

– Voilà.

Tamara tire de sous sa robe un sac de toile plutôt crasseux mais sonnant agréablement à l'oreille.

– Bon Dieu, s'écrie Raymond, ce vieux grigou aurait pu se payer un palais et une flopée de belles esclaves, avec ça !

– L'avarice est un vilain défaut. Voler grigou est œuvre pie, voler un grigou mécréant pour sauver la chrétienté et la vie et l'honneur d'une Dame nous enverra tout droit en Paradis !

– Ah, Tamara ! Tamara ! s'écrie Raymond.

– Oui ? dit Tamara.

– Rien... Tu nous sauves la vie, tu sauves Byzance, le pape et l'Église du Christ... Mais tout ça, je m'en fous. Tu es là. C'est ça, le trop beau, l'incroyable. Tu es là... Bordel de Dieu, que je suis donc aise ! Tu es là. J'allonge le bras, tu es là, au bout de mes doigts, je te touche, je te vois, je t'entends... Oh, merde, c'est trop bon ! Rien ne sera jamais aussi bon que ce moment-là !

– Content ? Tamara contente, dit Tamara.

– J'ai faim, dit la petite Luce.

DIX-HUITIÈME CHAPITRE

A BYZANCE, dans les jardins de la maison du Grand Logothète Niképhore, un esclave aborde le maître des lieux.

– Un homme est là, qui veut te parler, très illustre.

– Quel genre d'homme ?

– L'air d'un Sarrazin.

– Il n'a rien dit de spécial ?

– Non. Il a levé la main, comme ça, trois doigts dressés, deux doigts pliés. Ça veut dire quelque chose ?

– Ça veut dire quelque chose, oui. Fais-le venir.

L'Arabe s'incline devant Niképhore en faisant ce même signe de la main. Puis il salue à la manière d'Islam, portant les doigts joints à la poitrine, aux lèvres, au front.

– Alors ? dit Niképhore.

– J'ai des nouvelles.

– Vas-y.

– Haroun va attaquer.

– Tiens donc ! A cause du tribut impayé ?

– Cette fois, c'est la très grosse affaire. Il semble qu'il veuille en finir une bonne fois avec Byzance. Il masse des troupes le long de la frontière d'Arménie depuis les monts Caucase jusqu'à la Méditerranée, la presque totalité de l'armée est concentrée là, et aussi des contingents fournis par les émirs d'Égypte, de Libye, de Tunisie, de Perse et d'Asie centrale. On n'a jamais vu ça. Il concentre également la flotte en Crète pour bloquer Byzance vers l'Ouest. Une autre grande concentration de nefs et de galères de combat se fait à Batoum. Byzance sera prise entre deux feux pendant que les cavaliers arabes se rueront à travers l'Anatolie. Le Khalife en personne prendra la tête des opérations. Voilà.

– Hm... Si je te comprends bien, ce ne seront pas, cette fois, les chamailleries habituelles, un peu de tapage, un peu de sang, beaucoup de butin et l'exigence d'un tribut annuel plus gros pour arrêter les frais?

– Non. C'est la guerre sainte. Haroun veut s'égaler aux compagnons du Prophète. Il a longuement préparé son coup. Je crois qu'il a brusqué les choses à la suite d'une contrariété qui l'a plongé dans une humeur noire. Les têtes volent facilement, à Bagdad, ces temps-ci.

– C'est bien. Je vais te faire verser la somme convenue. Tu ne parles de cela à personne.

– Ça ne restera pas longtemps secret. Tout l'Islam est en ébullition.

– Je n'ai besoin que de quelques jours.

*

L'eunuque Aetios, patrice romain, premier et très intime confident de la Basilissa Irène, a écouté attentivement ce que vient de lui confier le Grand Logothète Niképhore. Il sait que Niképhore, d'ascendance arabe, a des sources d'information jusque dans l'entourage du Khalife Haroun. Il hoche pensivement sa tête en courge, un sourire étire sa face plate. Depuis qu'il a supplanté son rival, l'eunuque Staurachos, dans la faveur de la Basilissa, rien ne se fait dans l'Empire qui n'ait été combiné par lui. Il a jadis ruiné le crédit de Staurachos en révélant à la Basilissa que son chouchou complotait activement dans le but secret, non de devenir Empereur – l'accès à la magistrature suprême est interdit à qui ne possède pas bien au complet et en état de marche sa panoplie d'attributs virils –, mais de hisser sur le trône un sien neveu, comme quoi l'ambition dynastique est à ce point spontanée en l'être humain qu'elle survit même au pouvoir de procréer, ce qui est contre nature et par conséquent source de grands malheurs. La Basilissa, cruellement déçue dans l'absolue confiance qu'elle vouait à Staurachos, avait destitué le traître de tous ses titres et fonctions, lui faisant toutefois grâce de la vie. Mais l'humiliation et la rage de l'eunuque furent telles qu'il eut un transport au cerveau et mourut. Ce qu'Aetios s'était bien gardé de révéler à la Basilissa, c'est que lui-même n'attendait que le moment propice pour faire passer la couronne sur la tête de son propre frère, qui était gouverneur de la Thrace, pourvu de ses bijoux de famille au grand complet et d'un appétit à la mesure des ambitions de son frère. Comme quoi, quand on châtre un enfant mâle, il serait bon de châtrer également tous ses frères en vie ou à naître... Il est un proverbe à Byzance qui dit : « Si tu possèdes un eunuque, tue-le. Si tu n'en as pas, achètes-en un et tue-le. » Mais qui se soucie des proverbes ?

– Ce qui tu m'apprends là, Niképhore, est peut-être le signe que j'attends. Qui est au courant ?

– Toi et moi. J'ai fait liquider le messager.

– Excellente initiative. Je m'occupe de réunir qui tu sais.

*

– Je vous ai réunis, dit Aetios, parce que l'heure est venue d'agir. Nous avons tous patienté pendant toute ces années, cachant notre jeu et rongeant notre frein, attendant que le peuple se lasse, que les patriciens en aient assez de supporter la charge d'impôts de plus en plus lourds que les prêtres de la Sainte-Sagesse, persécutés depuis le triomphe des idolâtres de la Sainte-Pureté soutenus par Irène, aient repris du poil de la bête et retrouvé l'envie de combattre pour la vraie foi. Et aussi que l'armée, subjuguée, matée, muselée après les terribles purges qui ont suivi la prise totale du pouvoir par Irène lorsque, poussée par l'ordure puante Staurachos, elle eut crevé les yeux de son fils, ait eu suffisamment honte d'obéir à une femelle soumise aux caprices de moines avides et plus empressées à céder des lambeaux de l'Empire aux barbares qu'à les repousser hors des frontières... Ces temps sont venus. Les caisses de l'Empire sont à sec, et faire assassiner les patriciens créanciers du Trésor pour effacer les dettes et s'approprier leurs biens ne constitue pas une politique économique saine à longue échéance... Le fruit est mûr.

« Mais une circonstance nouvelle vient nous presser de hâter les choses. Une circonstance que Niképhore et moi sommes seuls à connaître, que vous allez connaître à votre tour, et qui restera inconnue de tout autre dans Byzance pendant quelques jours encore.

Aetios marque un temps. Les assistants s'entre-regardent.

– Cette circonstance, la voici. Haroun al Rachid va, d'un jour à l'autre, lancer l'assaut final contre Byzance.

Le stratège Phocias s'étonne :

– Final ? Le gros Haroun se lancer dans la guerre sainte ? Je le vois mal s'arracher à ses concubines, à ses musiciens et à ses pâtes d'amandes au miel ! Il fait les gros yeux pour encaisser ses tributs impayés et pour en exiger d'autres, plutôt.

– Non. J'ai des renseignements sûrs. Cette fois, c'est pour de bon. Quelle mouche l'a piqué, je ne sais pas, mais ça va être la grande ruée. Quand le peuple de Byzance l'apprendra, la peur et la colère balaieront tout. Ils vont tout casser, l'armée se joindra à la racaille, personne n'a confiance en Irène pour faire face au péril, les iconoclastes vont en profiter, ils attendent toujours le moment propice pour revenir au pouvoir, ils pousseront vers le trône un des cinq fils du Copronyme, bien qu'elle les ait fait aveugler tous les cinq, ou un petit-fils plus ou moins authentique élevé en secret dans l'attente de ce beau jour. Ce sera la noire pagaille, la désorganisation, au moins provisoire, du pouvoir, et pendant ce temps-là les Arabes arriveront.

– Et nous, nous aurons souffert et patienté toutes ces années pour rien.

– Pour nous faire égorger comme pourceaux.

– C'est pourquoi nous ne devons plus attendre, dit Aetios. Grâce à vous, les stratèges, nous disposons d'assez de légions pour déposer Irène et proclamer un nouvel Empereur, si nous faisons vite. Vous, les patriciens, avez suffisamment chauffé le Sénat pour qu'au moins une partie des vieux birbes nous suive, et ça devrait aller. Vous, les prêtres, sortez vos armes de leurs caches et arrangez-vous pour que ceux de la Sainte-Pureté, du Stoudion et des autres monastères pleins des chouchous d'Irène ne puissent pas sortir, tuez tout s'il le faut. Moi, je me charge d'Irène. Nul d'entre nous ne sortira plus d'ici que pour aller à sa tâche assignée. Regardez autour de vous. Les hommes en armes que vous voyez sont des montagnards chrétiens du Caucase tout dévoués à ma personne. Je vais nous faire apporter des collations. Si vous avez un besoin pressant, soulagez-vous le long d'un mur, les grands desseins ne s'encombrent pas de petits détails. Et maintenant réglons avec précision la marche des événements. Au travail !

*

Ce soir-là, Haroun al Rachid, Khalife de Bagdad et Commandeur des Croyants, est venu comme chaque soir retrouver l'adolescente Schéhérazade dans ses appartements privés du harem du palais. Les sourcils du Khalife sont comme la noire nuée d'orage amassée au-dessus des monts neigeux, de ses yeux fulgurent des éclairs qui terrifient autour de lui esclaves et dignitaires. Schéhérazade la très belle s'est allongée sur la couche aux somptueux coussins et s'est longuement évertuée, avec tact et délicatesse, par les caresses savantes, les attouchements gradués, les suçotements, les léchages, les introductions de doigt et toutes les ressources subtiles propres à éveiller le désir, d'amener le vénéré zobb du Khalife à la fermeté requise pour pouvoir procéder à une satisfaisante fornication, hélas en vain. Schéhérazade ne sait plus que faire, pourtant grande est sa science des pratiques de l'amour. Le Khalife s'impatiente. Schéhérazade finit par dire :

– O Lumière de l'Islam, ô Espérance des Croyants, en vérité je ne sais plus que faire, et pourtant grande est ma science des pratiques de l'amour.

– Tu n'y peux rien, ô femme, et aucune autre femme n'y pourrait rien. Aucune sauf une, une seule au monde, celle dont le souvenir parfumé dilate les compartiments de mon cœur et fait éclater les cerceaux de ma poitrine. L'enfant pâle des brumes du bout du monde a pris mon âme entre les sphères parfaites de son cul de lumière et d'éblouissement. Désormais, mon zobb, je le sens bien, ne pourra se dresser que devant ses perfections, et toute autre jouvencelle ne me sera pas plus attirante qu'une guenon lubrique ou une vieille chamelle au cul croûteux de plaques de bouse. Hélas, elle n'est plus là...

– Pourtant, ô Haroun, il n'y a pas si longtemps, tu te délectais de mon corps par toutes les modalités de la délectation...

– Je ne me souviens pas de cela. Ton cul, que, tandis que tu t'escrimais sur mon malheureux zobb, j'ai pu bien à loisir contempler tout près de mon nez, ne m'inspire pas davantage que ne le ferait une citrouille rougeaude couverte de verrues et de crevasses comme sont les citrouilles, et je ne puis imaginer qu'il fut un temps où il en eût été autrement. Ainsi donc, cesse de t'acharner à éveiller l'enfant boudeur rencoquillé dans la toison du bas de mon ventre et raconte-moi plutôt une de ces histoires délicieuses au-delà de toutes délices et captivantes jusqu'à la fascination qui coulent de tes lèvres comme l'eau rafraîchissante coule des fontaines parfumées du paradis d'Allah. Ça fera toujours passer un moment.

A quoi répond Schéhérazade.

– J'écoute et j'obéis, ô Khalife aux manières exquises.

Et, s'étant arrangée commodément sur des coussins au chevet du lit car l'histoire va être longue, Schéhérazade à la bouche prodigue en perles et en pierres précieuses commence ainsi :

– Il m'est revenu, ô Khalife fortuné – mais Allah est plus savant ! – qu'il y avait, dans les années d'il y a très longtemps et les jours du passé reculé, dans une ville d'entre les villes de la Perse, deux frères dont l'un avait pour nom Kassim, l'autre Ali-Baba...

– Ah, non! Celle-là, tu me l'as déjà refilée trois fois! Je crois que les rats de la ménopause ont commencé à ronger les noisettes de ta mémoire, ô rabâcheuse! Or qu'ai-je à foutre, je te le demande, d'une raconteuse d'histoires qui ne connaît plus de nouvelles histoires?

– Je te demande humblement pardon, ô Khalife de gloire et de miséricorde, dit la tremblante Schéhérazade. Les événements qui t'ont attristé ces derniers jours m'ont à moi-même navré le cœur et troublé l'esprit, et...

– Mêle-toi de ton cul, tu veux? J'ai perdu la perle la plus pure et la plus noble d'entre les perles des eaux limpides... Béni soit le ventre qui l'a portée, mais que soit étripé minutieusement celui qui me l'a dérobée, que ses intestins soient lentement dévidés et enroulés sur une bobine enduite de harissa au piment rouge, que ses testicules lui soient enfoncés à la place des yeux, qu'on lui fasse bouffer son propre foie trempé dans sa propre merde... Enfin, bon, je suis cocu, quoi, et ça ne me plaît pas. Mais ça ne regarde que moi, et ta pitié, hein, tu sais où tu peux te la mettre, ta pitié? Maintenant, toi, la raconteuse, tu as intérêt à m'inventer des histoires nouvelles et propres à calmer les nerfs, sinon je sens que c'est sur toi que je vais passer mon envie de démolir quelqu'un.

– J'écoute et j'obéis, Couronne de l'Islam. Justement, j'ai là toute prête une histoire plus délicieuse à l'âme tourmentée que le jus de la grenade aux lèvres du malheureux qui se meurt de soif dans le désert. Voici. Il m'est revenu, ô Khalife parfumé et doué de bonnes manières, qu'il y avait – mais Allah sait toutes choses, faites et à faire – en l'antiquité du temps et le passé des âges et des moments, dans une ville d'entre les villes de la Chine dont je ne me rappelle pas le nom, un homme qui était tailleur de profession et pauvre de condition. Et cet homme avait un fils nommé Aladdin...

– Cette fois, tu as chié dans mes babouches, exécrable pute ! Celle-là, c'est six fois que tu me l'as débitée, profitant de ce que j'avais l'air de dormir. Mais je ne dormais pas, je pensais aux affaires de l'Islam et à ce qui m'aurait fait plaisir pour le petit déjeuner... Tu me prends vraiment pour un gâteux, je le vois bien, ô femelle de tromperie et de putréfaction ! Massrour !

Une draperie se soulève et le nègre Massrour, qui n'est jamais bien loin, apparaît, le cimeterre sorti du fourreau, c'est autant de temps de gagné.

– Ya Massrour, dit le Khalife, tu ne sais faire qu'une chose, alors fais-la. Attends toutefois que je sois sorti d'ici, tu sais combien je suis sensible.

Le Khalife quitte la pièce, humant le délicat parfum d'une rose qu'au passage il a cueillie dans le vase où s'épanouissait sa splendeur. Massrour plonge sa large main dans la noire chevelure de Schéhérazade agenouillée et tire dessus afin que son cou de cygne s'allonge et se présente bien. On entend alors une petite voix toute tremblante :

– Connais-tu, ô Massrour, ô coupe-tête réputé parmi les coupe-tête, l'histoire charmante de l'adolescente Gerbe-de-Perles ? Elle débute ainsi. Il est raconté, dans les annales des savants et les livres des temps passés – mais Allah est plus savant – que l'émir...

Là, on entend un coup sourd, un seul, et puis plus rien.

Et voilà pour Schéhérazade à la langue bien pendue.

Et c'est la mille et N... ième nuit.

*

– Aetios, il se passe quelque chose.

– Que veux-tu qu'il se passe, Sérénissime ?

– C'est à toi de me le dire. Tu as tes informateurs. Moi, je sens, je hume, je palpe... L'air de Byzance pue la trahison. Le Palais a une sale gueule. Une gueule de faux-jeton. Les eunuques sont plus eunuques que jamais. Ça rase les murs, ça laisse traîner les oreilles... Je connais trop bien Byzance, trop bien ce Palais. Quelque chose couve et rampe, et va éclater. Contre moi, évidemment. Contre qui veux-tu qu'on conspire ? Et toi qui me dis qu'il n'y a rien !

– Très Pure, si l'on conspire contre toi, on conspire contre moi. On sait combien je te suis dévoué, tout ce que j'ai fait pour toi, tout ce qui nous lie. Tes ennemis sont les miens. Si je savais quelque chose, je te le dirais.

– Alors, tu es un imbécile. Il y a quelque chose. Et ça ne peut venir que de cet hypocrite de Niképhore. Il m'a soutenue et aidée dans la... mise à l'écart de Constantin, mais a eu soin de rester dans l'ombre et de se garder les mains nettes. Je sais qu'il a des contacts avec ceux de la Sainte-Sagesse, avec les iconoclastes qui se terrent mais n'ont pas désarmé, avec les partisans des cinq affreux, avec les chefs de l'armée qui ne se résigneront jamais à un empereur femelle, avec tout ce qui est contre moi, quoi. Impossible de le prendre la main dans le sac, il est bien trop prudent, le vieux pingre. Je le soupçonne en tout cas d'agiter la populace, car quelqu'un l'agite, et c'est fort habilement fait.

– Tu veux dire ces racontars idiots ?

– Idiots, mais qui trouvent des oreilles pour les entendre et des imbéciles pour les croire. Tu m'as rapporté toi-même qu'ils croient dur comme fer que, le lendemain de la... chose avec Constantin, le soleil a refusé de se lever, que la nuit totale a duré pendant dix-sept jours, que la terre a tremblé, que des bateaux ont été engloutis, qu'il est né une foison de monstres à deux têtes, sans tête ou à trois jambes... Ils sont persuadés d'avoir vu tout ça, de leurs yeux vu! Les immondes brutes... A la mort du Christ, les ténèbres n'ont duré qu'un jour! Et le Ciel mettrait en branle tout ce tintamarre pour un béjaune qui, note bien, n'est même pas mort, seulement privé de la vue, et parce qu'il l'avait bien cherché?... Écoute. Jusqu'ici, mes pressentiments ne m'ont pas trompée, mes impulsions m'ont été favorables. J'ai toujours suivi mon instinct, c'est pourquoi je suis encore en vie, c'est pourquoi je suis Basileus. Va et réunis le Conseil Sacré, immédiatement. Je veux les avoir tous sous les yeux, ces faces de traîtres, tous dans le creux de ma main. Pas d'exemption, pas d'excuse. Envoie la Garde Arménienne s'il le faut. En même temps, que tes espions fouinent partout dans Byzance et sachent ce qui en est de ces rumeurs. S'il y a des meneurs, des prêcheurs de place publique, qu'on me ramasse tout ça et qu'on les fasse parler. Tu as des yeux chez les moines rebelles, chez les vieux militaires comploteurs... Sers-t'en, et vite. S'il y a quelque saloperie sous roche – et il y en a une, j'en suis sûre – profitons de ce que les Arabes et les Bulgars nous foutent la paix pour écraser ça dans l'œuf. Tu as pleins pouvoirs, je te couvre.

*

Quand le fleuve Euphrate, né dans les montagnes couronnées de neige qui se pressent autour de l'Ararat où s'échoua l'arche du patriarche aimé de l'Éternel, après avoir traversé le plateau d'Arménie en grondant au fond d'étroits défilés comme un poulain fou lancé au grand galop, débouche soudain dans la plaine, son élan peu à peu s'apaise tandis qu'il s'étale et prend ses aises, si bien que quelques molles ondulations, premières pentes des monts Taurus, suffisent à lui barrer la route et à le rejeter, à angle droit, vers le Sud-Est, où il coulera en majesté dans la grande vallée de Mésopotamie, parallèlement au fleuve Tigre, son frère jumeau. C'est là, dans cet angle droit et tout le long de l'Euphrate, qu'est massée l'armée d'invasion du Khalife, l'armée de la guerre sainte qui va soumettre à la loi du Prophète – sur lui la lumière et la paix! – le moribond Empire romain d'Orient et extirper des âmes et des cœurs, par le fer et par le feu, l'immonde idolâtrie de ceux qui adorent un cadavre en putréfaction cloué sur deux bouts de bois en croix.

Le chevalier, Raymond, Tamara, et aussi la petite Luce, en croupe derrière l'un ou l'autre, ont brûlé les étapes. Les sbires du Khalife, si toutefois ils ont flairé la piste, ne les ont pas rattrapés. On peut supposer que les sbires ont préféré pousser leurs investigations dans les directions qui ne les rapprochaient pas trop de la future zone des combats... Toujours est-il que les quatre fugitifs ne se sont pas noyés dans les sournois marécages d'entre les deux fleuves, ne se sont pas perdus dans les labyrinthes perfides que dessinent les îles et presqu'îles innombrables, ont su repérer à temps et éviter les grands mouvements de troupes et les petits escadrons volants, et maintenant, au soir d'une chaude journée, les voilà sur la berge escarpée du fleuve, contemplant de haut les tentes et les oriflammes des guerriers de l'Islam.

Le territoire de Byzance ne commence que très au-delà de la berge d'en face, à une bonne dizaine de lieues derrière la première ligne de montagnes qui bleuit sur l'horizon, mais les chefs de guerre ont estimé judicieux d'opérer le rassemblement de l'armée suffisamment en retrait pour ne pas donner l'éveil aux troupes frontalières des chrétiens, de façon à profiter bien à plein de la surprise et de l'épouvante au moment fatidique où, d'un seul coup, toute la masse musulmane s'abattra en poussant le grand cri d'allégeance à Allah et à son Prophète.

Une petite troupe d'hommes en armes vient vers eux, sans doute des fantassins qui vont s'exercer au tir à l'arc. L'officier qui les commande ordonne la halte et s'approche courtoisement des nouveaux venus.

– Le salam sur vous.

– Le salam sur toi, répond Raymond.

– Vous êtes de la garde du Khalife – que nombreux soient ses jours et prospères ses années –?

– Comme tu vois, ô cheik.

– Vous arrivez en avant-coureurs, sans doute?

– Tu l'as dit. Le Khalife nous suit à un jour de marche, nous avons galopé pour prévenir de son arrivée afin que tout soit prêt pour le recevoir. Peux-tu nous prêter un homme qui nous conduira à la tente de l'émir qui commande en chef ici?

– Par l'ouïe et l'obéissance. Ahmed!

Un soldat sort des rangs et se place devant les chevaux. Après les politesses de la séparation, tous quatre le suivent cependant que l'officier s'étonne dans le secret de sa tête que des gardes de la garde personnelle du Khalife de l'Islam puissent parler si mal l'arabe et posséder des visages si outrageusement semblables à ceux des chiens de Roumi, adorateurs de cadavres. Mais c'est un soldat, il a l'habitude de ne pas chercher à comprendre ce qui dépasse les attributions de son grade dans la hiérarchie, et bon, quoi, en avant, les enfants, veillez à me maintenir bien sèches les cordes de vos arcs et tâchez de vous distinguer un peu mieux que la dernière fois.

*

– Le Khalife – qu'il vive mille fois mille années! – dit l'émir, verra de ses yeux que l'armée est prête jusqu'à la dernière boucle de la dernière sandale et que le moral des guerriers de l'Islam est à son plus haut point. Je suis heureux que le Khalife arrive, car enfin on va donner l'assaut général, mes braves n'attendent que cela, bientôt je ne pourrai plus les contenir. Je vais tout mettre en train pour organiser une réception digne de notre Khalife Haroun – puisse-t-il régner jusqu'à la chute de la dernière étoile du ciel! – Mais vous, ô messagers diligents restaurez-vous dans ma tente, usez de mes serviteurs comme des vôtres propres et, quand vous serez nourris, baignés et parfumés, peut-être trouverez-vous plaisir à me conter votre départ de Bagdad et les choses étonnantes qui, le long de la route, n'ont pas manqué d'exciter votre étonnement et d'épanouir votre admiration.

– De tout cœur amical et complaisant, dit Raymond, qui apprend vite les belles manières.

Quelque temps après, le chevalier, Raymond et Tamara – cette dernière vêtue en jeune guerrier – sont vautrés sur les coussins aux riches broderies tandis que Luce, voilée, se tient debout derrière eux, modestement, ainsi qu'il sied à une femme et à une esclave.

– Notre histoire est à la vérité une étrange histoire, commence Raymond. Nous sommes tous deux nés chrétiens dans un des pays des Roumi qu'on appelle le royaume des Francs et sur lequel règne le roi Karl, que l'on surnomme Charlemagne, ce qui veut dire Karl le Grand. En notre âge viril nous nous sommes faits gens de guerre et avons bravement servi le roi Karl dans ses expéditions lointaines.

– Étiez-vous à Roncevaux ? interrompt l'émir.

– Nous y étions.

– Alors, vous êtes des braves. Mais comment n'y avez-vous pas péri ? On dit que pas un baron franc n'en réchappa.

– Chacun de nous deux a longtemps cru être le seul. Certainement personne d'autre n'en est sorti vivant. Bref, après bien des aventures qu'il serait trop long de mentionner maintenant et que nous te conterons peut-être un jour, nous reçûmes pour salaire de nos peines et de nos blessures l'ingratitude la plus abjecte. Si bien que, frappés par le courage, la droiture et la générosité que nous avions notés chez les guerriers de l'Islam chaque fois que les nécessités de la guerre nous avaient mis en contact, nous avons décidé de mettre nos vies et nos talents au service du Khalife des Croyants – que multipliés soient ses jours et exaltées ses vertus ! – Nous nous instruisons dans la foi de l'Islam et espérons être bientôt dignes d'y adhérer, ainsi que ce jeune homme des confins de l'Orient et de l'Occident qui a nom Tamar et que nous avons pris en amitié.

– C'est une histoire merveilleuse, assurément, mais les chemins d'Allah semblent tortueux au mortel dont l'intelligence est débile, alors que toute science des choses passées et à venir procède d'Allah, l'Omniscient, le Miséricordieux. Et – pardonnez-moi si je suis indiscret – d'où vous vient cette petite esclave au teint qu'on devine de neige immaculée sous son voile et à la chevelure d'or blond, pour autant qu'on en puisse juger à la boucle folle qui, sur son œil, fait une gracieuse volute où viennent s'accrocher les cœurs ?

– Celle-là ? C'est un cadeau personnel de notre seigneur le Khalife.

– N'est-ce pas la favorite des confins brumeux dont il a été tellement question à Bagdad et dont le renom est venu jusque dans les camps ?

– Tout juste ! C'est bien elle. Le khalife s'en est lassé, et comme Sett Zobéida, son épouse vénérée – sur elle les bénédictions ! – lui faisait d'épouvantables scènes de jalousie à cause d'elle, il a profité de ce qu'il voulait me récompenser pour une mission délicate que je venais de remplir à son entière satisfaction pour me la donner en présent. Car telle est la générosité du Khalife.

– Que sa gloire monte jusqu'aux cieux et confonde les calomniateurs !

– Et maintenant, ô le plus courtois des émirs, nous te demandons la permission de nous retirer, car nous sommes en vérité bien fatigués et voudrions demain accueillir le Khalife avec des visages souriants et pleins de feu pour son service.

– De tout cœur attentif et compatissant ! Prenez des forces, il vous en faudra pour faire voler les têtes de ces chiens de chrétiens qui mangent des boulettes de merde en disant que c'est le corps de leur dieu mort sur la croix et boivent l'urine de leurs prêtres en disant que c'est le sang des règles de Marie la Sorcière, mère de ce dieu d'exécration qu'elle a conçu en copulant avec un pigeon ! Il est grand temps que la sainte doctrine de notre prophète Mohammed – sur lui la lumière et la paix ! – vienne mettre fin à ces abominations.

Raymond, discrètement, pince de toutes ses forces le chevalier qu'il sent frémissant et tout prêt à se jeter sur le blasphémateur pour lui renforcer ses ordures dans la gorge. Mais le souvenir de la mission sacrée qu'il doit encore accomplir vient heureusement calmer Renaud. C'est avec une courtoisie appuyée, sinon sincère, qu'il se retire de devant l'émir.

*

– C'est maintenant, dit Renaud. Je ne pense pas que le Khalife – qu'il crève dans la merde ! – soit ici avant une bonne dizaine de jours. Il n'a pas le feu au cul, lui, et il traîne ses femmes, ses concubines, ses eunuques, ses marmitons, ses pâtissiers, ses poètes, ses gratteurs de crincrin, ses danseuses et ses manucures... Une fois arrivé, il lui faudra le temps de se retourner. Bon. Ça nous laisse une chance, mais il faut faire vite. L'empire commence de l'autre côté de l'eau, derrière la ligne de crête. De là à Byzance, il y a, si j'en crois la mosaïque qu'autrefois j'ai vue sur le mur du Palais Sacré, une semaine de chevauchée. Disons cinq jours. Nous brûlerons la poste. Car, une fois en terre chrétienne, nous trouverons des relais de poste.

– On pourrait aussi, dit Raymond, donner en passant l'alarme aux unités de l'armée des frontières.

– J'entends bien ! Mais nous croiront-ils ? Nous arrivons de chez les Sarrazins, nous sommes faits en Sarrazins... Bienheureux s'ils ne nous criblent pas de flèches avant qu'on ait pu ouvrir la bouche. Mais, bon, on verra bien quand on en sera là... Cette nuit, il nous faut partir d'ici et franchir les lignes arabes. Chaque chose en son temps.

– Je vu passage, dit Tamara. Soldat tout seul garde. Pas difficile.

– Ah, ah, tu as déjà repéré ça ! Mais nos chevaux ? Ils les ont emmenés avec les autres, pour les panser.

– Chevals ici, pas loin. Je dit toi veux pas personne soigne cheval, toi soignes, aimes cheval plus comme femme, plus comme papa, plus comme maman. Arabes comprend, Arabes aiment beaucoup cheval, beaucoup beaucoup. Eux rient et disent d'accord, alors Tamara emmène cheval, emmène autre cheval, et autre, trois chevals. Ici derrière, pas loin. Chevals mangent herbe.

– Et qu'est-ce que tu dis de ça? triomphe Raymond. Quand on pense que tu ne voulais pas l'emmener...

– Tu vas répéter ça chaque fois qu'elle aura fait ce que tu aurais dû faire? On a les chevaux, bon. Maintenant, il faut passer. Où est-il, ton passage?

– Je montre.

Ils sortent à la queue leu leu, trouvent en effet les chevaux broutant, tout sellés, attachés à des cerisiers dans l'enclos en friche d'une maisonnette en ruine. Ils enveloppent de chiffons les sabots des braves bêtes et, mettant leurs pas dans les pas de Tamara, arpentent la nuit sur la pointe des pieds. Tamara s'arrête, désigne du doigt :

– Là.

La sentinelle n'a pas l'air du genre à rigoler avec la consigne. Appuyé sur une courte lance, la poignée du cimeterre à portée de main droite, la corde de l'arc en position de tir, l'honnête soldat scrute les ténèbres de toute son âme naïve et disciplinée. Ils s'entre-regardent.

– C'est un gros morceau à faire passer, dit Raymond. Ce gars-là ne se laissera pas surprendre, je m'y connais.

– Si, dit la petite Luce.

Et, sans un mot de plus, elle va droit à la sentinelle.

La lune alors passe un bout de nez hors des nuages et pose une pâle clarté bleue sur la scène que six yeux regardent intensément. La petite s'arrête devant le soldat, porte la main à son voile et, lentement, le dégrafe. Le soldat regarde ce visage, il ne peut plus regarder autre chose. Elle avance une main, blanche main, douce main, lui en caresse la joue. Elle s'approche, se colle à lui, fait aller et venir ses petits seins durs contre la virile poitrine. L'homme ne bronche pas. Mais ne la repousse pas. Alors elle se laisse descendre lentement, lentement, jusqu'à ce que ses genoux posent sur le col caillouteux, ses mains glissent le long du buste et puis des hanches, s'arrêtent à la large ceinture de cotonnade qui ceint les reins. Elle cherchent, les mains, trouvent, et, prestes, déroulent la ceinture. La large culotte bouffante, d'un coup, tombe sur les chevilles. L'homme ne bouge toujours pas. La petite main, tendrement, dévotement, cueille au nid ce qu'il y a à cueillir, la mignonne bouche s'écarquille et l'engloutit tout.

– Ah, dis donc..., souffle Raymond.

– Toi, prêt, dit Tamara.

– Au fait, tu as raison, dit Raymond.

Les joues creusées, la petite s'active. Le soldat commence à perdre de son impassibilité. Il halète, il ne scrute plus la nuit, il est tout aux sensations inouïes qui s'épanouissent en lui. Raymond, de toutes ses forces, abat la lourde bûche. Le soldat tombe sur le nez, en pleine extase.

*

– Tu as été magnifique, petite, dit Raymond.

– Enfin, elle se rendre utile, dit Tamara.

– Renaud. Chevalier Renaud, dit la petite.

– Vos gueules, galopez, dit Renaud.

DIX-NEUVIÈME CHAPITRE

ILS ont quitté les avant-postes sarrazins sans plus d'alarmes, ont remonté le cours du fleuve Euphrate par la rive gauche, afin d'éviter la ville de Malatya, l'antique Mélitène, enlevée aux Grecs un siècle plus tôt, devenue forteresse avancée de l'Islam, et pour l'instant siège de l'état-major de la grande armée d'invasion, ainsi que le leur a expliqué l'hospitalier et peu méfiant émir. Ils ont enfin trouvé un endroit propice à la traversée et se sont glissés, nus, dans l'eau glaciale comme un diamant noir, puis ont nagé, cramponnés à la crinière des chevaux, pour prendre pied enfin sur la berge d'en face, très en aval, là où le courant encore fougueux les avait déportés. Ils étaient en terre d'Empire.

Les premiers rayons du soleil font cligner leurs paupières que cerne la fatigue, mais ils atteignent la première bourgade chrétienne, quelques maisons peureusement serrées l'une contre l'autre, périodiquement ravagées par les joviales et sanglantes razzias des cavaliers arabes. Une fontaine à tritons de pierre, souvenir des Romains d'Auguste ou des Grecs d'Alexandre, chante sur la place centrale. Une jeune femme y remplit une outre de peau de chèvre. A la vue des cavaliers, elle lâche son outre et s'enfuit. Raymond la hèle, en grec.

– Hé ! Attends un peu ! Amis ! Nous sommes des amis !

– Des amis déguisés en ennemis, fait remarquer Renaud. Nous sommes vêtus en Sarrazins, tu l'as oublié ?

– C'est, bon Dieu, vrai ! Les croquants d'ici ont dû en voir de dures, avec la frontière à deux pas et tels que je connais ces pillards barbouillés. Il faut quand même que nous nous fassions reconnaître pour ce que nous sommes.

Un sifflement, une flèche vient se ficher dans le cuir de la selle de Raymond et reste là à vibrer sur sa tige en faisant dzouïïng. D'autres sifflements de même tonalité leur passent au ras des oreilles. Ils sautent à terre, avisent un muret de pierres sèches, s'aplatissent derrière.

– Holà, n'en jetez plus ! Camarades ! Amis !

Raymond défait son turban de blanche étamine et l'agite au-dessus du muret. Le tir cesse. Raymond, prudemment, se dresse, bras levés, son chiffon blanc flottant dans la brise. Renaud et les filles en font autant. Un décurion apparaît, le glaive au poing, suivi de quatre légionnaires, arcs tendus, flèches pointées droit sur les poitrines.

– Enfin, soupire Raymond... On cause, bon Dieu, avant d'embrocher les gens. Au fait, tu parles le grec ?

– Pas très bien, mais je le comprends, dit le sous-officier. Et c'est moi qui questionne. D'abord, jetez vos armes, mécréants.

Il n'y a pas moyen de faire autrement, donc ils le font.

– Maintenant, on va au poste. Passez devant.

Au poste, on s'explique. Laborieusement, mais on en vient à bout. Ce village s'appelle Égin, cette province est la Petite Arménie, qui est incluse dans le thème militaire de Conlonea. Le décurion Mitidjian fait partie de la quatrième légion arménienne de surveillance des frontières. Les gens d'ici ne parlent que l'arménien, seuls les patriciens connaissent le grec. Le décurion Mitidjian ne comprend rien à l'histoire que lui débite Raymond, mais enfin il se rend compte que les suspects n'ont rien d'arabe ni même d'exotique dans la physionomie, sauf peut-être ce jeune gars au visage de fille avec ses yeux de loup des steppes et ses pommettes asiates... Raymond le supplie de le faire conduire à un officier responsable, il a un message de la plus extrême urgence... C'est bien embarrassant, tout ça. Le stratège commandant le thème[1] réside à Ersinguian, une ville un peu plus au nord, là-bas on saurait ce qu'il faut faire. Mais pas question de se priver de deux hommes pour y conduire les prisonniers, il n'est pas en son pouvoir de prendre de telles initiatives.

– Écoute, dit Raymond, je vais là-bas seul, je délivre mon message et je reviens. Mes compagnons te restent en otages. Et tu peux garder mes armes. Ça va comme ça?

Le centurion fait la moue, mais comme il ne trouve rien de mieux et qu'il ne se voit pas nourrir ici des prisonniers jusqu'à la relève, le règlement ne prévoit pas le cas, il dit bon, d'accord, mais si tu ne reviens pas ou si, là-bas, tu joues au con, je zigouille tes deux copains et je donne la fille à la troupe. Compris? Compris. Dernière faveur, dit Raymond, vends-nous des loques chrétiennes. Les turbans et les burnous, c'est plutôt mal vu, de ce côté-ci de la frontière. Aucun problème, on leur trouve de quoi, mais ce sont vêtements de paysans, encore doivent-ils les payer le prix fort, il n'y a pas de petits profits. Raymond échange son cheval, superbe produit des haras du Khalife, mais pour

1. Thème : division militaire du territoire sous le Bas-Empire.

l'instant fourbu, contre une monture infiniment plus rustique, mais fraîche. Le voilà parti.

Il revient dans la nuit, à bride abattue, au grand soulagement de Renaud qui ronge son poing de fer. Tout va bien, on l'a cru, il a même vu le stratège commandant le thème, lequel a daigné prendre au sérieux l'avertissement d'une imminente ruée arabe, avertissement que corroborent certains rapports de ses espions. Du coup, voilà Raymond et Renaud promus courriers impériaux et munis d'un parchemin qui leur servira de passeport et de sauf-conduit jusqu'à Byzance et, en outre, leur donne pleine priorité pour utiliser les chevaux des relais de la poste impériale.

*

Ils sont tous là, ceux du Conseil Sacré, dans la salle des Réunions Restreintes, debout devant la Basilissa dans leurs somptueuses robes aux plis lourds. Leurs mines sont fermées, leurs regards se dérobent. La trahison empeste l'air où traînent les volutes paresseuses qu'exhalent les brûle-parfum. Elle les a convoqués, et c'est elle qui se sent mise en accusation. Elle les regarde l'un après l'autre, elle sait que la première parole déclenchera l'abominable. Elle cherche le soutien des yeux d'Aetios, le vieux fidèle, le complice de tous ses crimes. Mais, comme ceux des autres, les yeux d'Aetios se dérobent. Enfin, Aetios parle. Il faut bien que quelqu'un se décide.

– Eh bien, tu nous as mandés, nous voilà.

Plus question de « Très Pure » ni d'« Égale des Apôtres ». La Basilissa hausse le sourcil.

– Te voilà bien cavalier, Aetios. Je dirai même bien insolent.

– L'heure n'est plus aux salamalecs.

– Ah, non?

– Je ne sais pour quelle affaire tu nous as fait venir, mais je vais te dire pour quelle affaire nous sommes venus.

– Je crois que je commence à en avoir idée.

– Ça nous facilitera donc les choses.

– Je vais même t'épargner la peine de débiter ton petit laïus, triple traître. Je te réponds tout de suite. C'est non.

– « Non » à quoi ?

– Je refuse d'abdiquer.

– Oh, quant à cela, que tu acceptes ou refuses, ça ne change pas grand'chose. Les légions ne veulent plus de toi, le Sénat t'a déposée, le patriarche se tient prêt à couronner ton successeur.

– Mon successeur ? Vraiment ? Et qui est-ce ? On peut savoir ?

– Pas d'inconvénient. Les légions ont acclamé Timothée.

– Timothée ? Quel Timothée ?... Attends... Mais bien sûr ! Le gouverneur de la Thrace ?

– En effet.

– Ton frère, sagouin ! Ton propre frère ! Oh, la crapule ! Oh, le serpent ! Tu as toujours préparé cela, n'est-ce pas ? Tu m'as trahie tout du long, tout du long !

Aetios ne juge pas utile de répondre. L'eunuque Palladas, patrice romain, prend la parole.

– Timothée ? Mais non. Il y a erreur.

Aetios, lentement, se tourne vers Palladas.

– Qu'est-ce qui te prend ?

– Je ne sais d'où tu sors ce Timothée, mais ce n'est pas celui que nous avons choisi.

– Vous ? Qui, vous ?

Palladas, d'un geste large, désigne les autres assistants, sept en tout, tous patrices, tous eunuques sauf Niképhore.

– Nous.

Aetios comprend.

– Vous m'avez bien eu, fesses molles ! Et qui est votre champion ?

– Tu vas le savoir. Il est ici même.

Palladas balance ses grosses fesses et, traînant les pieds, se dirige vers Niképhore, le Grand Logothète, qui, dans un coin discret, semble attendre patiemment la fin de la discussion. Il le prend par la main et le ramène au centre de la pièce. Il dit avec emphase :

– Voici le Basileus Autokrator, seul Empereur des Romains, Égal des Apôtres, bien-aimé du Christ Pantokrator et de sa mère la Panaghia.

– Moi ? dit Niképhore, un peu étonné quand même.

– Toi. Reçois l'hommage de tes sujets.

La graisse tremblotante de Palladas plonge vers le sol en une prosternation d'étiquette. Les autres en font autant, en cercle, et ça fait sur le tapis comme une grosse fleur bigarrée. Aetios ne plonge pas : il boude. Irène, bien droite sur son siège curule à griffes de lion, ne sait trop quelle contenance tenir. Elle décide d'ignorer ces singeries.

Palladas et les autres patrices eunuques n'ont aucune prévention contre le frère de leur collègue Aetios, sinon celle qu'il est le frère d'Aetios, justement. Les eunuques sont gens extrêmement jaloux les uns des autres et préfèrent voir le pouvoir leur échapper plutôt que de souffrir qu'il échoit à l'un d'entre eux ou à son parent. Palladas lui-même n'avait-il pas caressé le projet de voir la couronne se poser sur la tête d'un fils de sa sœur bien-aimée ? Mais ce neveu s'étant entre-temps stupidement laissé fendre le crâne dans une rixe de cabaret, l'instinct impérieusement comploteur de Palladas s'était trouvé privé d'objet, et donc Palladas lui-même de raison de vivre, ce qui est grande et insoutenable souffrance car toute créature pensante a besoin de croire qu'elle a été créée et mise au monde pour quelque grand dessein, à l'encontre des bêtes brutes dont la vie consiste à se nourrir, chier, copuler et puis mourir, sans aucune raison d'être là ou de ne pas y être. Alors que Palladas languissait dans ce pénible état de vacuité, ses yeux désolés se portèrent sur son vieux complice, son collègue au Sacré Conseil, le Grand Logothète Niképhore. A vrai dire, Niképhore avait discrètement fait tout ce qu'il fallait pour ne pas se laisser oublier. Niképhore était un étalon non coupé, ses bijoux de famille se balançaient avec arrogance entre ses cuisses nerveuses, il connaissait les corridors du palais et les subtilités de la politique, il tenait entre ses longues mains maigres les finances de l'État, il était modeste, effacé, ferait un Empereur docile entre les mains de ses conseillers... Surtout, il ne serait la victoire d'aucun eunuque, en particulier pas celle de cette ordure de chouchou d'Aetios face-de-bouse. Palladas avait donc reporté ses ardeurs comploteuses sur la personne de Niképhore. L'essentiel, c'est de comploter, n'est-ce pas? Palladas avait sournoisement gagné à sa cause les autres eunuques du Sacré Conseil, trop heureux de jouer un bon tour à Aetios. Niképhore faisait celui qui ne se doute de rien, bien trop malin pour aller se compromettre avant la certitude de la victoire.

Et voilà, ils ont sauté le pas.

*

Ils ont enfermé Irène dans ses appartements du Palais Sacré sous la garde d'un bataillon de légionnaires macédoniens, escogriffes moustachus qui la haïssent doublement, parce qu'elle est femme et parce qu'elle est athénienne. A la moindre tentative d'évasion ou de séduction, ces sanguinaires seraient trop heureux de la massacrer sur place.

Ils ont improvisé à la hâte un cortège qui n'a rien de triomphal et ont fait escorte au nouveau Basileus jusqu'à Sainte-Sophie où le patriarche Tarasios, qui doit sa fulgurante ascension à Irène, posera sur le front de Niképhore la couronne impériale. On peut aller du Palais Sacré à Sainte-Sophie par les souterrains, mais les conjurés ont estimé qu'un empereur ne se couronne pas tout à fait à la sauvette, qu'il y faut un minimum de décorum et de publicité, alors ils ont gravi les jardins en terrasses, sont sortis par les Portes d'Or sur le forum Augustéon entre deux haies de mercenaires étrangers qui acclament l'Empereur dans tous les idiomes de la Barbarie, ils ont ignoré le Sénat qui, à main droite, leur ouvrait ses portes, ils ont gagné le parvis de la cathédrale, ont gravi les degrés en haut desquels les a accueillis le patriarche entouré de son clergé ruisselant d'ors qui étincelaient à travers la lourde fumée de l'encens. Les trompettes ont sonné, un hymne a bondi vers le ciel, ils sont entrés.

Le peuple a vu tout cela, il a commencé à se poser des questions, il a vite trouvé les réponses : on est en train de lui refiler un Empereur de pacotille et il n'est pas d'accord. L'avènement des empereurs ne dépend guère de lui, peuple. Ce sont des magouilles entre militaires de haut rang et patriciens corrompus, sanctifiées par les prêtres, mais il a ses têtes, le peuple, et Irène, justement, il n'a rien contre, et même il l'aime bien, le peuple. Il sait que les riches, les empanachés et la moitié des curés ne l'ont jamais vraiment acceptée et conspirent pour sa perte, mais ce ne sont pas ses affaires. Ce n'est pas lui qu'Irène accable d'impôts : il n'a rien. Quant aux militaires, qui se font régulièrement battre sur tous les fronts, et qui d'ailleurs sont pour les neuf dixièmes d'entre eux des mercenaires apatrides, le peuple les méprise et les hait, car il n'y a pas de plus féroce ennemi du populo que des soldats vaincus. Et quant aux prêtres, le peuple est très content de ceux à qui la Basilissa avait donné sa confiance, les adorateurs des icônes très saintes qui sont des petits bons dieux avec un visage et deux yeux, bien commodes à prier ou à engueuler suivant besoin. Et puis, elle est bien belle, Irène, et ça aussi le peuple aime.

Le peuple comprend qu'on est en train de lui voler son Irène, il murmure, il gronde, il s'agglutine en groupes discutants et gesticulants, des pierres volent vers les légionnaires étrangers, sonnent sur les casques, écrasent quelques nez. Les soldats demeurent impassibles, ils sont là pour la parade, pas pour se battre, mais des voies d'accès périphériques et de l'Hippodrome arrivent au pas de course des unités dont la consigne est tout autre. En quelques coups de plat de l'épée sur les échines la vaste place est dégagée, les trouble-fête s'égaillent vers l'Acropole et ses bosquets, d'où ils se dispersent par la ville en appelant à l'émeute.

*

De relais en relais, les robustes chevaux de la poste d'Empire ont martelé les dalles de la vieille voie romaine et dévoré l'espace. Le chevalier, Raymond, Tamara et la petite Luce ont les fesses en sang, leurs yeux brûlent de fièvre au fond des noires orbites. Luce a dû chevaucher pour son compte, et ma foi elle ne s'y prend pas si mal, ses enfances irlandaises l'ont familiarisée avec le tape-cul des chevaux de labour, sinon avec la selle et les étriers. Dans un nuage de poussière, ils franchissent le dernier tronçon et font leur entrée dans Galata, le faubourg de la rive d'Asie. Devant eux clapote le Bosphore. En face, de l'autre côté de l'eau, à un quart de lieue à peine, c'est Byzance et la Corne d'Or. La ville prodigieuse scintille de toutes ses coupoles, les jardins impériaux s'étagent en majesté depuis l'eau jusqu'aux blancheurs du Palais Sacré. Sainte-Sophie la plus que belle, la plus grande église du monde, domine et protège le Palais. Ils regardent cela, et puis se regardent. Ils ont gagné.

Pour passer de l'autre côté, il y a un bac. Tout en rythmant les coups d'aviron de ses rameurs esclaves qui ont fort à faire pour ne pas se laisser emporter par le violent courant qui vide la mer Noire dans la Méditerranée, le patron du bac fait la conversation. Il leur apprend qu'il y a comme qui dirait un peu de mouvement, « de l'autre côté », c'est-à-dire dans Byzance même. Il ne sait pas ce qu'il en est au juste, ça a l'air de remuer autour du palais, par là, encore de la politique, c'est sûr...

Ils ont pris pied sur la rive d'Europe, ils galopent par les ruelles vers le Palais Sacré.

*

Les gardes, au passage, se figent en un « Présentez... armes ! » impeccable. Le nouvel Empereur romain arpente à grands pas son Palais Sacré. Les dignitaires le suivent cahin-caha, leurs gros culs mous remorqués par leurs courtes jambes molles. Il s'arrête devant les portes de bronze du Conseil Restreint.

– Vous autres, pas plus loin. Il est des secrets qui ne doivent passer que d'Empereur à Empereur.

Ils s'entre-regardent. Ce Niképhore, ils l'ont fait Empereur, et voilà comment il les traite ! Ils le croyaient docile, effacé, homme de finances avant tout, une espèce de comptable sans envergure... Ils soupçonnent qu'ils pourraient bien avoir été possédés.

Niképhore franchit les portes large ouvertes. Les gardes les referment derrière lui, croisent les piques. Irène est assise sur le siège à pattes de lion, telle exactement qu'il la laissa hier. Le buste arrogant, les longues mains posées sur les accoudoirs, le cou admirable portant haut la tête à la chevelure de nuit où étincelle le léger diadème des jours sans cérémonie, elle irradie la rage de celle qui n'a jamais accepté la défaite et le désespoir de qui la sait irrémédiable. Sur un guéridon d'onyx, un repas auquel elle n'a pas touché. A-t-elle dormi? Certainement pas. Un condamné à mort n'a guère sommeil. On ne cesse d'être Empereur que pour être mort, ou condamné à mort.

Les gardes gisent çà et là dans la pièce, vautrés sur les divans ou accroupis dans les coins. A la survenue du nouvel Empereur, ils sautent sur leurs pieds et présentent les armes.

– Sortez, dit Niképhore. Tous. Retirez-vous à distance des portes. Que nul ne puisse entendre ce qui va se dire là.

L'officier salue, lance un ordre, tous quittent la pièce.

– Je n'ai pas voulu cela, dit Niképhore.

– Tu n'en refuses pas le bénéfice.

– Que pouvais-je faire?

– M'avertir, par exemple.

– Je ne savais rien.

– Allons donc!

– Sur la Vraie Croix du Sauveur, je te le jure. Ce sont les eunuques. Ils ont tout combiné. Ils m'ont forcé la main. Tu l'as vu toi-même.

– J'ai vu une comédie lamentable et un tour de passe-passe. Un fourbe fieffé trompé par plus fourbes que lui. Et toi, en bout de fourberie, qui ramasses le gros lot.

– Ils veulent te tuer.

– C'est normal. Que pourraient-ils faire de moi ?

– Je ne veux pas qu'ils te tuent.

– Ah ? Je ne te savais pas le cœur aussi sensible.

– Tu m'as toujours été favorable.

– Tu veux dire que je t'ai comblé de bienfaits, que je t'ai tiré de la merde, que je t'ai laissé détourner les rentrées du Trésor comme si je ne voyais rien, et qu'aujourd'hui, grâce à moi, tu es le plus riche patricien de l'Empire, alors que les caisses de l'État sont à sec !

– Aetios...

– Ne prononce pas ce nom ! Et je te conseille de te débarrasser bien vite de cette fripouille... Pour autant que je puisse donner des conseils.

– Je ne veux pas qu'ils te tuent, et je peux te sauver.

– C'est bien bon à toi. Tu peux donc agir contre la volonté de ceux qui, prétends-tu, t'ont mis là, et dont tu n'es que la marionnette ?

– J'ai tout préparé.

– Une telle chose ne peut pas se faire furtivement. S'ils me savent vivante et veulent ma mort, ils me tueront, quoi que tu fasses, où que tu me caches.

– Eh bien, oui, c'est d'accord avec eux.

– Ah. Et... sur quelles bases, cet accord ?

– Les fonds secrets.

– Eh bien, nous y voilà ! Je me doutais un peu que c'est là que nous allions. Je te connais trop bien, Niképhore. J'ai toujours su que tu n'étais qu'avarice et cupidité ! J'aurais dû voir aussi l'ambition dans tes yeux. Je croyais que seul l'or t'intéressait. Comme on se trompe ! Mais peut-être l'Empire n'est-il pour toi qu'un moyen d'amasser encore plus d'or ? Ton règne alors manquera de panache.

– Les caisses de l'État sont à sec, mais pas les fonds secrets, ou plutôt la réserve personnelle où, seule, tu pouvais puiser. Tu vois, je n'étais pas pour rien Grand Logothète, je sais suivre l'or à la piste, et repérer les caches où il s'amasse. Le peuple te sait prodigue et désordonnée, il ne te sait pas cupide et calculatrice. Cette autre face, moi, je la connais, je la regardais en action, c'était fort instructif. Maintenant, je te dis : donne-moi le secret de cet or clandestin, l'État en a besoin.

– L'État! C'est dans tes caisses qu'il irait, oui! Comme si tu pouvais supporter de voir passer de l'or sous ton nez pour aller s'enfermer dans des caisses qui ne seraient pas les tiennes!

– Ton or pour ta vie.

– Ça, c'est net. Langage de détrousseur de coin de rue. La bourse ou la vie!

– Tes sarcasmes, je les ai prévus, et je me suis d'avance blindé. Je répète : ton or ou ta vie. Maintenant, si tu préfère perdre l'or ET la vie...

– Tu es un bandit naïf, Niképhore. En admettant que je cède, quelle garantie aurais-je? Qui me dit que, l'or en poche, tu ne me ferais pas discrètement assassiner, ne serait-ce que pour que les eunuques ne risquent pas d'apprendre par moi quel tour tu leur joues?

– Je fais le serment sur la Croix du Christ de te laisser la vie et même une certaine opulence, et toi tu fais serment de respecter notre secret.

– Et comme je n'ai pas le choix...

– Je suis le seul à ne t'avoir pas trahie, à n'avoir pas comploté.

– Disons que tu as été assez malin pour laisser se mouiller les autres...

– Le temps presse, Très Illustre, les autres attendent.

– « Très Illustre »? Ce que c'est que l'habitude!

C'est toi, le Très Illustre, maintenant. Et moi, je devrais me prosterner.

– Que décides-tu ?

– Prononce ton serment. Tiens, voilà un crucifix.

Niképhore se signe et étend la main.

– Je jure et fais serment solennel sur la Croix du Christ Jésus, Vrai Dieu de Vrai Dieu et Sauveur des Hommes, de veiller à ce qu'il ne soit fait aucun mal à Irène, mère de Constantin, et à lui assurer subsides, logis et train de maison dignes de son rang.

– Précise : et la propriété pleine et entière du palais d'Éleuthère. Ce sera là mon logis.

– Et la propriété pleine et entière d'Éleuthère. A toi.

Irène se signe, lève la main, mais alors une clameur monte, du dehors, étouffée par les épais vitraux. Elle reste la main en l'air. Niképhore semble inquiet.

– C'est la populace, dit-il. Ils veulent ta mort.

– Ils m'ont toujours acclamée !

– La foule, ça va ça vient. Aujourd'hui, c'est moi qu'ils acclament. Et naturellement, ils veulent te tuer. Ils aiment le sang. Allons, jure.

Irène jure. Aussitôt, Niképhore :

– L'or ?

Elle tire ses tablettes, de la pointe du style trace quelques lignes dans la cire. Niképhore les lui arrache presque des mains. Elle demande :

– Et maintenant ?

– Reste ici. Tu es en sûreté. Je vais faire dégager les abords du Palais et calmer la ville. Puis je te ferai conduire au palais d'Éleuthère.

– Je veux comme escorte ma Garde Athénienne. Je n'ai confiance qu'en eux.

– Tu l'auras.

Niképhore sort.

*

C'est donc fait. Elle n'est plus rien. Elle n'a plus rien. Elle est à l'entière discrétion de Niképhore, ce grigou ambitieux au cœur sec, et des eunuques aux cervelles d'oiseaux, aux haines macérées dans leur aigreur de chapons gras. Le tumulte, dehors, semble avoir augmenté. Elle va à une fenêtre, l'ouvre, une clameur se rue dans la pièce. Elle distingue certains cris poussés par quelques formidables gosiers.

– Irène ! Irène ! Nous voulons I-rè-ne ! Notre petite mère Irène ! I-rè-ne ! I-rè-ne !

Et aussi :

– A bas Niképhore ! A bas l'affameur ! A mort !

– Nom de Dieu ! pense Irène. Il m'a encore eue ! Jusqu'au bout ! Jusqu'au bout ! L'ordure !

Soudain un vacarme furieux, de l'autre côté des portes de bronze, couvre celui du dehors. Un ferraillage d'aciers sonores, des cris de rage, des hurlements de douleur... Les portes, sous les chocs, résonnent comme un énorme gong. Et, d'un seul coup, elles s'ouvrent, ces portes, et s'en vont rebondir contre la muraille. Un tourbillonnement de lames ensanglantées, de piques, de bras, de bouches hurlantes, de faces tordues par la haine et la rage, déboule dans la pièce.

– Les portes ! gueule Raymond. Fermons les portes !

Renaud, Tamara et quelques légionnaires de la garde à Niképhore agrippent les lourds vantaux, les ramènent et s'y arc-boutent. Les Macédoniens poussent en sens inverse, mais la rage désespérée a le dessus sur l'attaque sans conviction, peu à peu l'ouverture diminue, les portes colossales claquent enfin, accompagnées de deux épouvantables hurlements. Les doigts d'une main, sectionnés net, restent collés au métal, un pied privé de jambe mais non de sandale se tient debout sur les dalles de porphyre. La petite Luce, vêtue en cavalier, s'est faufilée, elle ne veut pas perdre de vue Renaud.

Le chevalier regarde autour de lui. Et il la voit. La Dame. Dressée dans la longue dalmatique comme une statue aux plis de marbre, pâle, hautaine, intensément tragique. Belle à tirer des larmes. Il va à elle, tombe à genoux. L'instant est venu. Enfin.

– Dame, dit-il, tu m'avais chargé d'une mission sacrée. Je t'avais juré de réussir. J'ai échoué. J'ai encore échoué à te transmettre une relique sainte qui m'avait été confiée pour toi. Je t'ai manqué de parole, j'ai déçu ta confiance, je t'ai fait très grave tort. J'ai mérité ta colère. Tu es maîtresse de ma vie. Fais de moi ce que tu jugeras bon. Écoute encore ceci, cependant. En accourant vers toi il m'a été donné de surprendre un secret terrible, dont dépendent ta vie, ton honneur, le sort de ton Empire et celui de toute la chrétienté. Ce secret, le voici. Haroun al Rachid, celui que les chiens d'infidèles appellent Commandeur des Croyants, a réuni une armée immense et se prépare à marcher incessamment sur Byzance. Il ne s'agit pas d'une de ces guerres d'escarmouches habituelles, mais bien de la reprise de la guerre sainte. Haroun attaquera d'un seul coup de tous les côtés à la fois, par mer et par terre. Les armées d'assaut et d'invasion sont massées à la frontière, Haroun en personne est en route pour en prendre le commandement. Voilà. J'aurai au moins réussi cela. Ça ne rachète pas ma faute, mais, si tu ordonnes ma mort, du moins mourrai-je avec la pensée de t'avoir été utile.

Renaud se tait et reste agenouillé, tête basse.

« C'est pas possible, pense Raymond, il s'y croit !

Ce gars-là vit dans sa tête, dans son rêve, pas sur terre... »

« D'où sort ce guignol? pense Irène. Mais... n'est-ce pas ce Franc que j'avais envoyé à Karl, il y a... ouh là là, quelques années? Hé oui, c'est lui. Et il revient se faire fesser! Pauvre chou, c'est trop mignon! Qu'est-ce qu'il a dit d'autre? Ah, oui : le gros père Haroun nous fait le grand jeu? Ma foi, c'est en effet une importante nouvelle, mais ce n'est plus moi que ça regarde. Voyez Niképhore et compagnie. » Tout cela, elle l'est dit très vite, et maintenant elle parle :

– Relève-toi, chevalier franc, tu es assez puni par ce bras que tu as perdu, pour moi sans doute, et par toutes les souffrances subies qui se lisent sur ton visage. Quant à la nouvelle que tu m'apportes, elle ne peut m'être d'aucun usage. Je ne suis plus l'Impératrice, je suis prisonnière ici. Tu t'es trompé d'adresse.

Renaud relève la tête.

– Dame, ma Dame, ordonne. Dispose de moi. S'il faut sauver ton trône, je le sauverai. S'il faut protéger ta fuite, je te mènerai à bon port. Ou j'y mourrai.

– Très Illustre, dit un centurion de la Garde Athénienne, le peuple est pour toi. On se bat dans les rues. Des légions portent tes couleurs et marchent sur le Palais Sacré. Le patriarche Tarasios est coincé dans son église, les sénateurs dans leur Sénat. Les eunuques ne sont pas aimés, Niképhore est détesté. Tout peut encore être sauvé. Montre-toi. Bats-toi.

Irène regarde ces hommes prêts à mourir pour elle. Mais non, elle ne veut plus. Cette ambition forcenée qui, toute sa vie, l'a mordue aux entrailles, est tombée d'un coup. Naviguer parmi les intrigues, déjouer les complots, rouler tout le monde, être la plus forte, toujours, toujours, et sans cesse prouver qu'on l'est... le jeu ne l'amuse plus. Elle est lasse, son âme a froid. Peut-être la perte de son trésor secret... Elle se sent nue et vulnérable, elle est la proie offerte à la meute. Elle secoue la tête.

– J'ai renoncé. J'ai signé, j'ai juré sur la Croix. On m'a promis la vie sauve.

– Promesse de chiens galeux, dit le centurion.

– Ma vie est à toi, dit Renaud. Règne, ne règne pas, je suis ton esclave.

VINGTIÈME CHAPITRE

NIKÉPHORE tiendra-t-il parole ? Il ne reste à Irène qu'à attendre. Niképhore a juré sur la Croix, serment terrible. S'il décide de le respecter, la Garde Athénienne fidèle à Irène viendra la chercher pour lui faire escorte jusqu'à sa nouvelle résidence du palais d'Éleuthère. Sinon, ce seront des assassins qui viendront.

La nuit est tombée. La Garde Macédonienne boucle toutes les issues. Le tumulte d'émeute a cessé, les unités de mercenaires étrangers ont liquidé les braillards et nettoyé les rues, il semble que Niképhore a la situation bien en main. Attendre.

Irène s'est retirée dans un petit oratoire qui communique avec la salle du Conseil Restreint par un étroit cabinet. Elle n'a même pas un esclave pour l'assister, les Macédoniens n'ont rien laissé passer. Renaud s'est couché dans le cabinet, par terre, en travers de la porte. On ne peut entrer chez sa Dame qu'en lui passant sur le corps. Les autres gisent çà et là dans la pièce, tentant de grappiller quelques instants de sommeil. Deux gardes athéniens veillent au grain.

Une plainte monte dans la nuit, entrecoupée de brefs sanglots, comme d'un chiot qui rêve à se faire peur. Cela vient du cabinet où dort Renaud. Raymond s'empresse. Tamara est déjà là, agenouillée, qui passe un linge humide sur le front du chevalier. Renaud gémit.

– Dame, ô Dame...

– Si c'est pas des malheurs, soupire Raymond. Se mettre dans des états pareils... Amours de chevalerie! Trucs de cinglés, oui. Il n'a que cette bonne femme en tête, il ne veut pas voir les occasions qui s'offrent à lui comme les fleurs du chemin. Tu veux que je te dise? C'est parce qu'elle est inaccessible qu'il l'aime. S'il la baisait un bon coup, je suis sûr qu'il serait guéri.

– Toi baises moi beaucoup de bons coups, beaucoup, beaucoup, toi pas guéri de moi, dit Tamara, non sans une pointe de coquetterie.

– Moi, je suis un bon gros père simple et sans façon. Je t'aime comme un éperdu, tu es ma Dame, mon soleil, mon printemps, mon été, mon automne et mon hiver, ma vie, quoi, alors je t'accole et je te baise de tout mon cœur, je te touche, je te sens, je te lèche, je te respire, je te mange, je m'enfonce dans ton ventre et je gueule mon bonheur, cœur et cul, tête et cœur, c'est tout un, si tu te refusais à moi je ne t'aimerais plus, je serais malheureux et peut-être que j'en crèverais, de ne plus t'aimer, mais je ne peux pas être amoureux d'une étoile, il faut que je touche et que j'embrasse à pleins bras, que ma main remonte entre deux blanches cuisses et trouve là-haut une motte bien fendue qui m'accueille comme un petit enfant perdu... Moi, je t'aime telle que tu es, parce que tu l'es. Le chevalier aime une idée de femme qui n'existe que dans sa tête. C'est pas bon.

– Va-t'en, dit Tamara. Dors. Moi veille chevalier.

Raymond retourne s'allonger près de la petite Luce qui, terrassée par la fatigue, s'est abattue d'un bloc, sur le côté, genoux au menton, pouce dans la bouche, et a plongé à pic dans les abîmes sans fond.

Dans le cabinet obscur, Tamara fait passer son bliaud de buffle par-dessus sa tête.

*

Renaud gémit, et appelle sa Dame, et voilà, sa Dame est là. Elle dit « Mon chevalier ». C'est tout. Elle l'a dit dans un souffle, tout près de son oreille, il ne respire plus, il écoute cela, « Mon chevalier », qui continue à résonner en lui en un souffle contenu et passionné. Des lèvres effleurent son front, des doigts de douceur prennent ses doigts. Renaud ne bouge pas, n'ouvre pas les yeux, surtout pas. Il n'est que sensation tremblante, Renaud, tout entier dans ce front qu'effleurent ces lèvres, dans ces doigts que pressent ces doigts. Il n'avait jamais pensé à sa Dame comme à des lèvres, comme à des doigts. Il n'attendait rien d'elle, que la certitude de son existence quelque part dans l'existant. Renaud s'était en une seule fois et tout entier donné à l'éblouissement du premier instant. C'est cette image, cet instant, qui l'avait ensorcelé, c'est l'extase de cet instant qui s'était figée en lui, était devenue la raison d'être de sa vie. Que sa Dame soit là, de l'autre côté de la porte close, c'était inouï, c'était presque trop.

Et maintenant elle lui fait ce cadeau invraisemblable d'être de chair. D'avoir des lèvres, des mains, de lui dire à l'oreille « Mon chevalier »! Renaud ressent ce qu'il n'a jamais ressenti par une femme au temps où il s'adonnait aux femmes, ce qu'il n'imaginait pas qu'on pût ressentir. Son corps, peureusement, frileusement, découvre l'amour des corps.

Les lèvres amies glissent de son front à son nez,

parcourent son visage, s'attardent sur ses lèvres, cependant que la main, par l'échancrure du bliaud, se pose bien à plat sur sa poitrine, et puis parcourt les muscles secs, éveille la peau que hérisse un frisson. La caresse cesse. Il ouvre les yeux. Elle est débout, haute pâleur dans la nuit. La dalmatique est tombée, la Dame est une femme. Elle s'agenouille, déshabille le grand corps consentant comme on désemmaillote un bébé. Renaud se laisse faire. L'amour est aussi affaire de boutonnières, de chausses et d'aiguillettes... Elle est maintenant agenouillée de part et d'autre de lui, ses seins se caressent à ses seins, son ventre à son ventre. Une bouleversante odeur femelle vibre autour d'elle, s'enlace aux rudes effluves mâles de Renaud. Soudain émerge de la nuit, devant les yeux fascinés de Renaud, à presque toucher son nez, le repli fabuleux, l'oisillon palpitant, le gouffre aux lèvres closes, la béance d'extase et de perdition, la blessure toujours comblée et toujours avide, le tant désiré, le tant méprisé, l'ignoré de l'amour courtois sans qui il n'y aurait pas d'amour courtois, celui auquel on rêve même – surtout! – quand on prétend le nier, l'accomplissement et l'insatisfaction, l'aiguillon des ambitions, l'engloutisseur des empires.

le con d'Irène.

Le quel a happé l'autre, de la bouche ou du con? Les voilà soudés, voilà que Renaud, stupéfait, sent exploser en lui des frénésies insoupçonnées, le voilà qui s'abîme corps et biens dans l'extatique puanteur, voilà qu'il empoigne la femme devenue passive, la plaque au sol et, avec une violence dont il n'est pas maître, il la pénètre comme on enfonce une porte de ville. Elle l'engloutit, et il en est comme il ne pouvait manquer d'en être quand deux désirs aussi longtemps, aussi violemment comprimés explosent : une déception sensuelle, un échec qui vaut toutes les apothéoses. Et puis ils s'écroulent, et puis ils recommencent, riches cette fois de la connaissance toute neuve qu'ils ont l'un de l'autre, cherchant non plus à découvrir, mais à retrouver, prévoyant d'avance chaque sensation et la savourant bien à fond. Et puis Renaud, foudroyé, s'endort.

Tamara se reboutonne. Elle pleure.

*

Ils ont enfin quitté le Palais Sacré pour gagner le palais d'Éleuthère. Niképhore a donné des ordres, une escorte de douze Athéniens encadre la litière aux rideaux clos où gît Irène. Douze seulement, le nouveau Basileus n'en a pas permis davantage. Peut-être les autres ont-ils été discrètement égorgés dans leur caserne?

Raymond a l'air soucieux.

– C'est pas franc, tout ça. Elle n'aurait pas dû accepter de quitter le Palais avec une si maigre protection. Ça cache quelque chose, à mon avis.

– La Basilissa se sentait encore moins en sûreté dans ce Palais truqué et plein d'assassins, dit Renaud. Si quelque chose doit arriver, il vaut mieux aller au-devant. On se bat plus à l'aise au grand air.

Ils chevauchent entre la litière et les six cavaliers de l'arrière-garde. Renaud semble perdu dans une extase.

Ils remontent la Mésé, la voie triomphale que descendent les Empereurs vainqueurs. Raymond s'exclame : « Qu'est-ce que c'est? » Un cortège étrange vient vers eux. Des légionnaires en armes entourent une queue leu-leu d'hommes aux robes somptueuses, des patriciens à n'en pas douter, et même des dignitaires. Ces hommes ont les mains enchaînées, les pieds entravés. Les robes de prix sont troussées jusqu'aux aisselles, c'est une procession de culs nus et de sexes à l'air qui s'avance à pas piteux. Des tiges d'acier percent les sexes de part en part, des fleurs et des rubans ornent ces tiges et les relient sexe à cul par le moyen de carottes, de betteraves ou de courges enfoncées dans les anus. Ainsi ondule une longue chaîne vivante et fleurie, encore égayée par le sang et la merde qui coulent le long des cuisses, par les fards dont on a outrageusement rougi les visages, par les coiffures de carnaval qui se balancent au-dessus des têtes, tintinnabulant de toutes leurs clochettes.

– Des sodomites, commente Raymond. On les emmène brûler. Chaque fois que le populo gronde, on lui jette en pâture une procession d'enculés. On annonce qu'on purge une bonne fois pour toutes les foyers de pourriture, on s'arrange pour fourrer dans les tas quelques patriciens, quelques prélats, le peuple aime voir souffrir les riches – je te laisse imaginer toutes les petites vengeances –, et bon, ayant eu sa ration de férocité, le peuple avale sans sourciller une nouvelle guerre, un nouveau désastre, une flambée des prix, un escamotage d'Empereur... Comme aujourd'hui.

En effet, massé de chaque côté de la voie sacrée, le menu peuple hurle sa jubilation et sa haine. Des légumes volent sur les suppliciés, puis des pierres. Des traits d'esprit fusent :

« Au pal les enculés! »

Le chemin est déjà frayé! »

Une mère de famille montre à son petit garçon ce qui vous arrive quand on fait pleurer le petit Jésus.

Il faut maintenant quitter la large voie pour des rues étroites. Raymond n'est pas tranquille. Ses yeux inquiets fouillent les porches, les cours, les recoins obscurs... D'une ruelle latérale surgissent soudain des gaillards solidement armés qui se jettent à la tête des chevaux, bondissent par grappes sur les cavaliers, les poignardent ou les égorgent en professionnels avant que les malheureux Athéniens aient eu seulement le temps de porter la main à l'épée ou de mettre la pique en batterie. Renaud hurle :

– A la litière, Raymond! A la litière! C'est à la Dame qu'ils en ont!

Tout deux, d'un bond, prennent position de chaque côté du lourd équipage et, l'épée au poing, font rage. Mais d'autres estafiers accourent par l'autre bout de la ruelle et taillent en pièces l'arrière-garde. Ils sont une multitude, peut-être bien une centurie au complet, ils ne portent pas la tenue militaire mais leur tactique est précise comme à la manœuvre, pas un mot n'est prononcé, certains d'entre eux donnent visiblement des ordres par signes.

Bientôt il ne reste plus, pour défendre la litière, que le chevalier, Raymond et Tamara. Le cheval de devant de la litière s'abat, entraînant ses brancards. L'avant de la litière plonge dans un grand vacarme de dégringolade, les rideaux de cuir lacés partent en lambeaux, deux femmes jaillissent par là et sont précipitées, cul par-dessus tête, sur le pavé : Irène et la petite Luce, qui s'était offerte comme suivante à la place de celle que la mesquinerie de Niképhore avait refusée à l'Impératrice déchue.

Renaud se penche, croche de sa main de fer dans le manteau d'Irène, d'un seul bras la hisse sur l'encolure, cabre son cheval qui, des sabots de devant, défonce deux crânes ennemis, et fonce vers l'ouverture... C'est alors qu'une marmite de fonte pleine de soupe à ras bord lui arrive sur la tête, projetée d'une fenêtre élevée par une vieille qui ne se mêlait nullement de politique mais adorait voir mourir de mort violente les beaux jeunes gens, c'était la consolation de sa vieillesse et de sa misère. Renaud s'abat, deux des agresseurs s'emparent d'Irène et l'emportent, tandis que Raymond continue à frapper comme un furieux, de taille et d'estoc, en blasphémant à gueule arrachée. Tamara, voyant Renaud tomber, s'est précipitée. Laissant là le combat, elle l'a tiré jusqu'à un mur contre lequel elle l'a appuyé, et puis elle a, à grand effort, arraché le heaume cabossé pour constater que son chevalier s'était seulement évanoui sous la violence du choc, sans rien de cassé, donc.

Tamara relève la tête, et c'est pour voir Raymond, la poitrine béante, le sang giclant de lui comme d'un bœuf à l'abattoir, titubant, adossé au mur, et ne faisant plus que bien mollement tournoyer son épée. Elle voit aussi les deux sales types aux gueules tordues de rage bien décidés à faire payer à Raymond les estafilades qui ont mis leurs vêtements en lambeaux et ouvert sur leur peau quantité de fontaines rouges. D'un coup fauchant, l'un des deux furieux fait sauter l'épée de la main de Raymond. L'autre le cloue au mur d'un estoc définitif. Mais Tamara a rugi, Tamara a bondi, Tamara a empoigné la lame à deux mains, si elle ne l'a pas arrêtée du moins l'a-t-elle détournée, et c'est dans son ventre à elle que plonge l'horrible ferraille, dans son tendre magnifique ventre, et c'est elle, Tamara, qui est clouée à la muraille.

L'assassin pose un pied sur le ventre de Tamara, prend la poignée de l'épée à deux mains et, avec un « han » sonore, la tire à lui. Puis il la remet toute sanglante au fourreau et court avec son camarade rejoindre le gros de la troupe qui s'enfuit au loin, emportant Irène. Tamara, lentement, glisse le long du mur et reste là, affalée à terre, tandis que sa vie coule dans le ruisseau avec les eaux sales. Raymond gît près d'elle. Il se dresse sur ses avant-bras, tend vers elle la main. Il dit « Tamara ». Et encore : « Pour moi... Tu as fait ça pour moi... »

Mais déjà Tamara ne le voit plus. Elle soupire :

– On ne meurt pas toujours pour qui on voudrait.

Et puis elle meurt, en effet.

C'est la première fois qu'elle réussit une phrase aussi correcte.

*

Raymond se demande ce qu'il fout là. La poitrine lui fait un mal de chien, c'est même ce qui l'a tiré du coma bienheureux où tout s'arrangeait si bien. Tamara tombait, percée d'outre en outre par une épée d'abomination, elle mourait en lui souriant, horreur, et c'est pour lui qu'elle mourait, et puis elle chevauchait à son côté, les deux trots se fondaient en un seul trot, il jetait de temps à autre un regard de côté, elle était là, sa louve, sa Dame, son refuge, son ventre tant chéri, et soudain elle mourait clouée au mur, son sang tombait sur lui, à flots, elle mourait en lui souriant, et de nouveau chevauchait, toute fiérote, à son côté, et de nouveau l'horreur... Il est maintenant tout à fait conscient, il ne reste plus que l'horreur. Et cette douleur dans la poitrine, si violente qu'elle submerge toute pensée, tout sentiment. Raymond serre les dents, mais la plainte comprimée sort de lui malgré lui et devient cri, long hurlement qui n'en finit plus.

– Le voilà réveillé, dit la petite Luce.

Elle l'a dit en son barbare langage d'au-delà des brumes et la veuve Chrysothémis ne comprend pas. Quel besoin de comprendre, d'ailleurs ? La veuve Chrysothémis a des yeux pour voir, des yeux qu'embue la pitié et aussi quelque chose de plus.

Elle pose sa main fraîche sur le front de Raymond.

– Il a une fièvre de cheval, dit-elle, le médecin l'avait prédit. Si l'infection ne s'y met, il est tiré d'affaire. Ça aussi, il l'a prédit.

Elle, c'est en grec qu'elle a dit cela, elle ne connaît que le grec, le grec de Byzance. La conversation n'est pas facile. Mais Raymond ouvre les yeux, la souffrance et la folie s'y battent en chiens furieux, il les pose sur Luce, il les pose sur la veuve Chrysothémis, les voit-il?... Il réussit à hoqueter :

– Le chevalier?

– Chevalier, lui vivant, dit Luce.

– Blessé?

– Blessé pas beaucoup. Parti. Cherche où Dame.

– Ne parlez pas, dit la veuve Chrysothémis. Vous avez perdu beaucoup de sang, nous avons eu très peur. Il faut rester tranquille.

Raymond regarde Luce. Il voudrait dire « Tamara? » mais à quoi bon? Il sait, il a vu, juste avant de s'évanouir. Luce hoche la tête, lentement, le visage barbouillé de larmes. Raymond soudain comprend avec épouvante qu'il va peut-être lui falloir vivre, vivre sans Tamara.

Un bruit de pas sur les dalles. Renaud paraît. Il va à Raymond. D'entrée de jeu, comme s'il allait de soi que Raymond soit sorti de l'inconscience, comme s'ils s'étaient quittés en se disant « A tout à l'heure », il annonce :

– Je l'ai trouvée. Et reperdue. Ils l'ont emmenée jusqu'au port, et de là embarquée pour l'île au Prince, là-bas il y a un monastère, ils l'y ont enfermée. J'ai trouvé un pêcheur qui a bien voulu prendre le risque de m'y débarquer, moyennant un peu d'or. Là, je suis tombé sur un contingent de la Garde Arménienne, et c'était le centurion Kopadjian qui le commandait. Il m'a reconnu avec beaucoup d'émotion et m'a appris qu'ils venaient tout juste de la faire partir de l'île, le monastère étant peu sûr, il avait été fondé par elle-même et les moines lui sont tout dévoués. Koparadjian m'a montré la galère qui disparaissait à l'horizon. Il a fini par me confier qu'ils la déportaient à l'île de Lesbos, loin de Byzance, mais c'est un secret.

A travers la souffrance qui lui éparpille le cerveau, les mots sont parvenus jusqu'à Raymond. Il dit seulement :

– Donc, tu pars pour Lesbos.

Il n'ajoute pas « sans moi », mais le chevalier ne s'y trompe pas.

– Sans toi, hélas.

Il ajoute, bien vite :

– Tu comprends, ils pourraient l'assassiner tranquillement, là-bas. Je la fais évader, je la mets en lieu de sûreté, et puis je viens te rejoindre. Tu te seras rétabli, entre-temps. Quand on nous a ramassés, je me suis rappelé la maison de la dame Chrysothémis, et j'ai prié qu'on nous transporte ici. Tu auras tous les soins que peut prodiguer l'amitié la plus attentive.

Raymond regarde la veuve. Il parvient à dire :

– Dame, il y a entre nous certaine affaire d'intérêt au denier cinq...

Elle rit de son joli rire.

– Nous parlerons affaires, plus tard, quand vous serez en état ! Pour l'instant, vous n'êtes même pas autorisé à parler du tout. Tenez, buvez cela, c'est une décoction d'opium, cela endormira la violence de la douleur. Je vous soignerai de ma propre main. On ne peut jamais se fier à ces petites esclaves, ce sont des enfants étourdies et je ne voudrais surtout pas que, pour une négligence, il vous arrive malheur.

Raymond, docile, boit. Du fond de l'enfer où il se tord, il a le temps de voir deux grosses larmes briller sur les joues lisses de la dame Chrysothémis.

– Dame..., murmure-t-il, avant de plonger dans le néant.

– Vous m'appeliez Hélène, dit-elle.

Mais déjà il n'est plus là.

VINGT ET UNIÈME CHAPITRE

LESBOS, qu'on appelle aussi Mytilène, du nom de sa capitale, est une île d'entre les îles innombrables qui parsèment la mer Égée. Comme toutes les îles grecques, d'arides montagnes la hérissent, où, dans les stridences des cigales, à l'ombre des oliviers et des amandiers, paissent les moutons. Beaucoup de moutons, donc beaucoup de laine. Lesbos vit, tant bien que mal, de la laine de ses moutons. A Lesbos, toutes les femmes qui ne sont pas occupées à un métier à tisser ont sous le bras une quenouille sommée d'une grosse touffe de poils de mouton et elles filent la laine. Elles filent en faisant la cuisine, les petites filles filent en surveillant leurs petits frères, les jeunes filles filent en menant les moutons à la pâture, les vieilles filent en balançant un berceau du bout du pied.

Cette femme nouvelle venue, qu'on suppose veuve et dont, au vrai, on ne sait rien sinon qu'elle est atrocement pauvre, file du matin au soir dans sa masure à l'écart de tout. L'entrepreneur pour qui elle travaille passe une fois par semaine afin de ramasser les pelotes de laine filée et de lui apporter un ballot de laine à filer. Il lui apporte en même temps du pain, de l'huile, des olives, des poissons secs, de la farine et quelques autres bricoles nécessaires à la vie. Il ne lui parle pas, cela lui est défendu. Deux légionnaires de la garnison locale l'accompagnent. On murmure alentour que cette femme serait une grande pécheresse, peut-être une nonne issue d'une famille patricienne qui aurait pour des amours terrestres rompu ses vœux de chasteté... On se garde bien d'approcher de son triste logis, même on s'arrange pour passer très au large.

Cette femme est belle et de noble maintien. Ceux qui, furtivement, de loin, ont pu l'apercevoir, la disent jeune, mais il est des silhouettes que la jeunesse jamais n'abandonne. Tout cela, et aussi ce mystère, cet interdit qui l'isole, met le feu aux reins des mâles, et c'est l'inconnue qu'ils défoncent en bramant leur rut lorsqu'ils pénètrent leurs épaisses ménagères.

*

C'est un couple de mendiants. Un escogriffe aux membres secs, un jeunot délicat, peut-être son fils, peut-être son giton. Quelque chose de militaire dans la tournure, malgré les haillons. Souvent les mercenaires en fin de contrat, ayant flambé solde et butin aux dés ou à l'hippodrome, n'ont plus que la ressource de courir les routes, mi-mendiants mi-brigands. Le bras gauche de l'escogriffe se termine par un crochet de fer.

Que cherchent-ils à Lesbos, ces deux-là ? Qu'est-ce qui peut bien attirer ici deux traîne-besace, dans cette île perdue, dans ce bout du monde ? Sapho n'y chante plus les amours dévoyées, sur les hauteurs les monastères ont remplacé les écoles de poétesses, et à qui donc viendrait l'idée d'un pèlerinage au rocher de Leucade d'où la divine Sapho, par désespoir d'amour, se jeta dans la mer ?

Ces étranges mendiants, on ne les a jamais vus

mendier. Pourtant, le pain et le fromage dont ils se nourrissent, ils les paient de bon argent. L'escogriffe parle un grec massacré, le jeunot ne parle pas du tout.

Ils dorment à la belle étoile, ou dans les granges, quand personne ne les voit. Ce soir-là, ils sont allongés à flanc de coteau, sur l'herbe rase dont les moutons n'ont presque laissé que la racine. Ils regardent, en contrebas, une masure isolée. La maison de l'Intouchable.

*

Elle a dîné d'une poignée de pois chiches et d'un hareng. Elle se demande si elle va profiter du jour finissant pour filer encore un peu, elle est en retard sur la tâche assignée, ou bien si elle va se coucher tout de suite. Mais le sommeil la fuit et, les yeux ouverts sur la nuit, elle rumine et se ronge. On ne lui a rien laissé à lire, pas même un ouvrage de piété. On ne lui a pas non plus permis de lampe ni de chandelle... Elle en est là lorsque le rideau de la porte se soulève et qu'elle voit, dans le crépuscule mauve qui emplit l'ouverture, s'encadrer une carrure. Il n'y a pas de porte fermante, cela aussi lui est interdit, l'Autorité doit à tout moment pouvoir entrer chez elle. Mais ce qui entre là n'est pas l'Autorité. Cela tombe à genoux, cela se prosterne selon les stricts canons de l'étiquette en usage au Palais Sacré, cela balbutie « Dame, ô ma Dame... »

Elle a d'abord cru à un assassin. L'homme au poignard, ou au lacet étrangleur, elle l'attend de jour en jour. Elle sait que son sursis de vie ne tient qu'à de bien fragiles scrupules, à de très tortueux calculs. Quand elle était toute-puissante, elle n'aurait pas hésité, elle... Elle a pensé : « C'est donc maintenant », elle a fermé les yeux, elle a attendu le coup. Au lieu de cela, cet homme à ses pieds...

Elle le reconnaît. Pas plus qu'elle n'a tremblé tout à l'heure elle ne s'effare. Tout ce qui touche à elle n'est-il pas hors du commun? Elle dit d'une voix égale :

– Chevalier, chevalier... Si l'on te prend ici, si l'on soupçonne seulement que tu es venu, c'en est fait de ta vie. Et de la mienne.

– Dame, ils t'ont fait tort. Ils t'ont outragée, dépossédée, et maintenant réduite à arracher de tes ongles le quignon qu'ils te jettent. Dame, tu n'est pas seule. Je suis à toi. Commande. Si tu veux reconquérir ton trône, Byzance t'attend. Niképhore le fourbe est détesté. Déjà ceux qui l'ont aidé regrettent et sont prêts à faire machine arrière. Les monastères prient pour ton retour, bourrés d'armes cachées. Un bateau m'attend, dans le port de Mytilène, prêt à lever l'ancre. Viens.

Elle l'a écouté, émue comme elle n'aurait pas cru pouvoir l'être. Personne, jamais, ne s'est ainsi offert. Tout ce qu'elle eut, elle l'a conquis de haute lutte, par ruse, par force, par trahison, par séduction. Elle payait ou elle prenait, au besoin elle arrachait. Elle a devant elle le don total, l'amour absolu, qui n'attend rien en retour, pas même l'amour. La ferveur de cet homme la rend à la vie, lui crie qu'elle existe, qu'elle existe intensément, au moins pour celui-là! Elle sent un enthousiasme nouveau tout près d'éclore en elle. Encore un peu, elle va croire que tout est possible... Mais elle secoue la tête.

– Chevalier, le pouvoir, je ne le désire plus. Cette soif ardente m'a quittée. Je suis lasse, chevalier. Lasse à mourir. Comprends-tu cela? A chaque instant faire la preuve qu'on est la plus forte, la plus dure, la plus retorse... Remporter jour après jour une victoire remise en question le lendemain... Feindre de croire aux dévouements tout en guettant les poignards derrière les dos... Le jeu ne m'amuse plus. Quelque chose, vois-tu, est brisé en moi. Quelque chose aussi attend la mort, peut-être même, je le crains, la désire. J'ai peur de cet appétit de mort, et en même temps je fais effort pour accepter la mort, pour l'accueillir chrétiennement. Vois-tu, ce que j'ai fait, je l'ai fait pour la plus grande gloire de Dieu et de sa Sainte Église. J'étais une enfant très pieuse, excessivement sensible, j'ai découvert le Christ, la Vierge et les saints par les icônes que ma mère, en pleine persécution, adorait dans un oratoire secret où brillait la lampe perpétuelle. Je pleurais sur le martyre des prêtres et rêvais de mourir pour la vraie foi. Quand s'est présentée pour moi l'incroyable faveur d'être choisie comme épouse par l'héritier de l'Empire, comment n'y aurais-je pas vu le doigt de la divine Providence ? Et quand l'Empereur Léon, mon époux, est mort, me laissant la régence, n'était-ce pas la confirmation de ma mission ? Je me suis battue, c'est vrai, et comme une tigresse, et par tous les moyens, mais ce pouvoir que je voulais, et que je voulais total, absolu, c'était pour le mettre au service des prêtres sincères et purs et rétablir le culte sacré des icônes dont les âmes chrétiennes, inquiètes et perdues dans ce monde impassible, ont tant besoin pour soutenir et exalter leur foi. J'ai dû évincer mon propre fils à cause de la coterie iconoclaste qui grouillait dans son ombre et n'attendait que l'occasion pour recommencer la persécution... J'ai finalement échoué, Satan a gagné, il ne me reste qu'à me préparer à me présenter devant le Seigneur Dieu. Car elle sera là très bientôt, la mort. Si ce n'est un assassin qui me l'apporte, ce sera cet assassin que je porte en moi... Laisse-moi, chevalier. Va-t'en comme tu es venu. Sauve ta peau. Il ne manque pas, de par le monde, de nobles causes qui requièrent ton bras. Ne te fais pas prendre ici, je crois que j'aurais chagrin s'il t'arrivait malheur.

– Dame, où que tu sois, quoi que tu fasses, tu es ma Dame à tout jamais. Même ton désir de ne plus l'être ne pourrait faire que tu ne le sois plus. Quitte ces pensées funèbres. Entre l'Empire et la tombe, n'y a-t-il place pour rien? Mon bateau t'attend, viens, je te protégerai, je t'emmènerai là où tu n'auras rien à craindre.

Elle a un sursaut, ses yeux étincellent dans l'ombre.

– Que me proposes-tu donc? De vivre cachée dans une maisonnette fleurie? De tenir ta maison en accorte ménagère? C'est là ton rêve fou : devenir rentier et cultiver les salades pendant que je te mijoterai des petits plats? C'est ainsi que tu vois la chose? Toi, l'éternel errant, moi, la reine du monde, tu nous imagines chauffant nos rhumatismes au soleil en devisant du bon vieux temps? Toi comme moi, chacun dans sa sphère, nous avons vécu la tête dans les étoiles et les pieds dans le sang... Ne vois-tu donc pas que mon abaissement final est le seul épilogue qui convienne à ma prodigieuse, à mon excessive élévation? Plus il est outré dans l'abject, mieux il convient. D'un extrême à l'autre, de l'Empire du monde à la soue aux cochons, ça vous a une sacrée gueule, tu ne trouves pas? Non, chevalier, l'histoire est belle telle qu'elle est, triste mais d'autant plus belle, ne la gâchons pas par une fin piteuse. Loin de nous toute mesquinerie, et t'écouter en serait une. Laisse-moi. Je ne hâterai certes pas ma mort, mais je ne la fuirai pas, car telle qu'elle s'annonce, elle sera la digne conclusion de ma vie.

– Il en sera selon ton désir. Tu restes, je ne pars pas.

– Si tu traînes dans le coin, tu seras vite suspect.

– On ne me verra pas. Et puis, qu'ai-je à perdre ? Tu veux mourir, je ne veux plus vivre. Te savoir ici me suffit. T'apercevoir, de loin, me comblera.

– Va donc. Il en sera comme il en doit être. Et puisque tu t'obstines à rester, viens me voir. Après tout, qu'ai-je à perdre, moi aussi ?

Elle lui tend la main. Il la porte à ses lèvres, la baigne de larmes heureuses.

Il rejoint la petite Luce, qui était là, dehors, à faire le guet, à plat ventre derrière un aloès. Ils s'enfoncent dans la nuit.

*

Elle se croit toujours résignée à la mort alors qu'elle s'installe dans la vie. A son insu, la présence du chevalier d'Occident a éclairé d'une timide aurore la nuit compacte de son destin. Elle n'espère rien, n'attend rien, cependant elle pense moins à la mort, ou n'y pense que pour la redouter. Elle arrange ses cheveux, drape ses haillons, cerne ses yeux d'un trait de charbon, bien qu'elle sache ces coquetteries dérisoires : il ne vient qu'à la nuit close.

Car c'est maintenant chaque nuit qu'il vient. Ils se sont peu à peu enhardis l'un et l'autre. Ils parlent peu. Qu'auraient-ils à se dire ? Il passe la nuit à son chevet, elle finit par s'endormir, il la regarde dormir. La petite Luce fait le guet, en compagnie d'un chaton qui a décidé un beau jour que cette masure était son domicile.

Il ne demande rien de plus à la vie, ajoute les jours aux jours, comme ils viennent, attendant l'heure bénie du crépuscule. Cependant, quelque chose le trouble. Il a gardé en lui, flamboyant, le souvenir de la nuit du Palais Sacré. Il ne comprend pas pourquoi elle agit comme s'il ne s'était rien passé. Il attend un signe, un regard, une connivence... Il n'y fera certes pas allusion le premier. Regrette-t-elle donc cet instant d'abandon? Pourtant, quelle ferveur, quelle audace, quelle tendresse, quelle passion... Quel amour! Mais oui, quel intense, quel bouleversant amour! Et aujourd'hui, alors qu'elle a maintenant tout à fait confiance et s'abandonne jusqu'à appuyer sa joue contre son épaule, c'est comme s'il ne s'était rien passé. On pourrait croire qu'il ne s'agit pas de la même femme. Il en vient à se demander s'il n'avait pas rêvé, mais il sait bien que non.

La petite Luce ne le quitte qu'au seuil de la masure de la « Dame ». Tout en scrutant la nuit, elle remâche des pensées désabusées.

« Il l'aime à en crever et il ne la baise pas. Je l'aime à en crever et il ne me baise pas. Qu'est-ce que c'est que ce jeu de cinglés? Après avoir eu le cul, derrière et devant, défoncé d'abondance par le gros père Patrick à la queue en fer, puis par les queues rougeaudes des pirates vikings, puis par les longues queues tortillées des mutins sarrazinois, puis par la grosse queue mollasse du Khalife, tous gens dont je me foutais complètement et dont les coups de cul me laissaient le cœur en paix, bien que je n'y boudasse point mon plaisir, voici qu'à cette heure je ne suis plus baisée du tout, ce qui est un manque bien pénible, et je me mords le poing, et je me caresse toute seule, alors que j'aime ce grand con de toute mon âme, de tout mon cœur, de tout mon cul mignon, enfin de tout ce qui se met en branle quand on aime! Tout ce qu'on voudra, c'est pas juste. Voilà ce que je dis, moi. »

*

Comme chaque soir, ils sont sortis de leur trou, et ils rampent au clair de lune, ils gravissent de buisson en buisson la pente que surplombe la masure isolée. Comme chaque soir, la petite s'accropetonne là où elle est invisible et peut tout voir. Comme chaque soir, après avoir soigneusement observé les alentours, il écarte le rideau et passe le seuil.

Le hurlement fait sursauter la petite qui bondit sur ses pieds et court, et passe à son tour la porte, elle a compris que les précautions ne sont plus de mise.

La Dame est recroquevillée sur la terre battue, les mains crispées sur son estomac qu'elle a mis à nu de ses ongles ensanglantés. Un rictus horrible lui retrousse les babines, comme d'un chien qui va mordre. Ses beaux cheveux en désordre baignent dans la flaque de glaires sanglantes vomie par son dernier spasme. Elle est froide, déjà raide.

A genoux, il regarde cela, il n'a pas l'air d'avoir bien compris. Mais déjà l'hébétude du choc se dissipe, dans ses yeux la réalité fait son chemin jusqu'à son cerveau. Il commence à trembler. « Et voilà, se dit Luce. C'est maintenant. »

Elle a noté, par terre, tout près de la morte, la louche en bois d'olivier qui lui servait à puiser l'eau dans la grosse cruche en terre et à la porter à sa bouche, et aussi, dans un coin, le chaton gris qui gît, les poils hérissés, les pattes raides, le nez plongé dans l'eau de son écuelle, les crocs dénudés par le même rictus. Elle a tout vu, le chat, l'écuelle, la louche... Elle a flairé l'eau de l'écuelle et celle de la cruche. Elle a fait la grimace.

« Elle a dû la sentir passer », pense la petite. Elle se répète encore une fois : « Eh bien, voilà, quoi.

Fallait que ça arrive. C'est arrivé. Allons, quand faut y aller, faut y aller. »

Elle s'agenouille près du chevalier, plonge la main dans l'échancrure de la tunique crasseuse, cherche du bout des doigts, trouve enfin. Il ne s'est rendu compte de rien, il est loin d'ici, au fond d'un puits de douleur et d'incrédulité. Elle se redresse. Ses yeux sont décidés, son front soucieux.

« Comment je vais m'y prendre? J'ai jamais tué personne, moi, même pas un lapin. »

Elle suppute, calcule, esquisse des gestes... Elle est blême, elle tremble : « Ah non! Faut pas que j'aille lui faire mal! » Et puis elle se décide, elle s'approche par-derrière du chevalier toujours agenouillé, elle passe doucement sa main gauche sous son menton comme pour une caresse, soudain elle ferme les yeux, serre un bout de langue entre ses dents, tire brusquement le menton vers le haut et, d'un seul coup, avec un sanglot, sectionne la gorge tendue d'une oreille à l'autre.

*

Elle a sangloté comme un enfant, ayant rejeté, révulsée d'horreur, le couteau assassin. Elle s'est abattue, sanglotante, sur le grand corps que secouaient les derniers spasmes, elle a sangloté sous la pluie de sang qui giclait haut et dru des carotides tranchées, elle a sangloté longtemps, longtemps, et puis elle a reniflé, elle s'est relevée, elle a pris à pleins bras la lourde cruche et elle a bu, elle a bu, à s'étouffer, à se noyer. Ensuite, elle s'est allongée sur lui, et elle a attendu.

VINGT-DEUXIÈME CHAPITRE

– N'EN faites pas trop, dit la veuve Chrysothémis. C'est votre première sortie, ménagez-vous.

Il est bien pâle encore, Raymond. Il s'appuie au bras de la chère dame, à vrai dire il pourrait s'en passer mais il sent que ça lui fait tellement plaisir… Ils marchent à petits pas dans le jardin de la coquette maison des Blachernes. Elle soupire.

– Voilà. Vous êtes tiré d'affaire. Et maintenant, bien sûr, vous pensez déjà au départ?

– Hélène, voyons, je ne peux pas laisser mon chevalier sans écuyer. Et puis, je ne suis pas tranquille. Lesbos n'est pas bien loin. Comment se fait-il que je n'aie aucune nouvelle?

– Il ne sait pas écrire. Et, saurait-il, vous ne savez pas lire.

– Il y a du va-et-vient entre Lesbos et Byzance, une garnison, des nefs marchandes, que sais-je… On peut toujours confier un message oral à un soldat, à un matelot…

– Qui est Tamara?

Il la regarde, stupéfait.

– Tamara?

– Tamara, oui. Qui vous fait délirer de bonheur dans votre fièvre et sangloter dans vos cauchemars. Tamara dont j'ai tant entendu parler, depuis six semaines que vous êtes là et que je veille sur votre sommeil. Oh, je la connais, cette Tamara! Je sais tout de ses yeux, de ses cheveux, de son rire, de sa bouche, de ses dents, de sa peau, de son ventre, de son cul – pardonnez-moi, mais c'est ainsi que vous en parlez –, de son odeur, de sa façon de faire l'amour, de son double amour, de chair pour vous, de je ne sais trop quoi de sublime et de sans espoir pour le chevalier, de votre résignation à cette dualité douloureuse... De votre amour, enfin, tel que je n'ai jamais rien connu d'aussi beau... Alors, je vous demande : qui est Tamara?

– Tamara est morte.

Il va jusqu'à un banc, s'y laisse tomber. Elle s'empresse. S'agenouille, lui prend les mains :

– Pardonnez-moi. Je ne pouvais pas savoir.

– Vous avez raison : je n'aurais pas cru que j'étais capable d'un tel amour. Et voilà, elle est morte. Je n'aurais pas cru qu'elle pouvait mourir.

Elle ne dit rien. Et que dire? C'est lui qui finit par parler.

– Vous voyez, que me reste-t-il? Mon chevalier. Il est un peu fou, peut-être bien même fou à lier, avec ses amours inaccessibles, mais c'est un but tout tracé, je n'ai pas à me poser de question. Où il va, je vais, s'il se bat, je me bats, avec maintenant l'espoir d'attraper le mauvais coup définitif. Vous voyez bien qu'il faut que j'aille le rejoindre.

Elle a une toute petite voix.

– Et moi?

– Vous?

– Je suis votre amie. Je vous ai attendu, toutes ces années. Je savais que vous reviendriez. Je n'imaginais pas que ce serait sur un brancard et percé d'outre en outre...

– Vous n'avez donc pas compris? Si Tamara n'était pas morte...

– Mais elle est morte, et vous êtes malheureux. Et moi, je suis là. Que ce soit le hasard ou la détresse qui vous ait conduit ici, vous y êtes, mon ami. Appuyez-vous sur moi.

– Mais... Mais je vous ai manqué de parole! Mais je vous ai oubliée, je vous ai trahie!

– Trahie pour Tamara? Ce n'est pas trahir, cela. Quel homme de cœur aurait pu ne pas flamber de haut amour pour une Tamara? Vous avez fait là une rencontre unique, vous avez su déceler qui elle était sous la boue qui la couvrait – vous avez pratiquement tout dit dans vos délires, sauf sa mort – un tel être ne traverse pas impunément une vie, vous ne vous en remettrez jamais... Alors, permettez-moi d'être là. Être là, c'est tout.

Il n'en revient pas, Raymond. Ce rôle-là, c'est celui du chevalier, pas le sien. Il n'a pas l'habitude de voir les femmes à ses pieds. Il en est tout gêné. Elle tient toujours ses mains dans les siennes, ça donne au discours de la force convaincante.

– Voulez-vous bien comprendre que, moi, je suis restée la même. Que mes sentiments pour vous n'ont pas faibli, bien au contraire. Que, tout au long de ces années, j'ai pensé à vous. Que vous pouvez susciter des dévouements aveugles et sans espoir aussi bien que votre chevalier... Qu'en toute femme il y a une Tamara, il suffit qu'elle rencontre son chevalier. Mon chevalier, c'est vous. Voilà.

Elle le prendrait bien dans ses bras, elle en meurt d'envie, ça conclurait ric et rac cet aveu passionné, mais elle se retient, il est encore si fragile de l'âme...

La petite esclave mauresque paraît au bout de l'allée. Elle vient dire que le militaire dont le nom est si difficile à prononcer est là. « Qu'il vienne! » dit Hélène – nous pouvons l'appeler Hélène, désormais. Le centurion Koparadjian fait son entrée. Depuis que Raymond est soigné ici, il est devenu un familier de la maison. Cette fois, il fait grise mine sous sa grosse moustache. D'entrée de jeu, il attaque :

– J'arrive de Lesbos.

Raymond bondit.

– Tu sais quelque chose ? Tu l'as vu ?

– On m'a envoyé là-bas en mission avec une patrouille. On accompagnait un fonctionnaire du Palais, un eunuque. La sale corvée. Ramener le corps de l'ex-Basilissa Irène pour bien convaincre les Byzantins, surtout ceux qui n'attendaient qu'un signal pour foutre la merde et la remettre sur le trône, qu'elle est morte, et bien morte.

– La Basilissa est morte ? Mais alors...

– Laisse-moi parler, tu m'embrouilles. J'ai vu le corps. Il n'était pas tout seul.

Le centurion hésite. Raymond le secoue.

– Eh bien ?

– Il y avait deux autres cadavres.

– Vas-y, vas-y, je te vois venir !

– Oui, c'est ça. Le chevalier. Et cette drôle de petite bonne femme...

Autour de Raymond, tout croule. Le centurion continue, pour dire quelque chose :

– Bizarre. Très, très bizarre. Irène est morte empoisonnée, la petite aussi, mais le chevalier, lui, a été égorgé. Saigné comme un goret. Personne n'y comprend rien.

– Je crois que je comprends, moi, dit lentement Raymond.

*

Soliloque de Raymond dans la nuit.

« Qu'est-ce que je fous là ? Vivant et cramponné à la vie, mangeant du blanc de poulet pour reprendre des forces... Alors qu'ils sont morts, eux, morts d'amour. J'aime ma Tamara, j'aime mon chevalier, je les aime, oui, et plus que la vie, parfaitement. Et voilà, cette vie, je suis incapable de la lâcher, je m'y cramponne, à cette saleté de vie, comme si elle en valait la peine, alors qu'elle est désormais vide, vide, vide... Eux, oui, savaient aimer. Eux savaient mourir d'aimer. Mon amour meurt, je meurs, c'est tout simple. Ce sont de grandes âmes, c'est bien pourquoi je me suis donné à elles, moi, petit bonhomme. Je sais que je vais en baver, je sais que cette vie qui m'attend sera un interminable enfer où je me dresserai la nuit dans mon lit en hurlant leurs noms, et voilà, je vais la subir, cette vie, parce que je suis fait comme ça. Pas de ma faute. Je veux bien mourir, et de bon cœur, pour faire vivre quelqu'un que j'aime, mais quand ce quelqu'un est mort, à quoi bon? Oh, Tamara, mon bel amour, comme j'aurais préféré être cloué au mur par cette épée et que tu aies la vie sauve! Mais voilà, je n'ai pas eu le choix. Pardonne-moi, mon amour, pardonne-moi, chevalier, si j'ai l'outrecuidance de vous survivre. Pardonnez-moi, mes chéris, si je vis. Je vis pour penser à vous. Je vis pour vous pleurer. Je vis pour vivre. »

*

Bientôt après, longtemps après – qui sait? – Raymond est réveillé dans la nuit par une présence tiède et douce qui se glisse le long de son corps. Il ouvre les bras, pleurant d'un œil, riant de l'autre.

DU MÊME AUTEUR

Chez Pierre Belfond :

LES RITALS.
LES RUSSKOFFS.
BÊTE ET MÉCHANT.
LES YEUX PLUS GRANDS QUE LE VENTRE.
MARIA.
L'ŒIL DU LAPIN.
LES FOSSES CAROLINES, roman.
LES ÉCRITURES.
... ET LE SINGE DEVINT CON, L'Aurore de l'Humanité I.
LE CON SE SURPASSE, L'Aurore de l'Humanité II.
LE SAVIEZ-VOUS ?
LES AVENTURES DE NAPOLÉON.
LOUISE LA PÉTROLEUSE, théâtre.

Chez Albin-Michel :

LA GRANDE ENCYCLOPÉDIE BÊTE ET MÉCHANTE.
LA NOUVELLE ENCYCLOPÉDIE BÊTE ET MÉCHANTE.

Aux Éditions Hara-Kiri :

4, RUE CHORON.

Chez Jean-Jacques Pauvert :

STOP-CRÈVE.
DROITE-GAUCHE, PIÈGE À CONS.

Aux Éditions Julliard :

(Collection « Humour secret »)
CAVANNA.

Chez 10/18 :

JE L'AI PAS LU, JE L'AI PAS VU, MAIS J'EN AI ENTENDU CAUSER. (1969-1970).

Aux Éditions l'École des Loisirs :

Adaptés en vers français par Cavanna :
MAX ET MORITZ, de Wilhelm Busch.
CRASSE-TIGNASSE (Der Struwwelpeter).

Œuvres de Cavanna

dans Le Livre de Poche

Les Ritals

n° 5383

Les Ritals ? On l'a compris, ce sont les Italiens tels que l'argot s'amuse à les appeler, tronçonnant par manie d'aller au plus court et plantant un R devant pour l'euphonie. Et *Les Ritals* de Cavanna, ce sont les natifs d'au-delà des Alpes attirés par l'appât du travail et fixés en banlieue est, à Nogent-sur-Marne — rue Sainte-Anne et alentours pour être précis, à une époque qui se situe entre 1930 et 1940, soit approximativement entre les six et les seize ans de l'auteur.

Récit d'enfance donc, placé dans la bouche du « gosse de ce temps-là revécu par ce qu'il est aujourd'hui, et qui ressent tellement fort l'instant qu'il revit qu'il ne peut pas imaginer l'avoir vécu autrement ».

Le fils d'un maçon italien et d'une Morvandelle, qui grandit au milieu des purs Ritals, saute avec eux du temps des gamineries dans celui des jeux de l'adolescence, se paie une fugue et s'en repent, cherche sa place dans un monde soumis aux tentations des chemises rouges, noires ou brunes. Quant aux adultes de cette petite Italie, c'est Vidgeon qui domine tous les autres, Vidgeon planteur de pêchers, fabricant de mètres pliants, donneur de pain à qui en manque : son père.

Rien que pour lui, il faut lire cette alerte autobiographie d'un gamin de banlieue, dont Cavanna conte la suite dans *Les Russkoffs* (Prix Interallié 1979).

Les Russkoffs

n° 5507

Le petit Rital de la rue Sainte-Anne a grandi. Septembre 1939 : il vient d'avoir seize ans. Une année mémorable. Les six qui suivent sont pas mal non plus. Pour lui et pour beaucoup d'autres.

Cette fois encore, c'est le jeune gars de ce temps-là qui parle, avec ses exacts sentiments de ce temps-là, ses exacts sentiments tels que sa mémoire les lui fait revivre. Il n'est pas forcément triste là où il devrait l'être, ni joyeux là où d'autres le seraient. La guerre, ça n'a pas le même goût pour tout le monde.

Ce livre est dédié à tous les pauvres cons qui ne furent ni des héros, ni des traîtres, ni des martyrs, ni des bourreaux, mais simplement, comme moi-même, des pauvres cons.

Cavanna.

Bête et méchant

n° 5755

Après la banlieue des *Ritals*, l'Allemagne et la Russie des *Russkoffs* et de la guerre, Cavanna rentre à Paris. Il faut survivre, sans argent et sans relations. Ses premiers dessins, il les donne au journal *Le Déporté du Travail.* Maria, la femme tant aimée, perdue en Russie, continue de hanter François. Il met des messages sur le tableau de l'association des Déportés. Il y rencontre Liliane, « petite chèvre aux cornes agacées », rescapée des camps de concentration qui recherche, elle aussi, sa famille. Après des travaux temporaires et beaucoup de portes claquées au nez, ce sont les débuts de *Hara-Kiri* avec Choron et les copains; Cabu, Wolinski, Reiser, Topor, Melvin, Gebé, Fuchs. *Hara-Kiri* devient le célèbre journal « bête et méchant ». Surviennent les démêlés avec la justice, un poil bien dessiné mais mal placé... et la condamnation s'abat.

La langue de Cavanna est crue mais le cœur est infiniment tendre et bienveillant. Son prodigieux humour atténue la violence et la bêtise des luttes quotidiennes. Un extraordinaire troisième volet de la vie de Cavanna.

Les Yeux plus grands que le ventre n° 6036

« Trente-cinq ans. L'âge des ogresses qui rôdent, claquant des mâchoires. L'âge des mantes religieuses. Les redoutables divorcées de trente-cinq ans. Petit homme triste qui rêve d'un gros doux cul pour y poser ta tête, petit homme triste, si tu en vois une à l'horizon, fuis à toutes jambes, fuis ! »

Le héros des *Ritals*, des *Russkoffs*, de *Bête et Méchant* raconte *Les Yeux plus grands que le ventre* comment on devient un amoureux impénitent. Les femmes et Cavanna, ce n'est pas triste, même si c'est, quelquefois, tragique.

Maria n° 6317

« Ce livre est le cinquième d'une série autobiographique qui commença avec *Les Ritals* et continua avec *Les Russkoffs,* puis *Bête et Méchant,* enfin *Les Yeux plus grands que le ventre.* A la fin de ce dernier volume, l'auteur avait rejoint le moment même où il était en train d'écrire...

Le présent ouvrage est donc, entre autres choses, un essai d'autobiographie-fiction, le premier essai d'autobiographie-fiction de tous les temps. L'histoire racontée dans les pages qui suivent est le récit d'événements non encore advenus dans la vie de celui qui les raconte mais qui découlent presque fatalement de ce que nous savons de lui, de ses antécédents, de son caractère, d'après les épisodes antérieurs de sa biographie, épisodes scrupuleusement vrais, ceux-là, et effectivement vécus, qui donnent de lui et des protagonistes de sa « saga » une image suffisamment précise pour que l'extrapolation dans un avenir d'ailleurs peu éloigné soit possible sans trop de risque. »

Nous sommes en 1989...

Les Écritures

n° 5903

Il fallait être Cavanna pour se permettre de réécrire la Bible quelques milliers d'années après la « première édition »!

Cavanna ne se résigne pas à l'injustice, à la violence et à la cruauté des hommes créés par Dieu. Alors il relit l'Ancien et le Nouveau Testament et les commente à sa manière, verset par verset, dans « Les Aventures de Dieu » et celles « du Petit Jésus ».

La Bible du fondateur d'*Hara-Kiri,* journal bête et méchant, auteur des *Ritals,* des *Russkoffs,* est certes corrosive, d'une irrévérence gaillarde, mais elle est aussi remplie d'humour, franchement drôle, et contient une grande tendresse pour notre pauvre humanité. « O Dieu, que je t'en veux de ne pas exister », écrit Cavanna en exergue à ses *Ecritures*.

... Et le singe devint con n° 6186

« Il y a un million d'années, un neutron perdu, errant par les espaces infinis, frappait le fœtus d'une guenon juste là où il fallait pour qu'il perdît sa queue et sa joyeuse humeur et commençât à calculer sa retraite des cadres. »

... Et le singe devint con

En vingt-cinq leçons magistrales, les origines et le développement de l'humanité, racontés et dessinés par Cavanna.

Le Con se surpasse n° 6426

« Et donc le Singe a perdu sa queue. Il est descendu de l'arbre. Il a appris à se tenir debout sur ses pattes de derrière sans se casser la figure, ce qui est très difficile. Il y a mis quelques millions d'années, mais ça valait la peine. Tous les spécialistes seront d'accord : c'est grâce à la station verticale, qui dégage bien la poitrine et permet de porter un nœud papillon ou des médailles, beaucoup de médailles, en les mettant bien en valeur, que l'Homme est devenu vraiment et pleinement l'Homme, et même ce qui se fait de mieux en fait d'Homme : le Con. Le Singe est devenu le Con. Maintenant, il fait le fier. Il regarde de haut les autres créatures... »

En vingt-cinq cours magistraux... plus un tableau récapitulatif, *Le Con se surpasse,* raconté et dessiné par Cavanna.

Les Fosses Carolines

nº 6556

Ceci est un roman. Un roman d'aventures. Il se situe en des temps lointains. C'est donc un roman historique.

Ce n'est pourtant pas ce que l'amateur averti appellerait un « peplum » ou un « ben-hur ». Ce n'est pas non plus un récit à châteaux forts, tournois, gentes dames et gracieux sires... Ça se situe entre les deux. Dans le grand trou noir, oui, c'est ça.

Les temps du Grand Chambard. Les temps du Grand Brassage. Les temps où s'exterminent et se mêlent les masses humaines précipitées de partout : des steppes d'Asie, des forêts du Nord, des déserts d'Afrique...

Les temps où se fit l'Europe des Bâtards. Notre Europe. Nous sommes tous des bâtards. Tant mieux pour l'Europe.

On s'y bat férocement. On y baise furieusement. On y aime à en mourir d'amour.

Voilà. C'est un roman. Un roman d'aventures.

CAVANNA.

L'Œil du lapin

n° 6577

J'ai eu une enfance merveilleuse. Oui, toutes les enfances le sont, mais celle-là plus que ça, beaucoup plus. Et je m'en rendais compte. Comment dire ? J'étais heureux et je me regardais être heureux. Je me racontais mon bonheur.

Les Ritals, c'était le livre de mon père.

Ceci est le livre de ma mère.

Maman orgueilleuse jusqu'à l'ascèse. Maman solitaire parmi ses rêves en ruine. Maman bourreau d'elle-même. Maman faisant des ménages, mais comme une reine en exil. Maman portant sa pauvreté comme le manteau du sacre. Maman étouffant d'amour rentré. Maman qui n'a trouvé qu'une passion digne d'elle : son fils...

IMPRIMÉ EN FRANCE PAR BRODARD ET TAUPIN
Usine de La Flèche (Sarthe).
LIBRAIRIE GÉNÉRALE FRANÇAISE - 6, rue Pierre-Sarrazin - 75006 Paris.
ISBN : 2 - 253 - 05388 - 0 30/6828/5